Autora: Carolina Sandoval

@venenosandoval

Carolina Sandoval La Venenosa

Caro y su faja

https://www.carosandoval.com/

Editor en Jefe: Andrea Vivas Ross

Diseño Gráfico: Become Creative Studio *@become_studio*

Corrección: Andrea Vivas Ross / Aireya León / Diana Daniela García

Ilustraciones: Luis Ortega *@luigio_art*

Casa Editorial: Paquidermo Libros *@paquidermolibros*

Producción Independiente:
©Paquiderpro, C.A.

Primera Edición: diciembre 2020
Miami, USA.

ISBN: 978-1-7356777-2-9

DEDICATORIA

Quiero dedicar este diario de mi sentir, este montón de anécdotas, de días y noches convertidas en libro a todos los que perdieron a alguien en cualquier sentido... y lo digo porque en esta pandemia —que parece no tener fin— muchos vimos a seres queridos despedir a los suyos, producto del virus o de otra dolencia en medio de tiempos tan difíciles; y otros quizá también perdieron algo o a alguien porque todo esto desató otra gran "pandemia" que es "la pandemia humana". Situación que, en muchos casos, hizo que viéramos con lupa lo que antes, de pronto, pasaba desapercibido. A ti que estás leyéndome te dedico estas páginas y abro mi alma contigo, porque si estás acá, algo de lo escrito hará que te identifiques y/o te veas reflejado.

Y por cierto, ¡con Dios siempre, sin él nada!

Firma:
María Carolina

AGRADECIMIENTOS

Agradezco a Dios por todos los momentos históricos que he vivido, en especial, desde que empezó la pandemia. Agradezco la salud de los míos y la fortaleza de mi sistema inmunológico... porque quién diría que en algún momento daríamos gracias por tener un cuerpo sano con tanto detalle; esto, sin duda, es producto de todos los conocimientos que hemos debido adquirir en esta pandemia del Covid-19. Con seguridad, cada episodio de esta serie de la vida real con el virus más famoso de la historia será inolvidable, así como será inolvidable el 7 de noviembre de 2020, día que viví con una sonrisa y mucha emoción, porque presenciamos el acto democrático más importante de los últimos tiempos (desde mi punto de vista obvio): Joe Biden fue electo Presidente de Estados Unidos y la Casa Blanca, metafóricamente hablando, recupera su color por dentro y por fuera. Ahora, seguramente, volverá a existir una mascota presidencial como siempre ha sucedido con cada familia de turno. De verdad me da mucha ilusión que sea presidente y que las redes sociales estén repletas de mensajes de empatía porque ha ganado la democracia. Es más, escribir los agradecimientos de este libro al mismo tiempo que vivo esto es increíble, porque a mis 46 años ver al PRESIDENTE número #46 de *#EstadosUnidos @joebiden* es un regalo del cielo. De hecho, mis amores, no es casualidad que mis padres hayan nacido los dos en 1946. Y otro detalle fundamental de hoy es que como inmigrante mi sueño es seguir celebrando al presidente #46 en estos días que quedan del 2020 porque demuestra que lo que no te mata, ¡¡te hace más fuerte!! Sé que la tolerancia y la diferencia de criterios podrán convivir juntas y, a su vez, hacer que sigamos pa' lante. De corazón, deseo y espero que este nuevo presidente trabaje por la unidad de un pueblo, por la hermandad y por pura cosa buena. *BY THE WAY, #bravo @kamalaharris,* qué alegría saber que eres la primera mujer afroamericana hija de inmigrantes en llegar a *#vicepresident,* así podrás inspirar a muchas niñas para que sepan que todo en esta vida es posible, tenerte allí como la representante de todas nosotras es muy grande. Y para cerrar, también agradezco a todos ustedes que, en contra o a favor de esta servidora, democráticamente eligen siempre ver mi contenido.

INTRODUCCIÓN

Todo lo que leerás es parte de notas que empezaron a ser mi desahogo en cuarentena... incluso, ¡me puse a recordar mi época de escribir diarios! ¿Se acuerdan cuando éramos adolescentes o *teenagers* de los 80? (en mi caso, porque capaz que tú naciste en los 80 o 90... o en el 2003 como mi hija mayor). Ja ja ja ja. El caso es que cuando empieces a "escucharme", mientras me lees, entrarás en ese montón de días distintos a lo largo de todo esto que trajo el 👑🦠 a nuestras vidas.

No es un libro convencional, porque me paseo por distintas fechas de atrás para adelante. Aquí encontrarás mis testimonios que varían, porque de marzo a junio es una historia, pero a partir del 22 de julio "la mariposa abre sus alas" y mi vida digital se hace, aún más, la ventana de Caro 2.0 ¡más viva y presente que nunca! Este libro es, si se quiere, rebelde, ya que hubo días que no me salía una línea, sin embargo, sí hubo semanas que estuve muy activa... es decir que cada capítulo es como un libro aparte... acá tendrás en tus manos muchos libros en uno y puedes leerlos en el orden que quieras.

De hecho, lo que más agradezco de haber experimentado el publicar mi primer libro en plena pandemia, en abril 2020, *DIME QUÉ POSTEAS Y TE DIRÉ QUIÉN ERES,* fue vivir, literalmente, a plenitud en digital. No me pareció fortuito, sino causal, ya que tener un libro que hable de redes en tiempos en los que estamos más conectados que nunca por las redes ¡es lo más idóneo que me pudo pasar! Y es por eso que le doy gracias a mi primer *#book* por haberme dado el impulso de escribir este segundo y publicar dos libros en un mismo año. Sin duda, el *#2020* será un año inolvidable en todo sentido y así lo recibo. *Enjoy* esta lectura y recuerden que lo que acá expreso es mi sentir, no intento cambiar ni influenciar la opinión de nadie con respecto a lo que todos vivimos de forma distinta alrededor del mundo.

(*Btw!* Es muy importante que se fijen en las fechas en las que se escribieron estos capítulos).

@venenosandoval en Tiempos de Pandemia es *#ForYou #CosasQueSienteCaro.*

¡BIENVENIDOS!

CAPÍTULO 1

DÍA 21

Mientras escucho el paso de un avión acá en mi cuarto, me pregunto quién estará volando en este momento, quién y por qué estará viajando en medio de esta pandemia. Trato de eliminar juicios de valor de mi mente y pienso en lo largo que ha sido mi día hoy. Por alguna razón, hoy me he sentido rara, muy agotada, de pronto porque dormí poco anoche y porque, sin lugar a dudas, luego de 21 días de encierro, el cerebro, el cuerpo y el alma se van habituando a un sistema, según dicen.

De hecho, siempre he escuchado que luego de 21 días el ser humano crea un hábito de algo. Lo dicen con las dietas, por ejemplo, o cuando los niños están aprendiendo a ir al baño y pare usted de contar; es por eso que reconozco sentir pánico de acostumbrarme a esta cuarentena. Cuarentena que ha sido terapéutica para mí, aun cuando estamos en caos, pero también mágica, aunque sé que parece una película de terror. Reveladora, porque estoy descubriendo necesidades que, al parecer, tenía muy dentro, y también a personas que quiero que sigan caminando a mi lado, que son inspiradoras, porque acá me tienen... escribiendo mi segundo libro que ni siquiera sabía que existiría tan pronto, o que fuera este.

Estoy en mi cama, frente al televisor, rodeada de mis almohadas y con mi esposo dando vueltas en nuestro cuarto, sin darse cuenta de que mi musa viene del silencio, de la oscuridad y de mi mente sin distracciones. Es más, si soy lo suficientemente sincera, quisiera tener dos cuartos como los tenía Christian Grey en *50 Sombras de Grey*, para perderme en mis pensamientos. El tema es que, a veces, quisiera que mi cuarto matrimonial fuese solo mío mientras escribo, recalco, para lo demás podría compartirlo. Pero regresando al tema de "compartir", les cuento, con mi alma ante ustedes y con mi sentir a flor de piel, que creo que también todos estamos muy sensibles, más observadores, que vemos las cosas con más claridad.

Tal y como les digo, desde la madrugada de hoy, siento mi corazón lleno de cosas que quieren desbordarse en el computador, en el teléfono, en las paredes, en mis hojas llenas de corazones y estrellas. Tengo ya tantos días encerrada que siento que mi aromatizador me observa, sabe que puedo ver el hilo de vapor que sale y hasta escuchar los sonidos de las gotas más sublimes que salen de su interior justo allí, donde está mi elíptica.

Mi cama parece un dulce. En esta temporada de encierro voluntario me he dedicado mucho a la decoración de la cama (cosa que siempre me ha gustado, pero ahora con más detalle). Si pudieran ver mi cama, seguramente dirían que parece un comercial de *Pottery Barn.* Está tan linda que yo, encima de ella, parezco un macaron o un suspiro, combinando a la perfección. En esta cuarentena he sacado a flote a la escritora que llevo por dentro, y hoy, que es mi día **21** de confinamiento, palabra ahora muy popular, dije: "tengo que empezar mi segundo libro, hoy 14 de abril".

QUIÉN DIRÍA...

Que todos los planes de abril quedarían postergados hasta nuevo aviso, y que uno de nuestros más amados compañeros sería, precisamente, el Instagram.
Que todos, al fin, estaríamos en los zapatos del otro.
Que hace 21 días, o más, estaríamos empezando a vivir un nuevo lifestyle.
Que padres que no tenían tiempo para sus hijos, ahora tienen de sobra para compartir con ellos.
Que escucharíamos a esposas quejarse de la cantidad de horas que pasan con sus esposos y pare usted de contar.

Esto del *#Covid-19* ha destapado muchas cajas de Pandora. Ha puesto en perspectiva lo verdaderamente valioso y la comunicación digital ha recibido, más que nunca, el peso que se merece. El 👑🦠 vino a ser el protagonista de tantas cosas que hoy, con 21 días viviendo en mis cuatro paredes, debo ponerme mis lentes para observar bien quién quiero ser luego de todo esto, y cómo y con quién me quiero desenvolver.

Si les soy sincera, mi lugar favorito en mi casa es la cama, obvio, también el que menos uso. Es más, soy de las que prefiere su colchón a una rumba un viernes por la noche. Por cierto, acá sigo con mi musa sobre la cama, viendo *Ghost Whisperer* (una de mis series favoritas), mientras escribo. Desde que tuve que decirle "adiós" a mi padre, o mejor dicho, "hasta que Dios quiera", no había podido ver más a Melinda, personaje principal de la serie, quien tiene la habilidad de hablar con los muertos. El hecho es que escribiendo mis pensamientos, me ponía a reflexionar en lo que ha sido mi agenda de estos días, y en cómo nos hemos adaptado a entender, en tiempo récord, lo que nos ha tocado. Hemos visto morir a miles de personas alrededor del mundo, todos tenemos un conocido de un conocido que se contagió y, por muy positivos que seamos, ignorar esto de la pandemia y sus consecuencias es inevitable.

El primer día de estos 21 no pensé mucho. Con el pasar de los días, siguiendo las instrucciones de los respectivos colegios de mis hijas y mis propios horarios de trabajo, comencé a reestructurar mis dinámicas y a dejar fluir las cosas. Todo empezó a caminar solo, desde las clases virtuales, mi maquillaje por *FaceTime*, hasta mis reuniones de trabajo. Si algo me ha quedado claro en estos 21 días es que todo lo que he acumulado en conocimiento, durante todos estos años, me ha servido hoy.

Dentro de las posturas que hemos tomado los miembros de mi familia y yo, les puedo decir que es mi mamá la que se revisa todas las cuentas de Instagram de todos los noticieros de las diferentes cadenas. Ella, en estos días, es como una especie de agencia de noticias digitales de corte internacional. Nick es el *influencer* casero de las cuentas de Instagram de Venezuela. Él está al día con todo lo que dicen en los videos más completos de IGTV. Mi Bárbara Camila anda en su mundo, y solo se mete a las redes para hablar por DM con sus amigos, o está en Zoom para los *meetings* con su colegio. Y pues, les cuento, que en *#TiemposDeCuarentena* nació una estrella en esta casa. Obviamente, les hablo de mi Amalia Victoria, quien con sus tutoriales de peinado, maquillaje y sus clases interpretando a la maestra, ha cautivado a mis seguidores y a los suyos, los cuales aseguran que he sido absolutamente desplazada por ella y su carisma. Y, por supuesto, he visto nacer muchos *influencers,* que a lo largo de los días me han escrito para halagar mi disciplina con las redes sociales. Y es que en medio del distanciamiento social, sugerido por los organismos de salud de cada ciudad del mundo, no ha existido mejor opción laboral que las redes sociales, y darse a conocer aún más, pues en lugar de preocuparnos hay que ocuparnos.

Aunque no lo crean, en estos 21 días de encierro he hablado con más de 21 personas, entre mis reuniones con distintos equipos de trabajo, las mamás del colegio, mis familiares alrededor del mundo y los diferentes *influencers* con los que me he mantenido en contacto, por lo que he tenido más trabajo que de costumbre. En el siguiente capítulo les contaré detalladamente.

CAPÍTULO 2

AMALIA VICTORIA
#CLASESVIRTUALES

LA MAMÁ MAESTRA

Es tan difícil ser “la mamá maestra”. Es lindo, lo he disfrutado, pero es muy difícil por la demanda de atención extra que los pequeños requieren. Yo he tratado de poner mi mejor cara y dar el 100%, pero es complejo ver a maestras tratando de capturar la atención de 14 niños por medio de la pantalla de la computadora. Para mí ha sido una experiencia dulce y amarga, porque me ha hecho crecer y he podido lograrlo, con todo y sus días complicados, y es que al final del día son niños. De hecho, acá estoy llorando mientras escucho a las maestras de mi pequeña cantando *La gallina turuleca*. Definitivamente, mantener a los niños atentos con este nuevo sistema de estudio que la vida nos ha puesto por el 👑🦠 no es del todo sencillo, y quien diga lo contrario miente.

He tenido muy buenos y bellos días, es verdad, he hecho proyectos, he aprendido canciones que había olvidado, pero claro, yo supongo que Amalia Victoria con sus tres años lo ve como si en casa todos estuviésemos jugando, por ejemplo, a recrear una película de dinosaurios, tratando de sobrevivir.

Imagínense decirle a un niño “vamos al colegio”, que queda en el pasillo de camino a la sala, frente a su cuarto, no es tarea fácil, al menos no las primeras semanas. Así fue que me convertí en toda una Martha Stewart y decoré un espacio donde pudiésemos estudiar y conectar para las clases virtuales. Quería motivar a Amalia Victoria y ordené cartulinas de colores con formas de flechas y nubes. Compré carteles de los meses del año y también de animales y frutas, marcadores, colores y cuanto material necesitase para construir un colegio en mi casa.

No se imaginan lo lindo que me quedó el colegio virtual para mi muñeca. Lo veo y creo que lo quiero dejar así para siempre y hacer actividades escolares en casa cuando acabe todo esto. Hoy creo que estoy viendo las cosas como con lupa, y lloro porque la verdad es que, observando el cartel de los meses, sé que no tendremos clases regulares por un buen tiempo, si somos realistas.

Explicarle a un niño de tres años —casi cuatro— en forma de cuento que no verá a sus maestras de Pk-3 hasta que esté en Pk-4 y tenga otras *teachers* no es fácil. Escuchar a las *teachers* bellas tratar de concluir este año escolar de una manera linda y con bellos recuerdos para estos pequeños me enternece (estoy llorando a moco suelto). Ellas han hecho una gran labor, al igual que el colegio, pues como institución educativa no debe ser sencillo llevar al día todo lo que a nivel de formación se requiere para pasar a un pequeño de grado.

Creo que esto es una gran enseñanza para todos. Ver a las demás mamás dispuestas a cumplir nuestra gran labor en casa como "las asistentes de las *teachers*" me confirma que una madre va a la luna y regresa, solo para complacer a su hijo. Le doy gracias a Dios por estos días que, si bien no son los "días normales", me han permitido compartir en nuestro mundo de colores mucho más con mi princesa Amalia Victoria, a quien le debo muchas sonrisas en estos días de encierro. Ahora mismo, al terminar su clase de los grupos alimenticios, me dice con dos muñecas que buscó en su cuarto —frente al colegio virtual, por cierto— que hagamos como si ellas van a desayunar con ella como lo hace con sus amiguitos del colegio: "mami, ellas, mis muñecas, van a comer conmigo y jugar más tarde".

Los niños son lo más bello de la vida. Se adaptan, tienen una capacidad de ser siempre moldeables a cualquier desafío. Ellos, sin saberlo, son nuestros mejores *coaches* de vida. Debo también hacer referencia a la bella labor de cada miembro de la familia (mi mamá, mi esposo y mis dos hijas). Cada uno cumple una función con Amalia Victoria. Mi bella pequeña, en esta crisis por el 👑🦠, no ha vuelto a dormir en su cuarto, solo lo usa para vestirse y jugar con sus muñecas, y prefiere cada día dormir con alguno de nosotros.

Es como si ella supiera que pasa algo por lo que no podemos salir, pero solo asumió que debía dormir con su abuela casi todos los días. El viernes duerme con su hermana hermosa y dedicada, cosa que adora porque se divierten mucho viendo películas y jugando, el fin de semana duerme con papi y mami, y así se soluciona lo de la dormida.

Durante el día, yo soy la mami maestra asistente de la *teacher*, la que organiza las actividades del patio y cualquier invento de fiesta para ver películas. Cabe acotar que por estos momentos de 👑🦠 se han estrenado películas como nunca antes en las diferentes plataformas, como opciones para entretener a las familias. Les cuento que Nick comparte mucho sus horas de trabajo virtual con Amalia Victoria, y se acuesta con ella en el piso a armar rompecabezas. Amalitica es como su asistente en la oficina que tenemos en el garaje.

Como les digo, dentro de nuestras prioridades Amalia Victoria es el centro, porque es la más pequeña. Tanto ella como la abuela Amalia, las dos "Amalias", requieren atención más dedicada, una por *#hiperactiva* y la otra para que no le pegue tanto las horas de encierro. Al día de hoy, mis hijas y mi mamá llevan un poco más de dos meses sin salir de esta casa para nada.

Por cierto, es fundamental que les cuente que al principio de toda esta odisea, cuando recibí un email por parte del colegio para informarnos la nueva dinámica de clases virtuales, me di cuenta de que en casa solo teníamos lo básico porque todo estaba en el colegio. Me encontré con que Amalia Victoria no tenía ni un marcador aquí y pedí, por correo, elementos de enseñanza para una niña de pre-K 3. Me organicé y, créanme, me convertí, como les comenté, en la mamá más eficiente del Instagram. Mientras leía en las redes y veía las bromas que salían del *homeschooling*, pues yo mejor me sentía con la experiencia que estaba viviendo, con todo y el desafío que era realizarlo. De hecho, uno de los tantos días en los que recibía cartulinas, tarjetas con el alfabeto, reglas y hasta diccionarios, me daba cuenta de que casi todos los padres estábamos muy acostumbrados a que nuestros pequeñitos tuvieran absolutamente TODO en el colegio, y a pesar de que

Amalia Victoria, en tiempos regulares, hacía sus tareas en casa, nunca había sido con tantos materiales de apoyo, ni con tanta dedicación y preparación como en tiempos de 👑🦠.

Como que esto de la pandemia nos puso más juiciosas a las dos. Es más, creo que en mis muchos días de cuarentena, hoy es el primer día, o segundo, que me siento tan agotada que creo que no haré la clase virtual. Aunque no lo crean, es una hora en donde me entrego en cuerpo y alma a mi rol de asistente de la maestra, y lo más insólito es que mientras les escribo me siento culpable de que la niña no vaya a ir a clases hoy. ¿Será que me despierto y llevo mi día normal? Es que estoy tan acostumbrada al esquema exigente de cuarentena que si me salgo de alguna de mis rutinas, me siento rara. Y ¿saben qué, mis amores? Por allí escucho, al lado de mi cuarto, a mi chuchería linda —como le decimos a Amalia Victoria—, ella está conversando con su papi y me da cosita que se haya despertado temprano y yo no vaya a hacer la clase con ella. Es más, sabemos bien que, literalmente, depende de mí para hacer su clase por Zoom con sus amiguitos.

El hecho es, mi gente, que la vida nos cambió de un sopetón, y ¿saben qué? Todo esto me ha movido muchas cosas por dentro. Me pone a pensar, mientras veo el Instagram de mi Amalia Victoria *@mipedacitodeluz,* en que está a punto de celebrar su cuarto cumpleaños en un mes y unos días, y le doy gracias a Dios por haberme dado la bendición de ser su mamá. Aunque, a la vez, es inevitable pensar en que mientras ella va pa' cuatro añitos, yo voy a celebrar mis 47, en noviembre. ¡Dios! Estamos hablando, si no estoy mal en la cuenta, de que cuando ella cumpla 24, yo tendré casi 70. No sé, me pongo ansiosa y le pido a Dios poder ver a sus hijos, y verla convertida en una madre, en una profesional... porque, bueno, al final del día, esa es la consecuencia de parir después de los cuarenta.

Y aunque soy la más defensora de que ser madre, hoy día, no tiene que ver con la edad, me cayó el 20, como dicen en México, y pues acá me tienen escribiendo esto. Amalia Victoria nos hace más joven a todos. Ella es una diosa, una niña alegre, con personalidad. Cuando me ve pensativa, o muy ocupada tratando de olvidarme de la pandemia, me dice: "mami vamos a hacer un video". Es como si ella supiera que eso me alegra, me libera, me calma... pues los hijos, al final del día, tengan la edad que tengan, lo conocen a uno, y mi Amalitica es una niña "digital".

Por cierto, preparar la fiesta virtual de Amalia Victoria me emociona, este año se lo íbamos a celebrar en Atenas o Estambul y pues, acá estamos en nuestra realidad y le doy gracias a Dios de todo corazón. Desde que mi chiquita vino al mundo es como si todas las nubes se hubiesen ido, ella vino con más que un pan bajo el brazo. Su primer año lo celebramos en Miami, su segundo nos cayó en Venecia y su tercer año lo recibimos en Mykonos. Ella es una niña más que bendecida, y no por las cosas materiales, sino por lo que implican esos viajes como familia para nosotros. Ella ha sido mi segunda gran maestra de vida y mi mejor *coach* en esta cuarentena. Se ha convertido en la reina de mis redes, la gente ama verla en *#ElTrasnochoConCaro*. Cuando Amalia Victoria aparece diciendo: "hola, hola, Pepsicola" es todo un hit. Ella es tan "ella", tan dulce, que todo y cuanto dice es de su cabecita. Mucha gente asumirá que es preparado, pero déjenme decirles que mi muchachita es así... una cajita de sorpresas.

Habla súper bien, y uno de estos días, mientras contaba el cuento de *La Caperucita* en un *Instalive,* le dijo a su abuela: "abuela, el lobo era muy audaz", casi nos orinamos de risa, porque esas palabras en su vocabulario, que son más grandes que ella, son producto de las lecturas que le hacemos, de lo que habla con cada uno de nosotros, y de su colegio, por supuesto. Ella es nuestro mejor show de cuarentena.

CAPÍTULO 3

NOSTALGIA EN CUARENTENA

Hoy amanecí sin ganas de bañarme, sin ganas de nada, y leyendo a mis amigas que me están escribiendo por DM de Instagram, desahogando sus almas y penurias por esta cuarentena. Leerlas me llena, pero a la vez me parte el alma porque la realidad es que la vida nos cambió en días, y si bien es cierto que muchos tenemos la dicha de poder trabajar desde casa, otras personas no pueden.

En este instante quisiera ser Bill Gates o el dueño de Amazon, en serio, quiero ayudarlas a todas. Quisiera tener poderes mágicos para desaparecer sus problemas de toda índole, sobre todo, los relacionados con el bendito dinero que desencadenan conflictos emocionales, producto de las deudas que empiezan a tener. Con el pasar de los días, las cuentas van llegando, y lo que es un problema de salud mundial, empieza a generar problemas económicos que traen otros problemas en cadena, y pare usted de contar. En esta pandemia han pasado tantas cosas que, sin lugar a dudas, esto es un postgrado de vida que ni la mejor universidad del mundo da. Tanto así, que creo que una de las muchas cosas que ha logrado la pandemia es que el tan criticado y subestimado Instagram, como les comenté al principio, ha acercado más a todos aunque parezca mentira. Por alguna razón, la gente siente más cercanía por el privado de esta red social y también experimenta como una idea de estar más de la mano con esa amiga, hermana o prima, porque siente que le dan un poco más de tiempo de calidad.

Hace unos meses era lo contrario, era más personal el Whatsapp, pero en tiempo de 👑🦠 este es más usado para correr malas noticias o cadenas de negatividad, y ahorita no podemos permitir que esto nos gane. No podemos dejar que la angustia colectiva se apodere de nuestras ganas de ser productivos en medio de esta pesadilla.

De hecho, he decidido bañarme mientras escribo esto, porque bañarme sube mi energía y hace que cambie "el *flow* del día". Y como siempre he dicho, pensar en el problema no arregla las cosas, y en estos momentos he decidido ocuparme en lugar de preocuparme. Se me ocurrió hacer preguntas en privado a algunas de mis personas de confianza para saber quiénes están fuertes emocionalmente, cómo se sienten, saber si de pronto un *emoji* mío les cambia el ánimo, o también saber qué piensan sobre esto que nos está pasando y sus consecuencias.

Aunque prefiero conservar sus nombres en privado, acá les comparto mis conversaciones privadas con amigos queridos.

MI AMIGO Y DOCTOR, QUE VIVE POR EL MUNDO, (ENTRE COSTA RICA Y MIAMI)

Yo te voy a decir mi punto de vista y cómo yo voy a enfrentar la supuesta posibilidad de salir de nuestras casas. Este es un virus que aún es desconocido. No contamos con la cantidad de test necesarios para poder monitorear quién está infectado. Creo que un 40% de las personas están contagiadas sin síntomas, pero están contagiando a otros. Poder salir a la calle es solo para reactivar la economía. No existe la garantía de que no te vayas a infectar, por lo que el uso de mascarillas y mantener el distanciamiento social se tendrá que mantener hasta el momento que encuentren una vacuna o un tratamiento. La reapertura de gimnasios y cines me parece promocionar un suicidio en masa. Viajar no debería ser una prioridad. Hasta que no exista una garantía, no pienso hacer una vida normal, y solo me limitaré a ir al trabajo. Distracción, la playa. Y bien lejos de las personas.

UNA AMIGA Y MADRE A TIEMPO COMPLETO QUE VIVE EN CHICAGO

¡Esto solo habla de una persona egocéntrica, egoísta, prepotente, acostumbrada a manejar todo y a todos como le da la gana! Esto demuestra que es una persona que está acostumbrada a tratar a las personas como monigotes. ¡No respeta a nada ni a nadie! La vida que vale para él es la de él mismo, sus hijos (me imagino) y/o de cualquier persona que signifique dinero a su favor. Esto es lamentable y sumamente triste. ¡Esto solo demuestra su prepotencia y esa necesidad de sentirse superior y de controlar todo! Otros países, que según no están al nivel de EEUU, han llevado esta tragedia con dignidad y amor entre ellos. ¡Han puesto por encima de la economía la vida de las personas! ¡Es increíble que un país potencia no pueda hacerse cargo de sus ciudadanos vulnerables económicamente, y por eso tengan que arriesgar la vida de más personas! ¡Todos los días este país supera su propio récord de muertes por el COVID-19 en 24 horas! ¡La avaricia y prepotencia (dos sentimientos alejados de Dios) van a llevar a este país a un momento muy doloroso de su historia! ¡Políticos! ¡Uno peor que otro! ¡A mí lo que me sorprende es que la sociedad en este país sea tan superficial! ¡Países como España, Italia, Alemania pudieron controlar a los ciudadanos y hacer cumplir las normas para poder combatir esta pandemia lo mejor posible! Ellos siguen en confinamiento obligatorio ¡y nosotros ya abrimos las playas, parques y hay fiestas en todos lados! Qué sociedad tan pobre de alma.

MI HERMANA EN MIAMI

¡Esta situación nos ha mostrado, en primera fila, bajo qué manos estamos en el mundo! Ningún político sirve y sus prioridades no son el bienestar público, sino el dinero que generemos. Carolina, estas solicitudes las han hecho a diario en los países de Europa. Y las consecuencias diarias les han hecho tragarse sus supuestas regulaciones, para seguir tratando de cambiar la fecha de reapertura. Las cifras no bajan. El desastre es el que hablará por sí solo. Habrá más contagios, por eso nuestro cuidado no puede estar o quedar en manos de los políticos que me digan cómo hacerlo. Nosotros debemos cuidarnos a nosotros mismos. Seguir en cuarentena al máximo, a menos de que sea estrictamente necesario. Es terrible que quieran reabrir y mandar a marchar cuando los están mandando a la cueva del lobo, pero en el mundo también han intentado reabrir todo mil veces cambiando fechas porque es absurdo. Sí, esto es histórico. Un antes y un después. ¡Esto es apocalíptico! Cambios de era y sus maneras de vivir en el mundo.

MI MANAGER DIGITAL QUE VIVE EN LOS ÁNGELES

En este particular, yo le pregunté su opinión sobre las acciones de Trump al escribir en Twitter y desafiar a los alcaldes y gobernadores que tienen las ciudades y/o estados cerrados.

Él: es una mala persona, aunque entiendo la parte de negocios y la economía, hay mucha gente sufriendo ahora. Es algo sin precedentes.

UNA AMIGA EN MIAMI Y GERENTE DE VENTAS

Obviamente, el "cómo estás" siempre se mezcla con acciones puntuales de ciertos personajes públicos y en el caso de mi amiga y yo, que ambas vivimos en Miami, no podíamos hacernos las ciegas con actos públicos. *By the way,* "al buen entendedor pocas palabras".

¡Mi bella Caro! ¿Cómo estás? ¿Y la familia? ¡Espero que todos estén muy bien! Con mucha fe en Dios para que esto pase muy pronto, ¿verdad? ¡Un besote y sabes que te quiero mucho! Y te digo que "ese alcalde" es malooooooooo. Desde el principio ha actuado súper mal, a mi parecer.

¡No ha pensado en la salud de los ciudadanos! ¿No te acuerdas que él no quería cancelar el festival Ultra? ¡Es pésimo! Qué tristeza, mi amiga. Y la gente que no le importa, y sale, se contagia, y luego esos son los que enferman a los demás, y hacen colapsar el sistema médico. Te quiero, amiga.

AMIGA Y VIAJERA COMPULSIVA QUE VIVE EN LONDRES

Nosotros en la casa, sin salir. Esto es una loquera, lo del Coronavirus. A mí me ha costado arrancar, pero ya me voy a activar. Lo que hago es cocinar. ¿Has visto las recetas? Aquí son las 3:30 a.m. Pero ya me voy a dormir. Qué bella tu hija Amalia Victoria. Seguimos en contacto.

AMIGO (CHAMONIX, FRANCIA)

Él: ¡hola, Carito! Muy bien, muchas gracias. ¡Cuidándonos entre nosotros! Haciendo deporte todos los días para sacar el virus si es que lo tenemos. Poniéndonos en forma, ¿y ustedes? ¿Tu mami? ¿Esposo? ¿Hijas?... Bueno, ¿tu familia en general?

Yo: bien, amigo. Ya sabes, es un trabajo más emocional que físico. ¿Qué tal las noticias por allá?

Él: justamente estoy estudiando el caso y decidí hacer la tesis de mi máster sobre este tema, el impacto que la información puede tener en el pueblo (y cuando digo pueblo, me refiero al mundo). Me estoy informando mucho. Afortunadamente, tengo amigos en muchas partes del mundo, y he estado hablando con ellos para saber qué es lo que verdaderamente está pasando.
Si tienes alguna información importante, no dudes en enviarla. Un abrazote a toda tu familia, y mi familia en México va bien. Gracias por acordarte de nosotros, eres todo un mujerón, y como te dije cuando estabas aquí, ya soy tu fan. Gracias por ser como eres *#latinosporelmundo* nos toca triunfar.

Yo: qué belleza de aporte vas a hacer a la humanidad.

MI AMIGA DEL MUSEO QUE VIVE EN PLANTATION

Nosotros aquí en casa, encerrados desde el 13 de abril. Solo salgo yo a comprar cada 15 días. Mi mamá en Panamá y papá en Venezuela, bien, gracias a Dios. Da miedo. Las veces que he salido a comprar es un *stress*. Por cierto, aquí lista para el 29 de abril. Ese lanzamiento de tu libro no me lo pierdo. Va a ser un éxito. Te mando un fuerte abrazo, mi Caro, y sigamos pidiéndole a Dios que esto pase, pero solo se dará con la colaboración y conciencia de todos. Te quiero mucho.

CAPÍTULO 4

ABRAZOS VIRTUALES

Se escucha la lluvia, hay truenos y está lloviendo a cántaros por acá por mi casa. Con este encierro y la lluvia, las emociones de todos se empiezan a poner a flor de piel, pues todos estamos más sensibles. Estoy en mi cama, en la madrugada de cualquier viernes, aunque ya no importa qué día es, pensando en tantas personas que seguro están peor que nosotros.

Hace minutos, revisando el Facebook, me entero de que uno de mis buenos amigos de Nueva York estuvo al borde de la muerte. Sí, así como alguna vez lo compartí con varios compañeros de trabajo, "eventualmente todos conoceremos a alguien cercano que tuvo Covid-19". Créanme que al leer lo que conversamos no pude dejar de llorar, con tan solo pensar que existe gente que no entiende la seriedad de este virus. Acá les comparto una de nuestras conversaciones. Bendito sea el Instagram, si no, ni me entero.

Él: amor, casi y no la cuento. Dios es tan grande y obró de una forma grande con mis padres y conmigo. Hoy, después de casi un mes luchando con este virus, salimos negativos y libres de Covid. Aunque todavía seguimos en recuperación con algunos malestares, pero ya eso pronto será parte del pasado. El 27 de marzo, mis padres, mi hermano, su familia y yo nos infectamos. Es que no lo había hecho público, amor. Me sentía muy mal. Varias veces sentí que no podía más. Casi tres semanas sin poder respirar bien. Me dio una cosa horrible en la piel y cara por días, 20 libras menos.

Yo: estoy que no puedo ni escribir, me preocupa la ignorancia de la gente y la falta de consciencia.

Él: claro, mucha gente no sabe de muchos síntomas, ese es el problema. El 26 de marzo empecé con dolores de piernas y como gripe, no le puse atención. El 27 de marzo era más fuerte el dolor y subiendo escaleras me ahogaba.

Yo: ¡Dios!

Él: el 29 de marzo perdí el olfato. No podía oler nada y entré en pánico. Sentí que me desmayaba. Yo me ponía jabón en la nariz y todo para oler, y no podía. El 1ero. de abril no podía respirar. Cuando me quedé sin oler me vine a casa de mis padres.

Yo: pero, ¿tú los contagiaste?

Él: no, ellos ya tenían el virus, se habían hecho el examen y salió positivo. Ellos se infectaron antes que yo. Creemos que en el supermercado.

Yo: ¿salían en la cuarentena o no salían?

Él: solo al supermercado. Una tía y cuñada que viven con ellos lo llevaron a casa. Ellas eran las que iban al mercado.

Yo: bendito, estoy muda, impactada.

Él: un día tuvimos que llamar a la ambulancia porque sentí que me ahogaba. Ese día lloré y mi mamá también. A mis padres solo les dio leve. Mi papá es sobreviviente de cáncer y diabetes. Y mi mamá es diabética e hipertensa. A ellos solo les dio un poco de fiebre. Mi mamá perdió el olfato y sabor, pero no les afectó nada más. A mí fue que me dio fuerte con las vías respiratorias, aunque ya no tengo el virus, todavía tengo unas secuelas que es tos seca y cuando toso me ahogo un poco, pero eso se va quitando poco a poco.

Yo: amigo, te quiero mucho. No sabía nada, cuando leí tu Facebook y vi lo que publicaste en Instagram, no daba crédito.

Él: gracias, amiga. Yo la verdad no lo hice público porque no me sentía bien emocionalmente. Me alejé de las redes. Cada vez que veía alguna noticia de Covid-19 me ponía mal. Es que te lo juro, y cuando hablemos te contaré más, pero vivir esto ha sido como una pesadilla y, a la misma vez, como que no lo creía. Aparte, una noche murió alguien aquí al lado. Vi cómo se lo llevaron. Después murió el compañero policía de mi hermana (ella es policía y el chico solo tenía 44 años). Hoy, cuando finalmente salimos negativos, amiga sentí que volví a nacer. He llorado casi todo el día de la alegría y agradecido con Dios.

Al final de nuestra conversación virtual, pues a él se le dificultaba hablar, le envié un caluroso abrazo virtual, de esos que podemos y debemos enviar a quienes queremos y nos necesitan. En estos momentos, una palabra escrita es el abrazo más significativo que alguien puede recibir.

Dios, mientras termino de contarles esto, por otro lado, estoy hablando con un amigo de Miami. Este amigo me escribe para decirme que no aguanta la tristeza, él tiene un trabajo en el cual debe relacionarse con personas de manera muy cercana, es estilista, y ahora mismo está sin ingresos, sin ganas de ser una carga para nadie y sin recibir la ayuda que el gobierno prometió.

Él: estoy triste. Me siento mal. No sé ni cómo me siento, no quiero ser una molestia para nadie. Caro, también quiero ayudar a mi familia en México. Esto está de puta madre. Quiero volver a ser yo.

Yo: no puedes caer, no te lo permito. Eres muy talentoso. Pensemos en activar tus redes, yo te asesoro. Ahora mismo, hace unos minutos, me enteré de que un amigo en Nueva York y toda su familia tenían Covid. Eso sí es horrible. *Please*, no te pongas así. Te pido que pienses en lo talentoso que eres.

Él: ay, Dios, ¿qué voy a hacer? Florida ni Estados Unidos están preparados para esto. No tienen idea, y en México, peor. Donde vive mi familia empezaron a presentarse casos y ellos están aterrados.

Yo: solo te pido que estés fuerte, que te aferres a Dios y veas fotos. Que alimentes el alma con recuerdos, cuando se acabe la cuarentena por la pandemia seremos más fuertes.

Él: es una montaña rusa de emociones.

Yo: lo sé, lo vivimos todos créeme. Te abrazo por acá, y cuando me necesites, acá estoy. Tengo una agenda full porque me la creo, y esta cuarentena no acabará con nosotros, primero Dios.

Yo les digo algo, si en esta pandemia no nos abrazamos aunque sea por las redes nos MORIMOS, pero de tristeza. En serio mis amores, no sabrán jamás a ciencia cierta cuántas mañanas amanezco como un zapato viejo, sin ganas de nada, y no me permito caer pensando en todo lo que puedo ayudar a tanta gente con mis videos en Instagram y mis interpretaciones en TikTok. Eso se ha convertido en mi terapia en esta montaña rusa de emociones.

Y, hablando de montañas rusas, me acordé de una buena amiga que además de las tantas en las que se ha subido, ahora le tocó vivir esto en un país distinto al que nació, e incluso ni siquiera donde se crió, Venezuela. Ella se encuentra en Perú y en estos días me puse a pensar en ella. Hoy le escribí:

Yo: mijaaaa, ¿cómo estás? ¿Dónde estás? Espero que estés muy bien y protegida.

Ella: ¡Hola, loquis! Estoy en Perú. Muy bien y resguardada. ¿Cómo estás tú?

Yo: igual que tú, encerrada desde hace 34 días, y pues... haciendo todo desde casa. En medio de tanta calma de domingo, recordé que estabas en Perú, y la vaina por allá tan horrenda como acá con el virus.

Ella: sí. Acá está terrible por la irresponsabilidad de la gente, y allá por la irresponsabilidad del presidente. ¿Y eso que no estás trabajando en el canal? Yo abrí un café cinco meses antes de esto... qué te puedo decir.

Yo: estoy trabajando desde casa por la cuarentena, igual la tecnología es maravillosa. Ya sabes, las comunicaciones son de otra manera. Bendito Dios. Te quiero amiga y te envío un abrazo virtual grande.

El asunto, mis amores, es que estos abrazos virtuales nos llenan el alma. Y, aunque todo es muy incierto, qué bien se siente hablar con los de uno, aunque sea por Instagram.

CAPÍTULO 5

AGENDA EN CUARENTENA

¡DIME QUE POSTEAS
Y TE DIRE QUIÉN ERES!

Como casi todos los seres del planeta, yo también tengo una agenda, aún en cuarentena. Esta nueva normalidad nos invita, por no decir que nos obliga, a tenerla porque si no sería imposible sobrevivir a tantos cambios repentinos.

Y pues, aún en medio de la pandemia decidí llevarla a cabo para poder, dentro de todo, tener una "vida normal". Y aunque no les niego que me costó organizar un plan, todo salió fluidamente, quizás por mi propia naturaleza de sobrevivir a los cambios y, gracias a Dios, se me dieron las herramientas. Siendo sincera, fue lo mejor que decidí porque te dan ganas de levantarte, de hablar con la gente de cosas positivas y de motivar a muchos otros a llevar la misma "agenda", para no morir de angustia y aburrimiento en esta cuarentena o como yo la llamo "encierro a consciencia".

Créanme que es importante buscar una razón por la cual sacar un pie de la cama, pintarte los labios o vestirte lindo dentro de casa, y no hacer lo mismo que hace la gente "negativa" —que abunda por doquier— en medio de tanta tristeza, confusión e incertidumbre que se percibe hasta por las redes. Encontrar esa razón impide que tu sistema inmunológico se deprima. Y sí que me he dado a la tarea de leer y buscar en Instagram porqué los expertos en salud mental señalan que es vital estar contentos, o por lo menos ocupados en estos momentos, mientras el mundo entero trata de salir de esta crisis de salud.

Debo admitir que todo esto que llamaremos *#autosalvación* no fue de la noche a la mañana, ni nació el primer día que asumimos que esto estaba ocurriendo. Al principio de los días de encierro, uno todavía estaba un poco incrédulo, uno contaba los días, pero como para que no se te olvidara lo que estaba pasando. Muchas mañanas, al principio, me ponía a hablar con mis amigos y familiares que viven en España, porque a ellos la pandemia les llegó antes, y cuando yo tenía 10 días encerrada con mi familia, ellos ya tenían un mes. Todo pasó como cuando se cae una pieza de dominó: impresionante y hasta absurdo. Una película de esas de ficción, densa y con drama y mucho *thriller*. Creo que ni el mejor guionista hubiera podido crear una historia con tantos elementos. Estoy segura de que de haber una película con todas las características que estamos viviendo, habríamos dicho: "qué mentirosos, ¿cómo eso puede pasar?, ¿un planeta entero en la misma situación?". O sea, cómo nos cambió la perspectiva de la verdad o de lo que asumíamos que era posible o imposible. Algo así no tenía precedente, no de este tamaño, no para los comunes y corrientes. Muy pocos vieron el monstruo venir. Es que tenías que ser científico para poder comparar la pandemia del Covid con otras cosas que mundialmente fueron noticia en su tiempo como la gripe aviar, el H1N1, el ébola, el virus chikungunya, entre otras.

La cuestión es que empezamos a vivir en cuarentena y cuando digo "vivir" es vivir con alarmas puestas, con actividades estipuladas y con una "rutina" para no enloquecer. Y aunque soy casera, dentro de lo que cabe, no poder ir a ningún lado por algo de salud mundial es grande, muy grande, *heavy*, insólito, de magnitudes inexplicables.

Entonces, retomando, organicé mis espacios para vivir el encierro con dignidad y les cuento mi rutina. Lo primero, tratar de despertarme todos los días a la misma hora 7:20 de la mañana; cuando sonaba mi alarma ya yo tenía unos minutos despierta, siempre he dicho que me levanto antes que mis alarmas y esta vez no sería la excepción. Ya me había tomado mis medicamentos y había rezado, agradeciendo a Dios por otro día y pare usted de contar. Como quien dice, había organizado el día en mi cabeza. Lo segundo, irme a la regadera, para mí bañarse es quitarse la negatividad, aparte de las lagañas. En estos momentos es fundamental querer despegarse de los noticieros en un porcentaje grande, porque si no es terrible. Y aunque la rutina de mi mamá es ver noticias todo el día, mi labor es poner un poco de otros temas en el tapete para no caer en la tristeza que trae la incertidumbre. Esos perros en el estómago que hacen que nos sintamos incómodos e, incluso, que empecemos a somatizar cosas que no hay por ningún lado de esta casa. Dios, no es fácil, pero de esta salimos.

PREPARATIVOS PARA EL LANZAMIENTO DE MI PRIMER LIBRO EN TIEMPOS DE PANDEMIA

He esperado este momento por mucho tiempo y todo estaba listo para el lanzamiento en *@booksandbooks* el 8 de abril, pero Dios tenía otra cosa estipulada para todos, y cuando digo "para todos" es en realidad para TODO EL MUNDO, sin mentira alguna. De hecho, todo es así como irreal, como si fuéramos parte de una película de terror. Ver a tanta gente muriendo, ver a tanta gente sufriendo. Créanme que trato siempre de ver el lado positivo, como el hecho de que el virus le ha dado más sentido a las relaciones interpersonales, ya que, al no tenerlas, las extrañamos.

El distanciamiento social nos ha acercado a nuestras verdaderas nostalgias, a las de verdad, verdad y no a los simples "te amo", por solo decir algo *cool*. Ahora cuando le decimos a alguien "te extraño" es de verdad, con el alma. Acá donde me imaginan, estoy sola sentada en el garaje convertido en salón de uñas, en *gym*, en oficina, en centro de masajes y sala de juegos de Amalia Victoria. Estoy llorando de felicidad y también por ese anhelo de tener a mi hermana al lado para que me abrace, porque ya mi primer libro se está vendiendo en Amazon a partir de hoy. Mariela (mi sister, mejor conocida en Instagram como *@pekas007*) siempre ha sabido cuánto amo escribir y expresarme por medio de la escritura, ella sabe que es una de las cosas que más me gusta en la vida.

Por esta razón, empecé a enviar como loca el link de compra, informándoles a todos mis seguidores que el libro, del cual tanto les he hablado, está a su disposición, y en ese momento mi amiga "gringa", como yo la llamo por cariño, me hizo llorar con un mensaje tan lindo que me escribió. Acá se los comparto:

Ella: *omg congratulations Carolina!!! You have your own book! We spoke about this and this has become a reality! You have accomplished so much and I am so proud of you. You're one of the most amazing people that I know and I am so happy that you're my friend!! Love you lots, keep on shining like the beautiful bright star that you are!! Love always, Jackie.*

Yo: *love u, amiga linda. Thx for being my friend. Mi Jaquinosa.*

Ella: *aww, thank you, mi Caro!!! It is with pleasure and I am blessed to have you in my life!!!!!*

Yo: *how are you? How is Ambar doing?*

Ella: *I am doing very well Carolina! Amber is doing well too! It is beautiful here in Pembroke Pines! We work together on little projects around the house such as gardening. We recently planted pineapple and are looking to plant other vegetables and to paint the house!*

Yo: *so beautiful, nice. You guys are amazing.*

Ella: *thank you and your family are amazing too!!!!*

Yo: *virtual kisses*

Ella: *yes. Virtual kisses and lots of air hugs*

Yo le terminé enviando flores rosadas con *emojis* y ella girasoles, así es como tendrán que ser las cosas de ahora en adelante.

Lo que sí les puedo decir es que *Dime qué posteas y te diré quién eres* es mi primer bebé literario y aunque no pensé tener un lanzamiento digital, acá me tienen, gracias a la mayoría de ustedes, quienes luego de hacer encuestas por varios días, me sugirieron lanzar el libro en tiempos de 👑🦠 . Quise complacer a todos mis seguidores en medio de tanto encierro (para quienes de verdad estén cumpliendo con la cuarentena).

Y tal como le dije a mi equipo del libro, de verdad, en medio de todo, sí me hace muy feliz. Estoy muy contenta, de verdad, gracias por ser parte de este sueño, gracias a ustedes que leen este segundo libro realizado en mi cuarentena y que seguramente ya leyeron *Dime qué posteas y te diré quién eres*. Les confieso que cuando pensaba en el lanzamiento del libro, siempre lo soñé con el ego de verme rodeada de personas aplaudiéndome por mi primer *book*. Y hoy, que los aplausos no son iguales a los que imaginé, aprecio MUCHO más a todos los que me ofrecieron sus cuentas de Instagram para hablar del lanzamiento como Alejandro Chabán, Pablo Herde, Gaby Tachinamo y mi *sister*.

29 DE ABRIL, 2020 LANZAMIENTO DE MI LIBRO Y MALESTAR DE AMALIA VICTORIA

Nos despertamos a las 6:00 a.m., fue una noche rara, llena de emociones. Llegué a 2.2 millones de seguidores en Instagram, me certificaron la cuenta de TikTok y del grito de euforia que di por ser tan nueva en esta otra plataforma y tener a tanta gente siguiéndome, desperté a mi pequeña pulga Amalia Victoria. Sí, así como leen, ya a las 6:00 a.m. mi chiquita y yo estábamos hablando y viendo a un gato caminar sobre la cerca de madera, a través de la ventana de su cuarto, mientras todos dormían y yo me preparaba para un día que había esperado durante mucho tiempo, yo diría que toda la vida desde que recuerdo.

Cuento largo-corto, bañé a Amalia Victoria porque se le había pasado el orine un poquito y, al llevarla al baño, me dijo que le dolía orinar, y comenzó a ir al baño en repetidas ocasiones, cosa que nos llevó a comunicarnos de inmediato con dos de nuestros pediatras. El primero no contestó el teléfono y el segundo sí, bueno, su secretaria. En estos momentos es fundamental llamar a todas las oficinas del doctor con el propósito de asegurar la salud y evitar, al máximo, el contacto físico; las consultas por teléfono o videollamada son lo que impera.

El doctor nos sugirió hacer un cultivo de orina de rutina y empezar un tratamiento con antibióticos, pues todo indicaba que se trataba de una pequeña infección. Igualmente, nada más pensar en la idea de tener que salir nos pone nerviosos. El doctor nos contó cuál sería el protocolo para buscar la orden y hacer el examen. Recordé que mi cuñado ha estado trabajando bajo extremas medidas de seguridad en su taller de carros, y le pedí el favor para que fuera a buscar la orden por nosotros y nos la trajera hasta una mesa que hemos colocado afuera de la casa.

Mientras le pedía este favor a mi cuñado por WhatsApp, el pediatra nos confesó que tiene Covid-19 y trabaja desde casa. Agradeciendo su confianza y escuchando la historia, me quedé impresionada. Ante esto, el doctor dijo que era normal y que estábamos haciendo bien en no salir porque hay muchas cosas pasando que el común denominador no sabe. El doctor y yo terminamos concluyendo que, sin duda, todos vamos a conocer a alguien que tiene el virus o que lo tuvo.

2DO. DOMINGO DE MAYO

Así como hemos pasado otras fechas importantes en cuarentena como el cumpleaños de mi esposo y cuanto cumpleaños de gente que uno conoce, a las mamás nos tocó celebrar en casita con los más importantes, con los de verdad, con los que nunca van a fallar... por lo menos eso es lo que pienso yo.

En casa, como ya les he dicho, estamos mi mamá, mis hijas, mi esposo y yo con todas nuestras redes activas. Ese domingo nos despertamos agradecidos todos de poder vivir una experiencia de vida tan grande juntos. Particularmente, con mi madre lo empecé a celebrar desde el viernes que habló en vivo en el programa. Mi madre es de las que siempre está lista para cualquier reto y aunque este de ser tan pública por mi culpa y del Instagram, no lo tenía ella previsto, se lo ha pasado bien y se lo goza. Incluso como les he comentado tanto en mis redes, como en mi libro anterior *Dime qué posteas y te diré quién eres,* las redes para mi familia son hasta terapéuticas.

Y pues, volviendo al tema de la celebración del día de las madres, nosotros, que lo celebramos todos los días, lo que hicimos el 10 de mayo fue despertarnos cuando el cuerpo quiso. Mis hijas despertaron a mi madre con una linda tarjeta realizada por ellas y desayunamos rico: mi mami hizo la comida, mi esposo decoró la mesa para degustar nuestras arepas y a mí me tocó lavar los platos y dejar la cocina limpiecita. En estos días de pandemia, hemos adoptado rutinas muy bonitas en nuestra dinámica. A veces hacemos parrilla, o como lo llaman aquí, *barbecue,* durante la semana. Cada día, uno de nosotros se convierte en chef y como muchos hacen, nos la pasamos compartiendo en las redes todo y cuanto comemos y hacemos.

Les digo que el Instagram se ha convertido en un recetario de cocina. Uno de estos días, mi propia hermana nos sorprendió al publicar en su cuenta la elaboración de un delicioso y apetitoso quesillo venezolano, conocido internacionalmente como flan. En el video, mi *sister* mostró la forma en la cual hizo el caramelo que se hace con azúcar para cubrir el interior de la olla. El video estaba tan bien hecho que, entre la música y ver cada paso de la elaboración de tal manjar, hasta mi madre, que es experta en esas lides, le comentó en sus redes que "el alumno había superado al maestro".

Y como les cuento, este segundo libro es como una revista, donde hay desde *looks* de casa construidos con almohadas, edredones y bolsas de basura —producto de todos los *challenges* que han surgido en cuarentena—, hasta rutinas de ejercicio dentro de cuatro paredes para cumplir durante la cuarentena y/o encierro a consciencia y, por supuesto, una oda a quienes merecen ser los protagonistas de nuestras redes: los doctores, enfermeras, asistentes médicos y todos los que han estado en la primera línea de batalla.

Es muy interesante el fenómeno de las redes en estos días, tanto así que otra de mis rutinas de cuarentena es dedicar, al menos una media hora, a darme un paseo y ver el mundo por medio de *posts*. Una publicación se convirtió en el desahogo de una ciudad entera: ver aplaudir a los españoles cada tarde cuando los doctores salen o entran a los hospitales, eso me eriza los pelos; ver los conciertos virtuales por medio de un *Live* es indescriptible; ver todas las canciones que se han escrito en estos días de confinamiento es imborrable. Por ejemplo, el gran Franco De Vita un día nos sorprendió con *Frágiles*, una canción que habla de todas esas cosas a las que estamos sometidos, que nos llenan de preguntas y nos invitan a conversar sobre lo frágiles que somos. Nos hacemos pequeños ante algo invisible, pero que es capaz de tener al mundo de cabezas, de punta a punta.

Sin lugar a dudas, el día de la madre fue tan especial que hasta tuvimos fiesta virtual con toda nuestra familia alrededor del mundo: desde Charallave, pasando por Caracas, Quito, Buenos Aires, Orlando, Miami hasta España, por la plataforma Zoom. Por primera vez en la historia de la Guzmanera —como se denomina a nuestra familia— estábamos grandes y chicos dichosos de escucharnos, vernos y abrazarnos virtualmente. Bendita sea la tecnología.

13 DE MAYO, 2020 (MI DÍA 50)

Acá estoy frente a mi teléfono, a través del cual me conecto para hacer el programa desde hace 50 días. Aún incrédula, pero a la vez aclimatada, empiezo a pasear por Instagram y me doy cuenta de que mucha gente sigue desahogándose en cada *post*; otras empiezan a quejarse y también me doy cuenta de que me he alejado un poco de las cuentas de personas que quiero, para no caer en la tentación de escribirles lo que siento. No les puedo negar que cuando veo a gente saliendo de su casa en cuarentena y publicándolo en las redes me da como un escalofrío que recorre mi cuerpo, es más, ese asunto ha sido la motivación de los temas de *#ElTrasnochoConCaro* en estos días de cuarentena exclusiva.

Es que es obvio. Uno encerrado, pero responsable, cuidándose y tal vez siendo catalogada de exagerada por mis dinámicas, debo buscar maneras de sacar de mi sistema aquello que me perturba. Y quiero aclararles que, aunque no he mencionado a nadie directamente, cada quien sabe a qué y quién hago referencia. El cuento es que hasta eso de desahogarme ha formado parte de mi agenda, lo he incluido para no caer en ansiedad porque, como he confesado en pasadas ocasiones, es un enemigo silente que cuando sale, puede acabar con un buen momento o afectar una situación en la que creías tener todo bajo control.

Hoy, en mi día 50 de cuarentena, les puedo decir que muchas cosas de mi rutina han cambiado, trato de modificar algún detalle para no perder el interés. Es como si mi cuerpo me hablara y empezara a enviarme las coordenadas de cómo irá el resto del día. En las últimas dos mañanas he sentido ganas de quedarme una hora más en la cama, hasta se me ha dado por no bañarme en la mañana los lunes y martes, es como si yo misma, de tanta exigencia, estuviera agotada.

LLEGÓ EL DÍA QUE ACABARÍA LLEGANDO (14 DE MAYO, 2020)

Hoy como cada día desde hace más de 50, me desperté a escribir y a hacer ejercicios para olvidar un poco la cuenta. Entonces, empiezan a suceder esas cosas que tanto pensé que tarde o temprano sucederían, porque nada dura 100 años ni existe cuerpo que lo resista. Los teléfonos de cada miembro de esta familia empiezan a sonar, en serio fue matemático, es como si el tiempo dentro de casa se estuviera venciendo.

A mi hermana la llamó el doctor de mi mami para recordarle una cita que tiene y prescribirle una medicina otra vez. Se trata de una medicina que solo la puede autorizar él, quien la vio en persona y no precisamente por "telemedicina", como se está promocionando hoy en día hasta por las redes para evitar el contacto físico. Les juro que no daba crédito de tan solo pensar que mi madre tuviera que salir de la casa, y acá, mientras estoy conectada frente a la pantalla que me conecta con ustedes, no dejo de pensar en el momento que, con todas las medidas de seguridad, deba salir de casa. Mi cuerpo está aquí frente a esta cámara, pero mi mente vuela hasta estas páginas. Lo que sí es una realidad es que más temprano que tarde, nadie puede seguir confinado al encierro, y para ser sinceros, INDEPENDIENTEMENTE DE LA EXCELENTE SALUD y, teniendo 73 años, mi mamá debe ir a sus controles.

Claro está, ustedes se preguntarán cuál sería la urgencia de que mi mami tenga que ir a ese médico que es neurólogo. Pues, muy sencillo, mi mamá hace ya un año tiene un temblor en la mano derecha, la cual utiliza para todo y que controla con un medicamento empleado para otra condición médica, pero que, sin duda alguna, debe tomar para que no recaiga y regrese el temblor. Hace muy poco me enteré de que esa medicina es recetada para tratar el Párkinson, pero entiendo que mi madre está saludable y solo es para prevenir otras dolencias. Sin embargo, se pueden imaginar mi tensión y mi estado emocional al imaginarme a mi mamá yendo a un consultorio médico. Sé que todo con esta cuarentena tiene otro sabor, otro color, otra perspectiva y, a pesar de estar tomando este "nuevo sistema" supuestamente con la mejor actitud, al final del día sabemos que NO ES LO MISMO Y NUNCA LO SERÁ.

15 DE MAYO, 2020

Llueve a cántaros, es viernes y acá seguimos en cuarentena, aunque por allí, como les dije, se empieza a escuchar que abrirán muchos lugares aun y cuando el 👑🦠 sigue haciendo de las suyas. Por aquí todos duermen, menos Amalia Victoria y yo que somos madrugadoras. Alguien me tocó la pierna por detrás y era ella diciéndome: "mami, ya me desperté". De hecho, vino a recordarme, mientras me maquillo para hacer un video, que ayer le dije que no podría participar en su clase virtual. Y, por supuesto, escuchando su sentir, les envié un mensajito a las maestras contándoles que ella no estaría en la clase. Obvio, los niños, aunque se adaptan, siguen siendo niños y no es lo mismo estar con sus amiguitos de forma virtual que en persona. No soy de las madres que les ofrecen portátiles a los hijos para entretenerlos. Es verdad que los niños son seres muy digitales, pero en mi mundo existen los rompecabezas antes de la cuarentena, los juegos con mami y papi dibujando, los columpios y pare usted de contar...

17 DE MAYO, 2020

Día 54 de mi cuarentena y me entero por Instagram que una de mis mejores amigas está celebrando, a la distancia, el primer año de su nieto, y así como casi todos, recurrió a las redes para expresarse y no dejar que estos días tan raros modifiquen nuestro sentir. Ella es una abuela súper joven y dedicada que, me consta, está pasando hoy uno de esos días duros, creo que el más duro de su cuarentena y lo percibo a través de sus palabras en la leyenda de sus videos. Es que cuando uno conoce a alguien es muy fácil saber qué significa hasta cada coma que escribe en Instagram.

Me atrevo a escribirle y esta es nuestra conversación:

Yo: feliz cumple pa' tu cosiii lindo. Sé que son días difíciles, pero eres una de esas personas que vale la pena seguir en las redes. Orgullosa de ser tu amiga.

Ella: ¡Querida amiga! ¡Gracias! ¡Qué bella! ¡Sí! Su primer año. Ayer y hoy he estado muy achicopalada y pues tratando de ser positiva y pensando en la idea de que esto pase de una buena vez. Este virus nos cambió todo y nos hizo nuevos planes.

Y mientras sigo, estoy escuchando a Bocelli cantar *La vida en rosa* y no dejo de pensar en todos los cumpleaños que he visto pasar por las redes, celebrados como amerita la ocasión, de forma sencilla y responsable. Otros los tengo que dejar de ver porque desde que empezó la cuarentena, he visto cómo cada persona tiene un criterio distinto al de la otra, al punto que mi terapia es ir directo a las cuentas de Instagram que no me generen taquicardia. Y es que no comprendo cómo la gente no entiende la gravedad de esta pandemia y hace cosas irresponsables.

Incluso un amigo doctor, a quien quiero mucho, hoy me escribió y leerlo es corroborar lo que ya sabemos dentro de lo poco o mucho que se sabe de este nuevo virus. Y a propósito del tema, me señaló que, al igual que muchas personas y luego de una inversión grande en otra clínica, ya tuvo que abrir sus consultas, pues los gastos se van por encima de cualquier cosa. Y aunque yo tengo mis reservas, ¿cómo no lo voy a entender? A su vez, de él dependen más personas y un grupo de empleados.

Les comparto lo que me escribió:

Mi vida, pues ya te imaginarás. Con las clínicas cerradas y sin ningún ingreso es duro no estresarse. Tenía algunos ahorros, no mucho porque compré otra clínica y todo lo puse en el *down payment*. Pero bueno, ahora que abrí de nuevo, pidiéndole a Dios que se componga la situación, otros están peor y al menos hay salud. Cuídense, por favor que esto del virus no es un invento. A un amigo se le han muerto varios pacientes. Un abrazo y un besote. Saludos.

Yo: sí, hay gente que cree que es poca cosa el 👑🦠. Cuídate mucho, protégete al máximo, *please*. Se les quiere mucho.

Hoy también es un día muy importante, es el Día Internacional Contra la Homofobia y las redes están llenas de mensajes más a favor, que en contra de la igualdad, pero me queda claro que tras un *post*, algunas veces, no existe 100% de honestidad y existe mucha gente falsa que no es capaz de sacar su verdadera cara, o que lo hace a conveniencia o que apoya a quienes sí necesitan para congraciarse con cuanta cosa exista solo por un *like*.

Ahora mismo incluso, como cada domingo de esta cuarentena, luego de haber limpiado un poco, preparado todo para las clases virtuales de Amalia Victoria, haberme bronceado en el patio de la casa y prepararme para dormir o intentar hacerlo, acabo de publicar varias fotos en carrusel para manifestarme y apoyar a una comunidad que conmigo siempre ha sido muy transparente, la comunidad *#LGBTQ*. De verdad, tengo tanto respeto hacia la gente que se ama libremente que debo expresarme y, a través de unas fotos tomadas el año pasado en una parada hermosa que fui en New York, lo hice y lo dejé clarísimo. Basta ya de la gente que vive haciendo lo que otro espera que haga, que ama lo que le dicen que tiene que amar, *stop* a todos aquellos que humillan a otros públicamente o en privado solo por amar libremente.

18 DE MAYO, 2020

Aquí estoy, a punto de bañarme y empezar mi día 55 de cuarentena y no puedo dejar de contarles que mis nuevas pesadillas son sobre el acercamiento, tengo que recurrir a rezar porque no puedo dejar de temblar al pensar que alguien me quiere tocar. El otro día soñé que alguien se metía a la casa y yo le gritaba "¡la mascarilla!" y trataba de proteger a mi familia. Anoche soñé que estaba en una farmacia y no llevaba mascarilla ni guantes y lo que me produjo esto fue una sensación de desespero impresionante. Solo Dios sabe por qué estamos viviendo esto. Solo Dios nos puede dar las herramientas para salir de esto.

¡Ojo! Como no sé cuándo leerán esto, le coloco el día, para que este diario sea fidedigno de mi sentir. Y más hoy, día en el cual en Miami empieza la primera etapa de reapertura, incluso cuando la pandemia no se detiene.

Hace una semana me enviaron un video por el privado de Instagram de lo que fue la reapertura de ciertos restaurantes y lugares en Orlando, Florida y parecía un pueblo fantasma. El *influencer*, que por cierto se llama *@oscaralejandro* se dio a la tarea de registrar con su cámara todas sus visitas. Relataba que aún y cuando todo estaba abierto con sus restricciones, no había un alma en el McDonald's más grande de la ciudad de Mickey; que en una de las tiendas que más amaba solo vio a cuatro personas, o sea, ¿"reapertura"? No sé qué sucederá y aunque en Miami existe gente muy impresentable que no tiene ni el más mínimo sentido común, aún no tenemos una noción clara, a las 7:57 a.m., de lo que pasará a partir de hoy en estos tiempos de pandemia.

Los dejo porque necesito empezar el día haciendo ejercicio. Lo necesito para poder sudar esto que siento al ver Instagram lleno de demasiada gente celebrando la fulana reapertura, como si el 👑🦠 ya se terminó.

22 DE MAYO, 2020

Para no perder la costumbre, entro a mi querida red social que tanto amor me ha traído por parte de mis seguidores y mientras paseo por el Instagram, también escucho el programa de Fernando del Rincón, persona a quien admiro y atesoro profundamente por su compromiso informativo durante toda esta locura del virus y por su objetividad a la hora de entrevistar a autoridades de distintos lugares y en especial donde vivo, Miami. En muchos casos, no saben ni a qué se enfrentan y titubean al tener que responder sobre la incapacidad de los ciudadanos de Miami para respetar los protocolos de reinicio en actividades, que antes eran cotidianas.

Es insólito ver cómo suceden las cosas ante nuestros ojos y es imposible contradecir imágenes y cifras que hablan por sí solas. Dios, ¿a qué estamos jugando? No puedo con Instagram, a veces siento que el abuso emocional en estos momentos al que estoy sometida no es lógico, en serio, este masoquismo no es normal... pero bueno, también debo decir que incluso existen cuentas de Instagram como la de *@killadamente* que me hacen el día.

Les cuento, esta chica dominicana hizo una publicación en TikTok, cuyo mensaje va directo a aquellas personas que solo van en busca de lo físico por encima de lo interno, y ella, mientras se desmaquilla, pone en perspectiva la opción que tenemos los seres humanos entre escoger a una persona bonita o una fea, por encima de todo parámetro preestablecido. Acá lo más interesante fue ver a chicas de todas las edades haciendo este reto, en donde la misión era dividir en dos el rostro y poner en contexto lo que se ve perfecto maquillado y lo que se ve al natural cuando le quitas la corrección, el color, etc. Es que siempre el tema de la belleza ha sido un tópico de interés en este mundo tan materialista, pero ¿saben qué? Lo mejor del reto de mi dominicana favorita en las redes es que la belleza exterior jamás podrá ganarle a la belleza interior.

MI DÍA 60 DE CUARENTENA

23 DE MAYO, 2020

Una amiga me escribe apenas termina de ver las historias que acabo de publicar sobre mi incapacidad de entender a la gente que no respeta la distancia social y me dice: "¡no solamente distanciamiento social! La gente piensa que si no se va a hacer las manos, el cabello, comer en algún restaurante, hacer reuniones con sus amigos, ¡se va a morir! Es una estupidez que aunque hayan flexibilizado el país, no seamos conscientes de que hay un virus peligroso, el cual aún no tiene cura y queramos hacer de todo! ¡Solo la mascarilla no es suficiente! ¡La conciencia social es aún más importante! El egoísmo del ser humano una vez más está saliendo a flote".

Ella tiene razón obviamente, está saliendo la hipocresía en la que hemos estado viviendo e imagínense que si antes todo estaba lleno de gente resentida, con ideales de felicidad, sumidos en divisiones y clases, ahora todo está más expuesto. Estamos viendo que el que te vendía una imagen por las redes con un supuesto "tacto", es falso porque a la hora de actuar los *true colors* salen sin esfuerzo. ¿Cuántas veces en estos días han entrado a Instagram y han visto con preocupación y asombro lo que otra persona publica sin pensar en la repercusión que tiene?

Hoy en mi día 60 dormí muchas horas en la tarde, no sé si descansé o soñé o tuve pesadillas, pero solo sé que me quedé dormida en mi preciosa cama, espectacularmente tendida, mientras leía mensajes maravillosos de amigos maravillosos. Y ¿saben qué? Acabo de decidir cerrar este capítulo, porque este capítulo podría ser todo el libro y debo seguir contándoles desde otra perspectiva en otros capítulos.

Debo reconocer que de esta cuarentena los días tal vez más diferentes a la normalidad son los fines de semana. Mis amores, por alguna razón, estos dos últimos sábados he desarrollado un cansancio de las tantas actividades que me he exigido realizar en estos días de encierro. Cada día es un reto para tratar de olvidar el encierro y la "no normalidad", me esfuerzo al máximo por no estar desocupada y coloqué alarmas para todo, para despertarme, para maquillarme, desmaquillarme, clases virtuales, *lives* y pare usted de contar. Es más, en el fondo de mi corazón, mientras veo mil fotos en Instagram de los lugares que visitaré cuando esta pesadilla se acabe, pido poder recuperar mi emoción al encuentro con gente, porque por la falta de empatía de la gente y la indiferencia, estoy llegando a preferir el mundo digital al físico. Y de antemano, me disculpo por si en alguna ocasión se encuentran conmigo fuera de Instagram y no soy tan cálida como antes y apapachadora, ya que eso está fuera de mi agenda cuando vuelva al *"new normal"*.

CAPÍTULO 6

NEW NORMAL

MY ROOM

Mi cuarto se convirtió en mi santuario. De hecho, siempre lo ha sido, pero ahora en estos tiempos tan difíciles mucho más. No les puedo explicar mi complicidad con este espacio sagrado. Este rincón muy mío, con mi olor, mis palabras favoritas, mis fotos y flores, en el cual he grabado muchos *#tiktoks* y donde encontré la musa perfecta para escribir y escribir.

Al principio les hablé de mi complicidad con este espacio sagrado, que he decorado y redecorado decenas de veces en esta cuarentena. Cuando empezó todo esto, mi cama estaba vestida de blanco con rosa, luego la cambié a blanco nada más. Después me dio por vestirla de los colores que me sentía y ordené un cubrecamas con sábanas color turquesa clarito, y luego de un par de semanas la vestí de melón. Es decir, mi cama ha tenido casi tantos vestidos como yo en esta cuarentena, porque mi mamá siempre ha dicho que tener el cuarto ordenado es símbolo de prosperidad, y si mi mamá lo dice, yo lo creo.

Al despertar en mi cuarto siempre sueño despierta. Viajo a mis recuerdos, rezo y le pido a Dios que todo pase rápido. De hecho, en estas almohadas, que son muchas porque amo tener mi cama llena de ellas, he jugado con mis hijas, he llorado, he brincado, hemos deshecho la cama y hemos armado pijamadas improvisadas. De verdad que mi cuarto ha sido uno de mis rincones favoritos en esta cuarentena.

30 DE ABRIL (AQUÍ RETROCEDO EN LA CRONOLOGÍA, PARA CONTARLES LA PRIMERA SALIDA)

Por razones ajenas a nuestra voluntad, Nick se ve obligado a romper la cuarentena, y en su caso, luego de más de 32 días de aislamiento, tiene que disfrazarse para poder salir al laboratorio a dejar un examen de orina de nuestra Amalia Victoria. El llamado *New Normal* implica un protocolo totalmente distinto al que vivíamos antes para hacer cosas rutinarias como ir al supermercado, a la iglesia o al doctor, entre otras mil cosas.

Con el sonar de mi alarma de las 6:00 a.m., ya era hora de despertarse. Sabíamos, luego de haber tomado la decisión en pareja, que sería Nick quien saldría. Por supuesto, con todas las medidas de seguridad, entre ellas, conservar el "distanciamiento social". Una muy buena idea para eso era hacer lo necesario en horas en las que usualmente no saldría ningún ser humano.

En fin, la historia es que ese jueves Nick se bañó y siguió los lineamientos que habíamos acordado la noche anterior para que todos siguiéramos seguros acá dentro de nuestras cuatro paredes. Mucho más, tomando en consideración que existe gente que ha tenido el virus, conocidos o no, que insisten en que solo haría falta un parpadeo, por así decirlo, para contagiarte y no darte cuenta. Así, llevada a cabo la primera etapa de nuestro protocolo de salida, llegó el momento de vestir a mi paciente y sabio esposo.

Mi gente, el salir de madrugada, y más a un centro de recolección de pruebas de orina, sangre, etc., hace que nos sintamos menos ansiosos y más seguros emocionalmente con esta salida, porque recuerden que la mente es más fuerte que cualquier cosa, y cuando uno empieza a imaginar y somatizar todo lo que escucha, no está fácil sobrevivir una cuarentena exitosamente.

Recuerdo, casi como ayer, cuando la actriz colombiana Danna García confesó que tenía Covid. Se lo contó a Iris y, al principio, hubo incredulidad, desconcierto, hasta dudas, porque dentro de sus publicaciones en Instagram detallaba cómo se contagió, que fue en casa de unos familiares, cómo se sentía, cómo estuvo viviendo alejada de su hijo para protegerlo, e incluso cómo empezó a vivir acoso por parte de sus vecinos, porque no querían que luego de recuperarse utilizara el elevador, por ejemplo.

Acá, Nick y yo, utilizando la creatividad, también empleamos el *outfit of the day* de pandemia al poner un pie fuera de esta casa y empezar a vestirlo para llevar la muestra de orina de Amalia Victoria, ordenada por su pediatra, así que decidimos usar la ropa térmica de invierno como primera capa de ropa, para no dejar la piel de Nick expuesta en esta travesía. Luego un *jean* arriba y un suéter con capucha para cubrir la cabeza, por supuesto, medias y los lentes estilo motorizado para cubrir cada centímetro de su cara, doble guantes y tapabocas N95. Todos los documentos forrados previamente con bolsas transparentes. Y con Dios como primer aliado, estaba listo para salir a la calle, con la misión de descubrir por qué nuestra pequeña Amalita tuvo un poco de cistitis toda la madrugada y la mañana del 29 de abril.

Bueno, llegó la hora de abrir la puerta para ver salir a uno de nosotros y no precisamente a botar la basura. No les voy a negar que me pasaban mil cosas por la cabeza al momento de ver a mi esposo caminar hasta su camioneta. Al montarse en el carro, me quedé en la puerta viendo que haya salido sano y salvo, y esperé incluso a que la camioneta arrancara. Inmediatamente, busqué dos bolsas de basura negra, una que utilizaremos para meter la primera capa de ropa cuando regrese, y otra para los zapatos que dejará afuera, y lavar todo en solitario. Así lo habíamos dispuesto la noche anterior.

Mientras sigo relatando este operativo "salida de Nick en cuarentena" en mi celular, aparato que, por cierto, utilizo por la rapidez y comodidad para escribir este libro en "cuarentena", sigo revisando Instagram para las notas del material que estoy utilizando y, al mismo tiempo, empiezo a escribirle mensajes de texto a Nick. A cinco minutos de su partida mi corazón empezó a latir como un caballo desbocado.

Yo: Avísame todo. Ponte el gorro del suéter. Y, de verdad, avísame todo.

Él (monosílabo): ok.

Yo (intensa y fastidiosa): Para cuando regreses las instrucciones son estas: las bolsas de los documentos bótalas en los contenedores de basura que tocarás con los segundos guantes, los cuales debes haberte puesto antes de subir a la camioneta, luego de salir del laboratorio. Antes de entrar a la casa, deja los ID en la mesa de afuera, que yo los desinfecto por si acaso; y mantenme informada de qué tan cerca estás de casa cuando vengas.

En pleno mensaje de texto a Nick, suena mi celular. Salgo corriendo porque había ido al baño. Nick me llama y me dice que el laboratorio lo cambiaron de lugar, que luego de bajarse y subir al tercer piso en un elevador, se enteró de que el laboratorio que usó hace como 10 años lo cambiaron, o sea, ya no funciona donde solía estar, a cinco minutos de casa. Siento que me desmayo, impotencia, susto. Imaginen mi estrés.

Empezamos a buscar centros cerca de donde estaba Nick estacionado y no hay ninguno. Cuento largo-corto, encontramos uno más o menos cerca, para que no tuviese que manejar lejos, hay que evitar lo más posible cualquier problema con los carros, uno nunca sabe quién anda como loco en estos tiempos. Acá vale la pena señalar que, me cuenta Nick, se sentía lento en la calle por el montón de días sin manejar, que se fijó que la gente manejaba con desesperación y que, para su sorpresa, había bastantes carros en la calle para ser cuarentena.

Sigo escribiéndole sobre el protocolo de entrar a la casa. Acá les va:

Yo: Habrá dos bolsas negras, una para dejar zapatos y otra para la primera capa de ropa.

En medio de nuestra conversación, y sin tan siquiera haber terminado de escribir este texto, Nick me envía un texto. A pesar de mi angustia mañanera, me causa mucha risa —qué maravilla reírse en estos momentos tan fuertes—. Él empieza a contarme sus anécdotas al ser identificado como el esposo de "la venenosa", aunque les juro que no se le veía nada de lo cubierto que andaba.

Él: Me reconocieron con todo y el disfraz que llevo puesto.

Es que realmente parecía uno de la famosa película *Los hombres de negro*. En el tiempo que él estuvo fuera, pasaron varias cosas de este lado. Yo aproveché para lavar el baño y prepararlo para cuando él llegara, le dejé la toalla que utilizará y la bolsa en la que meterá la ropa térmica que se puso debajo de la ropa.

También me bañé para que no me agarrara la mañana en pijama. En cuarentena me he prohibido andar con ropa de dormir fuera de cama porque eso me bajonea, y lo que queremos es meterle al cerebro que esto de estar encerrados es por nuestro bien. El arreglarse y poner buena actitud es lo mejor para todos, así que mientras Nick llegaba yo me vestí, me puse linda, me recogí el cabello, limpié también la entrada y puse las dos bolsas negras sobre la mesa que tenemos afuera de la casa para que nos dejen los paquetes, y así evitar lo más posible el contagio. La verdad es que me parece agotador y chistoso tener que contar lo que unos llaman exageración y otros, como yo, el nuevo estilo de vida.

Okey, esto se los cuento y ni yo misma lo creo, hoy me faltan cinco días para cumplir 60 días de cuarentena y Nick tuvo que volver a salir, porque el pediatra de Amalia Victoria sugirió un nuevo *test* de orina para estar seguros de que la infección ya se fue definitivamente. Aunque ella está en perfecto estado anímico y de salud, con los niños debemos estar seguros. Esta cuarentena, mis amores, ha cambiado nuestros patrones para siempre, y apenas corroboramos que mi esposo debía ir al consultorio médico, empecé a organizar su *outfit* para salir a la calle. Gracias a Dios, tenemos todo tipo de indumentaria para salir y evitar cualquier contacto o exposición al virus. Esta vez, lo mandé a ponerse pantalón, doble camisa, suéter con gorro más una gorra, dos guantes, dos mascarillas, más una careta y, por supuesto, unas bolsas para salir de la primera capa de guantes cuando regrese.

OTRO DÍA DE MI *NEW NORMAL*

Acá me tienen, otro día o madrugada cualquiera con la cabeza en mis pensamientos, súper trasnochada y pensando que Estados Unidos, siendo uno de los países del mundo que encabeza los contagios, es uno de los primeros en saltarse cualquier proceso. Por su capitalismo desmedido, ha empezado una apertura inminente, que genera una subida de casos en muchos estados y aunque lo tapen, así es. Ya empezaron las batallas en Instagram, los bandos: aquellos que, al ser personas públicas sienten y dicen, desde la banalidad, que están felices de volver a las playas, y otros como yo que no entendemos cómo es que estamos en la misma fase de "apertura" que España, cuando ellos empezaron mucho antes el tiempo de confinamiento.

De verdad, es insólito. Anoche no sé cómo dormí, porque aunque me digo que no voy a chequear la cuenta de Instagram de ciertos personajes, me aparecen sin buscarlos. Y así como yo escribo lo que siento, pues cada persona también es libre de hacerlo. *By the way,* empiezan a aparecer en las cuentas de Instagram de diferentes negocios cosas como estas que les enseñaré, no sé si por convicción o conveniencia:

Para estar todos seguros recordemos siempre:

✓ Usar las mascarillas
✓ Mantener el distanciamiento social
✓ Respetar y seguir las indicaciones que existen en los establecimientos, es para seguridad de todos

Ahora ya son las 8:12 a.m. de mi día 56 de cuarentena. Me acabo de bajar de un lugar que escogí para hablar con mi amiga, la psiquiatra maracucha y, pues, entre desahogo, lágrimas y sudor, le confesé sobre mi nueva "yo". Esa que no quiere ser tocada, besada y menos juzgada por todos estos cambios.

Ayer me enteré de la reincorporación a las actividades regulares en las instalaciones del edificio donde trabajo, y no estoy de acuerdo con regresar por la simple razón de que, la verdad, no sabemos cómo se ha cuidado cada persona. Eso me quita el sueño, porque he sido muy responsable desde hace 56 días con el prójimo y conmigo para venir a poner mi vida en riesgo por personas que, al final del día, jamás me amarán como mi familia.

Tal vez estoy en esos días en los que todo se ve más grande, pero creo que el mayor acto de amor lo he vivido estos días, al ver cómo ni mi hermana, ni mi sobrino han venido a visitarnos para así cuidarnos mutuamente. Pocas de las familias que conozco se han mantenido firmes, y han entendido que el riesgo más grande de contagio, según lo que vi en el noticiero ayer y he leído, es el círculo de amigos y familiares.

Mi gente, esta nueva normalidad nos hará tener un nuevo círculo de personas con el que nos quedaremos, y otro grupo que desaparecerá de nuestras rutinas. En medio de esta reflexión, me acuerdo de una de mis más queridas amigas, que por su proyecto de vida le tocó vivir estos días tan difíciles fuera de Estados Unidos. Y quien, luego de convertirse en *life coach*, parte de su agenda 2020 la llevaría a disfrutar la cercanía de quienes querían saber más sobre su experiencia, sobre cómo tomar riesgos, ser valiente y ponerse siempre en el lugar de los demás. Increíble la visión de mi amiga, quien, por cierto, estudió Odontología en la universidad y, por cosas del destino, luego de ejercer, tener su propia consulta y todo lo demás, decidió buscar otros rumbos profesionalmente hablando.

Es que soy de las que piensa que cualquier toma de decisiones te encamina definitivamente hacia lo que serán tus desafíos. Nadie imaginó, a ciencia cierta, que un virus nos cambiaría la vida en esta década. Y creo que el giro que tomó la vida de mi gran amiga, le está sirviendo en esta gran odisea, pues se encontraba dando una serie de conferencias en Margarita. Ella se quedó, por decirlo de alguna manera, retenida en Venezuela, porque los aeropuertos están cerrados y no existe forma de retornar a Miami. En su caso, el panorama es súper complejo, pues su hija estudia en Madrid, parte de sus hermanos viven en Texas, y a sus padres esto les agarró donde viven, en Miami, Florida. De verdad que no puedo sino expresar toda mi empatía hacia mi valiente amiga, porque no sé qué habría pasado conmigo si esto de la pandemia me hubiera agarrado lejos de mis más cercanos. Y aunque sé que somos del tamaño de nuestros retos, no lo quiero imaginar.

Me gustaría compartir con ustedes un texto que mi amiga me envió:

Reflexión de Ana Viggiani. @anaviggianicoach

19 de mayo, 2020

BENDITOS:

Benditos sean los procesos que atravesaste, esos que te llevaron al desafío de explorar el más importante de los lugares, el Universo Interior. Allí donde, más allá del mapa genético, función celular y balance o desequilibrio bioquímico, cohabitan las creencias con los miedos, resentimientos, culpas, abandonos y, entre otros, los patrones aprendidos y programas socio-culturales.

Sitio donde existe la sombra y la luz, donde solo reconociendo a la primera, logramos potenciar la intensidad de la segunda. Ese, donde el diálogo interno desatendido, obedeciendo al propio sistema de creencias y pensamientos, ejerce presiones extremas en el intento de comandar nuestras acciones.

Espacio de nuestro espíritu divino que, paciente e insistente en su propósito, nos sugiere silenciar la voz del ego, de los juicios y de la vanidad. Invitándonos al proceso de sanar recorriendo el sendero hacia el reencuentro con nuestra propia esencia, que, a mi entender, es sin atajos. Un trayecto místico que va piel adentro, desde la mente al corazón.

De verdad, la admiro tanto que no se los puedo explicar, porque incluso por medio de su Instagram empezó a compartir fragmentos de su experiencia, que estoy segura que a alguien le servirán. El día que vi que relató esto que les cuento, por medio de sus historias, pensé que eso era, más que un grito de ayuda, una limpieza profunda de su alma, porque tal y como lo dice, todo tiene una razón de ser y todos tenemos un método para aprender que la vida es más que lo que ven nuestros ojos. ¿Saben qué? Sí, esta pandemia nos ha hecho conocer a mucha gente más a fondo y sin filtro.

Otro momento interesante y digno de resaltar, lo viví luego de hacer pública mi prueba de los anticuerpos del 👑🦠, cuando varias amistades, seguidores y familiares se contentaron al saber que, aún y cuando estuve en el primer epicentro de la pandemia en Estados Unidos, nunca me contagié por mi gran sistema inmunológico, bendito Dios. El día que publiqué el procedimiento que hicimos para realizarme la prueba en mi propia casa, en mi canal de YouTube y en mi Instagram, mi única intención era explicar la importancia de entender qué significaba tener o no anticuerpos del virus.

En mi caso, y gracias a mi amigo, el doctor Pablo Herde, pude realizar el test en casa porque él es dueño de una clínica de cirugías plásticas y luego de la reapertura de algunos negocios, su consulta y clínica empezaron a operar dentro de todos los parámetros nuevos de seguridad. Uno de los protocolos era realizar exámenes de Covid-19 a sus pacientes antes de someterlos a cualquier intervención. Vale la pena decirles que verlo a él en la entrada de mi casa era raro, pues tenía como dos meses que no veía a nadie que no viviera en esta casa. Sentí confianza en él porque es médico, sabe sobre esta enfermedad y aparte de todo es un gran ser humano. ¿Saben? Experimenté ese sentimiento de querer abrazar a alguien y controlarme para respetar el distanciamiento social requerido y sugerido.

Luego de siete minutos o menos salió negativo el examen de los anticuerpos, cosa que indicaba que no había tenido el virus y que tenía que seguir cuidándome como hasta ahora. Gran responsabilidad, porque si bien he sido responsable en un 100% al no ponerme en riesgo, al no compartir con nadie, ni salir sin necesidad en esta cuarentena, empiezan a suceder cosas en este nuevo estilo de vida que hacen que muchos miembros de la familia tengan que salir. Pero eso se los contaré más adelante, por ahora les dejo otro mensaje que recibí de otra ex compañera de trabajo que, por cierto, siempre me comparte el evangelio, y por la cual hace varios años encontré el lugar donde reposan las cenizas de mi padre.

Esta chica me escribió conmovida por mis denuncias en Instagram y se solidarizó con mi pensamiento sobre la gente poco empática. Me escribió para confirmar que no estoy equivocada en mi sentir sobre lo que está aflorando estos días de cuarentena en gente que está sacando sus verdaderos colores:

> ¡Exacto, Caro! Me aterra la inconsciencia colectiva que reina en este mundo. Obvio, no han aprendido nada; los cien mil muertos son un espejismo y los millones de enfermos y positivos igual. Cuánta indolencia alberga aún el ser humano, qué tristeza el desbalance que hay

> entre los que somos obedientes y respetuosos, y los que van por la vida con esa irracionalidad que asusta. No sé qué será de ellos. Por lo pronto, y mientras no haya una vacuna disponible, los míos conmigo seremos prudentes y caseros. Un abrazo fuerte. Me alegra que salió negativo tu test. Dios los bendiga abundantemente.

Y todo esto se los cuento desde mi cuarto. Como ven, mi cuarto es ese lugar en el cual consigo conectar con el corazón de quienes se sienten como yo. Y como les he enfatizado, en mi cuarto, lugar donde rezo, hago parte de mis ejercicios, organizo mis ideas, leo y escribo en mi mente lo que quiero decir, me pasan cosas muy especiales todos los días. En este cuarto guardo cada confesión de mis amigos digitales, mis horas de introspección y conozco más a mis seguidores, que me escriben y a quienes leo en las madrugadas, o por las noches muy tarde.

Mientras hago ejercicios en mi elíptica, hoy he recibido un mensaje de una chica que conocí en redes por su talento al cantar y cocinar, y con la que he tenido relación gracias a eventos que yo acostumbraba realizar. ¿Cómo no apoyar por medio de mis redes a las personas que tienen microempresas y con los que me identifico? ¿Cómo no darle visibilidad a tanto talento? Pues, mi bonita amiguita me dijo lo siguiente, analicen la humildad y manera de acercarse en medio de tanta distancia social:

> Buenos días, Carolina. Un gusto saludarte, espero que todos en casa estén muy bien con la gracia de Dios todopoderoso. Yo soy Liseth, la chica que

> estuvo cantando con su esposo el día de tu *baby shower*, y también llevamos los mini pabellones como pasapalos. Te escribo en esta oportunidad porque estoy muy agradecida contigo, pues siempre has estado dispuesta a aceptar nuestros presentes y productos. Quiero hacerte llegar a ti y tu familia mi producto estrella, que son vasos térmicos personalizados. Si me das la oportunidad, me encantaría obsequiárselos, solo te pido que me des los nombres y colores que quisieras para ti y los tuyos. Mi nueva cuenta es *@ischerrycustom.* Ahí tengo los ejemplos, también personalizamos franelas, tazas, tapabocas, etc.

Qué belleza poder ver que existe gente muy gente, muy decente y que, más allá de que puedan necesitar visibilidad por medio de mis redes, en ellos impera lo genuino ante lo que usualmente pasa con el tema de la exposición en redes. Por supuesto, claro que la voy a publicar. Por otro lado, es vital decirles que en estos días de cuarentena he tenido las mejores terapias con mi doctora Machado. Uno de los tantos días que leyó sobre mi preocupación por el significado de la palabra empatía, me compartió algo que elaboró a nivel informativo.

Recomendaciones para desarrollar nuestra capacidad empática:

✓ Hacer conciencia de que ante un mismo hecho, todos podemos reaccionar diferente
✓ Ser capaces de entender el lenguaje no verbal

✓ Dar la misma importancia que los otros de sus problemas
✓ Ser tolerantes a las distintas formas de pensar
✓ Evitar los prejuicios y/o estereotipos, pues si juzgamos a la persona por nuestras propias ideas, en ocasiones erróneas, la empatía desaparecerá
✓ Demostrar nuestro interés y preocupación respecto a lo que nos cuentan, haciendo preguntas
✓ Saber diferenciar cuando alguien simplemente espera de nosotros que le escuchemos o si, además de ello, necesita que le aportemos nuestro punto de vista

¿Cómo no adorar a mi amiga psiquiatra? ¿Cómo no sentir que mucha gente que admiro está en la misma página que yo? Eso para mí es un abrazo digital. Incluso, en mi consulta de hoy, que de verdad es una conversación, Aisquel *@dramachado* me sigue hablando sobre la empatía y me confirma:

> Fíjate, algo que me parece importante es que al cuidarme a mí, cuido a los otros, y es un principio para poder vivir en comunidad o sociedad. Las neuronas espejo o neuronas especulares fueron descubiertas por el equipo del neurobiólogo Giacomo Rizzolatti (1996). Hay un estudio que demostró que quienes carecen de esas neuronas son, por lo general, personas sin respeto por los demás porque sencillamente no se ponen en su lugar. También se les dice neuronas Gandhi, por su capacidad de facilitar el entendimiento, la solidaridad y la cooperación con los demás. Son las mismas encargadas de hacernos bostezar cuando vemos bostezar a alguien. Menciono todo esto para decirte que hay gente que nunca

> podrá sentir como los que sí somos empáticos. Realmente, sin empatía vamos a la destrucción de la sociedad. Sin embargo, en este momento podemos estar alterados, o muy emotivos por los cambios drásticos en nuestras rutinas; por el miedo al contagio del Covid y la incertidumbre de cómo será de nuevo la vida normal, y por saber, si cuando esto pase, habrá personas que volverán a tu vida.

Esto me lo dice ella y, por supuesto, a este punto yo entiendo que mi corazón está muy claro, con base en lo vivido, en saber a quiénes quiero en mi entorno. Y no sé, pero creo que por un buen tiempo no haré tantas fiestas, porque al final del día, uno ni sabe quiénes están allí porque realmente te quieren.

¡Dios!, a propósito de conversaciones, me pongo a conversar con mis amores que están en el otro lado del charco, y mi amigo Claudio me cuenta, luego de saludarlo, que la cosa en Islas Canarias se complica por la irresponsabilidad de una persona que, por cierto, sin ningún tipo de empatía hizo algo que cambió el rumbo de la vida de otros. Lean:

> Sí estamos, pero llegó ayer a Gran Canaria desde Madrid un avión que tenía un pasajero con Covid-19 y pusieron a todos los tripulantes en cuarentena. Dijeron ayer en la noticia que el hombre estaba en el Hospital de Madrid en observación y se escapó teniendo el virus. Se montó en el avión y los paramédicos y la policía lo agarraron aquí. Le va a salir una multa por daños, pues él sabía que tenía el virus, ¿qué tal?

> ¡QUÉ NEGLIGENCIA! Era de un pueblo de Ciudad Real, y estaba esperando los resultados de la prueba de Covid-19, porque acababa de enterrar a su madre que había fallecido por el virus. Supongo que le caerá buena multa, y puede que hasta pena de cárcel. Fueron 36 pasajeros aislados 14 días, por no esperar unas horas a que te den los resultados de una prueba. Después de esta noticia, no cogeré vuelos este verano, ya que normalmente no me voy tantos días de vacaciones como para hacer un aislamiento.

O sea, mi gente, estamos en manos de cualquier persona irresponsable que esté al lado de nosotros y nos contagie de lo que sea.

Y les sigo contando, en este cuarto he visto empezar marzo, abril, mayo y junio. A veces no sé si contar o no contar los días, pero para esta historia, en donde contar todo lo que pasa en estos tiempos difíciles es fundamental, ha sido algo terapéutico. De hecho, en estos fines de mayo pasaron tantos acontecimientos que de verdad es como un guión macabro, escrito por un guionista con mucha imaginación.

¿Ustedes pueden creer que en medio de esta pandemia las redes se inundaron de *posts* cargados de lágrimas digitales?, llenos de clamor por justicia, luego de que el 25 de mayo fuera asesinado, frente al lente de muchos celulares, George Floyd, un chico afroamericano que fue privado de su vida por la rodilla de un policía sin alma, sin corazón, quien no escuchó su grito de ayuda "no puedo respirar". ¡Dios!, en medio de tanta tragedia viene a suceder un hecho que confirma que aún en el año 2020 el racismo sigue intacto, sigue existiendo falta de igualdad para tratar ciertos eventos, solo por el color de la piel.

Las redes sociales documentaron todas las manifestaciones, protestas y lágrimas que le quitaron, por unos días, el protagonismo al virus. Artistas, blogueros, *influencers,* todos fuimos arropados por un sentimiento de desesperanza. Conectarme con diferentes conocidos por medios de Instagram y leer mis mismos pensamientos fue impactante. Desde que arrancó el 2020, todo ha sido tan insólito. Es que nunca habíamos visto tanto dolor en un mismo año. La pandemia más la muerte de tantos héroes silentes tratando de salvar vidas, el asesinato de Floyd, la injusticia de tener en la supuesta potencia del mundo a un presidente que no tiene ningún tipo de sentido social, créanme que no ha sido fácil.

Ver a un tal presidente de Estados Unidos, con su cabello platinado y su rostro lleno de odio, peleando con una plataforma social también es parte de esas cosas que jamás podremos sacar de nuestra cabeza, por lo menos de los que vemos esta foto del mundo a detalle. Insólito, mi gente, al presidente del país donde todos vienen a cumplir el sueño americano le quedó grande la yegua. No sé dónde vamos a parar, pero he tenido que recurrir a soñar por medio de mis fotos, porque sin lugar a dudas es muy aleccionador vivir esto en primera fila. A veces, quisiera ser mi hija más pequeña, quien con su inocencia piensa, o supongo yo que así lo hace, que ha sido divertido ver a papi, mami, hermana y abuela todos los días, TODO el día. Para Amalia Victoria es como si estuviéramos jugando.

Evidentemente, mi cuarto ha sido ese rincón que me ha servido de consuelo como ahora mismo, que en medio de tanto caos y mala noticia, agarro mi celular, mientras hago ejercicio y sudo, para escribirles a ustedes y botar todo esto que uno lleva por dentro. También me he unido a mucha gente en estos días, gente que quiero mucho. Y al mismo tiempo, me he alejado de mucha gente a la que le he perdido el respeto por sus actos mezquinos y llenos de egoísmo, queriendo aparentar algo que no sienten y tampoco cumplen.

Al final del día, en estos tiempos difíciles hemos visto la poca credibilidad de gente que es amada e idolatrada por las masas, pero también hemos descubierto el gran corazón de gente que ha transitado este camino con la seriedad del mismo. Ejemplo indiscutible de ello, Ricky Martín, que con una palabra acertada y un *post* siempre vigente y lleno de actualidad, se pronuncia y deja su ideología sobre la justicia, la igualdad y la empatía bien claros.

Y ya para cerrar este capítulo ***NEW NORMAL,*** acá les comparto, en medio de tanto caos, el mensaje que me envió una gran amiga luego de preguntarle cómo estaba ella y su familia:

> Mi amor, hemos estado bien, gracias a Dios. Más que nunca, mi fe está fuerte, porque en todo momento Dios nos ha sostenido. Esto no ha sido fácil, pero estoy convencida de que todo irá mejor.

Y sí, mi gente, la fe es lo único que nos mantendrá en tiempos tan difíciles.

CAPÍTULO 7

RESILIENCIA Y CONCIENCIA

El otro día veía televisión y me encontré con un reportaje de un periodista que conozco. El reportaje resaltaba un estilo de vida que adoptó un afamado español en sus días de confinamiento y, al verlo, inmediatamente pensé en la palabra que tengo tatuada en mi piel y en mi cuello ante situaciones difíciles: "resiliencia".

"La cuarentata" es una iniciativa creada por el actor español Miguel Ángel Muñoz para sobrevivir a los días en la cuarentena, cuyo significado muchos han querido omitir. Pues sí, en el confinamiento, muchos consiguieron su propia terapia y en Instagram, "la cuarentata" es una de las terapias más populares, que muestra que tanto para el actor como para la abuelita *@soylatatareal* y para todo el mundo, reírse es una excelente pastilla. Se convirtió en una cuenta ideal apta para liberar el estrés. No ha existido un medio de comunicación convencional que no la haya reseñado. Es tan divertido el espacio y tan animado que acá, en medio de mi rutina de domingo de ejercicios, veo a esta bella mujer que ya vivió de todo, sumando este virus como parte de sus anécdotas, que seguramente resaltó con marcador fluorescente.

En efecto, interrumpí la música para disfrutar 33 minutos con la bella "cuarentata", un episodio cargado de sabiduría, de amor, de honestidad y con esos dichos de una mujer que a sus 95 años seguramente ha vivido todo. De hecho, lo que más me ha gustado de esta cuenta de Instagram es la motivación por la cual fue creada, que no es otra que mantener a la gente en su casita divirtiéndose y que, por medio de las consultas con la bella abuelita, puedan resolver los asuntos típicos de estos días. Es más, dentro de la dinámica de conversación de Miguel y de su cuarentata, hoy mencionaron un dicho muy antiguo, pero cierto, que es muy apropiado para lo que vivimos hoy: "haz bien sin mirar a quien".

Vale acotar que, mientras existen momentos maravillosos en las redes, con los que provoca seguir pegado, aunque duela el brazo de tanto sostener el teléfono, viendo contenido de gente hasta poco mediática, también es cierto que existen personas que pareciera que usan las redes para restregarle en la cara a todos su irresponsabilidad o su falta de respeto, porque a este punto ver a una persona sin su mascarilla es un total acto de egoísmo. Siento que la gente ha bajado la guardia en cuanto van pasando las semanas. Tanto así que empiezan a llegar las promociones de viajes por la *app* de American Airlines. Es que pareciera que los que estamos tratando de hacer las cosas correctas somos los locos. Pero créanme que jamás me he sentido más cuerda, más segura y resiliente. Créanme que mi nueva cara hacia el futuro está llena de valor y de mucha fortaleza. No me voy a dejar derrumbar por los momentos difíciles que vivimos, porque lo más fácil en estos momentos es sentirse derrotado y yo no me lo permito. De hecho, cada vez que me dan esos episodios de "bajón" me pongo activa y busco excusas para estar bien emocionalmente. Y ¿saben qué? Acá donde me leen he pasado tres días leyéndolos a ustedes por Instagram y esto me reafirma que todos nos hemos alimentado positivamente en esta cuarentena, a través de la creatividad de alguien o de la conexión o empatía que nos atrae de otro. Y, obvio, hemos sido muy luchadores y nos hemos fortalecido.

La realidad es que esto nos ha golpeado, pero la fe se mantiene intacta porque de peores eventos a nivel espiritual todos hemos salido seguro. Y ¿saben otra cosa? Si bien en las redes muchos pueden mentirnos de cómo se sienten porque, sinceramente, es muy fácil por medio de un *post* o de sus historias, también se puede ver quiénes vibran como uno.

Por cierto, tal y como les he contado, este libro es como mi agenda de cuarentena, mi desahogo y mi terapia. Para cuando lean todo esto, recuerden que han sido días muy intensos, en los que los noticieros empezaron a sustituir las noticias del Covid por las protestas en contra del racismo y del abuso constante. Es más, mientras les hago esta reseña de mis sentimientos, escucho que debemos prepararnos para la temporada de huracanes y también para unos sapos venenosos que salieron, para avivar más la chispa de este problema mundial.

El día que decidí abrir las puertas y empezar a asimilar la "nueva normalidad", fue un día muy raro y atípico dentro de mi nueva forma de sobrevivir a la pandemia, y nos ha dejado reflexionando a los que vivimos en casa, o al menos a este grupo de personas que esperamos por una vacuna o por una medicina que erradique los contagios.

Hoy tengo que sacarme la sangre, ponerme las vitaminas que tienen a mi cuerpo con este maravilloso sistema inmunológico y por eso tengo que salir, luego de más de dos meses y medio (72 días exactamente) y, de verdad, siento como una intriga de ver cómo me sentiré y qué encontraré allá afuera. Tengo muchas noches pensando cómo sería ese instante. Instante que llegó más rápido que inmediatamente porque así traté de restarle importancia.

Allí estaba yo, en la puerta de casa con mi mascarilla, luego de haberme maquillado espectacular y de haberme colocado las pestañas más lindas para no sentir este nuevo cambio tan duro. Me puse los guantes que combinaban con mi mascarilla, mi pantalón, cartera y zapatos, me llevé unas toallitas antibacteriales y también un repuesto de guantes y mascarilla. No tienen ni idea del tiempo que me llevó prepararme para este momento. También me puse la careta con mi nombre de Instagram, *@venenosandoval*, hecho por una chef *influencer* que se reinventó. Realmente iba muy cerca, porque mi doctora está al lado de mi casa, prácticamente. Tenía casi tres meses sin manejar porque antes de la pandemia, ya mi esposo me hacía el favor de llevarme a varios lugares y esto sí fue algo extraño los primeros dos minutos. ¿Les confieso algo? Sentí que estuve dormida dentro de mi casa de muñecas con todo y las muñecas, y un día me desperté. Era esa sensación de "Dios, ¿qué nos pasó?". Pero bueno, cuando me bajé del carro, vino la prueba de fuego porque era enfrentarme a cualquier ser que se atravesara en mi camino.

Yo quería documentar todo lo que estaba viviendo y lo grabé para mi canal de YouTube, *Caro y su faja*. Si se suscriben, podrán ver lo que les estoy escribiendo. Al bajarme del carro, vi a lo lejos al chico que cobra el parqueo y en ese instante, luego de desearle buenos días, le puse 20 dólares sobre la mesita y le dije que se quedara con el cambio para no recibirlo en mis manos.

Ahora, al llegar a un edificio médico te preguntan a dónde vas. Así que luego de afirmarles que me estaban esperando en el consultorio de la doctora Alter, pasé casi corriendo. De hecho, había un señor a la distancia requerida y yo solo quería que se desapareciera de allí, no quería ver a nadie. Había pasado 72 días sin ver a nadie y ver a una persona fuera de mi casa era muy incómodo, eso fue lo más raro de todo.

Y ¿saben? Indiferentemente de lo que yo les cuente sobre mis vivencias, cada quien es libre de pensar lo que quiera, hago énfasis a diario en mi manera de vivir en estos tiempos difíciles y, más allá de buscar aprobación de ustedes o de recibir apoyo, siento que tengo una labor al plasmar mi testimonio en estas líneas y es por eso que escribiendo limpio el alma. Les juro que no me quiero convertir en una persona rencorosa, no quiero tener que ser ruda o distante, pero esto de nuestra "nueva normalidad", tal y como he dicho, ha sacado los colores verdaderos de muchos y ha puesto en evidencia las habilidades de cada cual para sobrevivir en esta selva.

Por cierto, como toda madre convertida en leona para defender a mis hijas, las he tenido protegidas en nuestra burbuja y pues, muy a pesar de todo lo que digan, estoy convencida de que he hecho lo que para mí es correcto y no me pesa. Les cuento que luego de una llamada que recibí del especialista de los ojitos de Amalia Victoria, tuve que tomar la decisión de llevarla a su consulta prevista ya hace mucho rato para chequear su visión y llegó el momento para el cual la he estado preparando todo este tiempo: salir a la calle en la nueva normalidad.

De por sí, salir solo yo es estresante, imaginen lo difícil que es salir con nuestra princesa. Luego de tres meses, Amalia Victoria se enfrentó al desafío de salir de nuestra casa casi disfrazada para protegerla al máximo. Y, aunque mucha gente se burle de aquellos que dentro del carro nos ponemos mascarilla, les cuento que para mí es una forma de ir adaptando el cuerpo a respirar con la mascarilla puesta. Más en Miami, debido al calor. Al principio, cuando empecé a arreglar a la niña, ella estaba contenta de salir, incluso su hermanita me ayudó a terminar de ponerle todo —ya saben, mascarilla doble, guantes, lentes, careta, etc.—, la vestí con camisa blanca manga larga y de algodón para que fuera fresca y aproveché de combinarla con un *jean* que tenía flores bordadas blancas... como yo digo "*new normal*", pero con glamour.

Para nuestra sorpresa, cuando nos montamos en el carro no cabía en la silla, ya le quedaba pequeña, es que, repito, Amalia Victoria tenía tres meses sin montarse en un auto y, al parecer, en estos tres meses han cambiado muchas cosas, incluidos nosotros. Al arrancar, mi bella se impresionaba con todo, observaba los árboles, los perritos de la calle caminando con sus dueños, los demás carros, era como redescubrirlo todo. Incluso le decía a Nick: "papi, ve despacio".

Claro, no nos fijamos en un par de detalles. Al principio, ella —para no fallarnos, según su pensamiento— no quería decir que estaba incómoda, pero al llegar al hospital todo estaba tan cambiado en cuanto a entradas y valet parking. Había que estacionarse en un garaje cerca del consultorio, pero en otro piso. Para Amalia Victoria aquel escenario fue, sin duda, algo realmente impactante y entre el calor y la impresión de estar vestida con tantas capas de protección, ella no aguantó y lloró sin parar por un buen rato, a pesar de que siguió siendo muy colaboradora. Al bajar del carro, Amalia Victoria y yo nos enfrentamos a la nueva normalidad de llegar a un hospital al que, para poder entrar, te piden quitarte los guantes que llevas, te toman la temperatura y todo lo necesario para mantener el lugar lo suficientemente alejado del virus que nos cambió la existencia. Una vez en el consultorio, te vuelven a chequear la temperatura y, bajo un protocolo de bioseguridad, debes esperar con distancia a que te hagan pasar con el doctor.

Lo más increíble es que cuando uno está fuera de casa, lo único que siente son ganas de bañarse con cloro. ¡Son muchas cosas! El virus es invisible y uno no sabe cómo se cuida la persona que tienes frente a ti, aunque sea a distancia. Sientes que en cualquier lado está el enemigo silente: el 👑🦠. Lo que antes era tan normal como firmar el recibo del banco con el bolígrafo que todos utilizan, se convirtió en una ofensa, en un peligro, aquella sonrisa cercana ahora está tapada por mascarillas y ese apretón de manos por educación ha sido sustituido por un saludo a seis pies de distancia para mantener el distanciamiento social. Distanciamiento que no todos están viviendo y que, aunque no lo crean, me ha alejado del Instagram.

Les juro que a esta fecha (ya mediados de junio) no puedo ver cómo, con más de dos millones de casos de contagios por Covid-19, la gente continúa haciendo fiestas, va en botes con personas que no han vivido su cuarentena, y se exponen al virus por un compartir cercano con quien quizá pueda estar contagiado.

Claro está, con todas las ramificaciones de lo que trajo esta pandemia, son momentos de mucha introspección en los cuales uno empieza a limpiar la fulana lista de contactos. Hoy en día, prefiero recuperar el contacto con gente valiosa que, por cuestión de tiempo, dinámicas laborales e incluso horarios, había dejado en reposo. Ha sido maravilloso reencontrarme por medio de un texto con personas valiosas, con personas empáticas y que están en la misma página que yo.

De hecho, en esta limpieza de amistades o conocidos tóxicos, he tenido el chance de evaluar lo que mi madre me ha dicho siempre sobre mi maña de ser "compinchera" (dígase de aquella persona que se la pasa con un gentío, pensando que todos son sus amigos). Eso me ha perseguido siempre, mientras que mi hermana Mariela siempre ha sido tan discreta y selectiva que yo he pasado a ser la típica reina de pueblo con complejo de alcaldesa, queriendo ser amiga de todos. Bueno, de eso se trata el madurar, no importa a qué edad. Cosas que sigo internalizando y transmitiendo a mis hijas, pues así suene cliché, las verdaderas amigas son tus hermanas, madre e hijas. Mis hijas, desde la más grande hasta mi muñeca de casi cuatro años, saben bien cómo pienso y siento, y tienen muy claro cómo estoy viviendo esta nueva normalidad.

Regresando un poco a esa primera salida de Amalia Victoria, imagínense, hasta se vomitó en las mascarillas, y nos dimos cuenta cuando la enfermera del doctor la fue a revisar. Al parecer, por el tiempo que tenía sin montarse en un carro se mareó, eso sumado al calor, hizo que se sintiera mal. Ella no paró de llorar porque, como saben, ahora uno no se debe quitar las mascarillas en lugares públicos y, aunque el ser humano termina acostumbrándose a todo, NO es fácil andar como un doctor en sala de operación, con su aire acondicionado congelado, a vestirse igual, pero andar bajo las temperaturas de Miami. En fin, pasamos la prueba y Amalia Victoria se fue relajando, y al quitarle las mascarillas llenas de vómito, su capacidad de resiliencia empezó a trabajar. Le puse otro tapabocas, porque, desde mi punto de vista, ahora las mamás debemos estar preparadas con mascarillas de repuesto para estas contingencias de la nueva normalidad. Cuando digo esto, me estoy refiriendo a vivir con un virus que no se ha ido. Y a las pruebas me remito, decenas de portales resaltan que el retorno a la vida de siempre está trayendo consecuencias imposibles de ignorar.

Por cierto, en medio de tanta distancia social, nuestra cercanía es por medio de los dispositivos inteligentes. Yo no me despego de mi celular ni de día ni de noche para sentirme un poco cerca de todos aquellos con los que quiero seguir compartiendo mi vida, incluidos ustedes a quienes les escribo este libro desde mi celular. Es así que a la luz tenue de mi cuarto, me llega una información a propósito de las tantas consecuencias que traerán estos días difíciles de nueva normalidad, que tiene que ver con los ojos.

La doctora Vanessa Fuentes, CEO del Centro Oftalmológico *In and Eyes,* envía lo siguiente:

> Si has estado preocupado por la pandemia del COVID-19, es mejor que te prepares, porque esta nueva costumbre de estar enfocando en tu pantalla gran parte del día, ya sea para trabajar o estar informado, está desatando la pandemia de la miopía. Se estima que la miopía afecta a una de cada tres personas y los investigadores proyectan que la tendencia continuará en las próximas décadas. Un reciente artículo publicado en la revista *Ophthalmology* predice que para el año 2050, 4.8 billones de personas serán miopes. Eso es 49.8% de la población mundial.

O sea, mi gente, que este virus tiene unas ramificaciones bien dramáticas, porque una cosa trae la otra, y según entiendo el uso extremo de nuestros ojos en reuniones por Zoom, Facebook Live y YouTube, nos hará quedar miopes si no hacemos un alto en la exposición extendida a los equipos como los teléfonos celulares, relojes, computadoras y, obvio, las luces que utilizamos para quedar divinos en estas transmisiones digitales. De verdad, tenemos que ser lo suficientemente resilientes para que este cúmulo de cosas no nos afecte a nivel emocional. Definitivamente, lo único que yo sé es que cada día estamos poniendo más a prueba nuestra vulnerabilidad y nuestras fortalezas. Fíjense que en medio de la anécdota de la visita al Oftalmólogo de Amalia Victoria, luego de tres meses y de tener que hacer una cita para revisar la visión de mi Bárbara Camila y la mía también, nos llegan estas noticias que me hacen pensar que tampoco estaba loca al sentir la necesidad de ir a revisarnos la visión, y más con la condición de mi hija pequeña.

Cuando me tocó ir con Barbie al médico bien cerca de casa, igual cumplimos con las medidas de seguridad requeridas. Hago énfasis en lo que para mí son estas primeras salidas a la nueva realidad o normalidad que no pedimos de esta manera, pero es la que se vivirá por lo menos hasta el 2022. Y vale la pena decir que lo más divertido, o lleno de humor negro para mí en estos días, es que cuando me dicen para vernos les digo como broma: "sí mi reina, de acá al 2022", y resulta que la bromita es la cosa más seria que he dicho, respaldada por los que saben de esta crisis de salud mundial.

En medio de mi resiliencia, y a la vez en una súper crisis que se incrementa, me pregunto ¿estoy soñando o me lo están contando? Entendamos algo, por la crisis de la salud en donde vivo, Miami, y según un aviso del propio alcalde, podrían volver a cerrar la ciudad ahora a mediados de junio por cómo la gente se ha tomado la reapertura. Es que en la llamada Ciudad del Sol ni siquiera había pasado la fase 0, cuando ya pusieron todo en fase 2... gimnasios, peluquerías y cuanto negocio existe han puesto todo en funcionamiento por la reactivación de la economía. Quedé súper confundida cuando leí esto: "*Florida spike in coronavirus cases could lead to another stay-at-home order in Miami, mayor says.*" Es decir, mis amores, tal y como mi hermana y yo estábamos hablando hace días, las cosas no van a mejorar. La gente no ha sabido llevar los momentos difíciles con la seriedad del caso, porque han sido muy deportivos al pensar que el virus se ha ido. Una cosa es siempre buscarle el lado bueno a las cosas, y otra muy distinta querer tapar el sol con un dedo.

Y ahora, ¿qué va a pasar? En serio, recoger a la gente va a tener que ser obligatorio. Hay personas que volvieron al tema de no creer en la pandemia, que se han olvidado del 👑🦠, porque piensan que es una manera de tenernos dominados y eso no colabora. Es más, una de las cosas por las cuales he preferido TikTok en estos últimos días, es para no ver a gente yendo a bailar en restaurantes sin protección, gente en las calles sin cuidarse y hasta figuras públicas con actitudes retadoras, difundiendo mensajes que la vida debe continuar. O sea, no es que la vida no continúe, pero ¿cómo vas a tener una cuenta de Instagram con millones de seguidores y en una situación tan grave vas a dejar de ser un ejemplo para las masas que no saben qué hacer? ¡Dios! Entiendo que cada quien escoge su contenido, pero ¿saben cuántas personas públicas, vistosas, famosas en redes han mostrado sus viajes en cuarentena, sus fiestas, etc.? Algunos seres del mundo de Instagram jamás estuvieron en cuarentena, nunca. Y yo me pregunto ¿por qué son así? ¿Qué los motiva a romper con la única recomendación certera que existe? Es decir, deben exponerse menos, conservar el distanciamiento social y utilizar tapabocas, eso es todo. Es que tampoco es algo del otro mundo, son cosas que se pueden hacer.

Pienso que cuando esto ya solo sea un recuerdo, una muy mala racha, una pesadilla que nos dejó muy mal sabor de boca, vamos, lamentablemente, a tener en la cabeza una foto imaginaria de todas las personas poco empáticas, para entender que, en tiempos de pandemia, ser egoísta no ayudó y que trabajar en el plano individual nunca es una buena idea, porque, a pesar de que uno hubiese decidido hacer lo que le corresponde bien, no nos podemos engañar, esto era una misión de todos. Y de verdad, primera vez en mi vida que quiero meterme solo en YouTube y buscar recetas, o en la cuenta de "Ryan Toy" para que mi Amalia Victoria me aleje de Instagram porque, de verdad, no me hace bien martirizarme con tanta exposición de los que dejarán una huella de inconsciencia para el resto de su vida.

Fíjense, ahora mismo me viene a la cabeza la gente con esa capacidad para ayudar en momentos de contingencia. Es el caso de Rodner Figueroa, por ejemplo, un presentador venezolano que incluso tiene una fundación para colaborar con nuestro país, Venezuela. Rodner ha salido a repartir comida en Miami a los menos afortunados en esta pandemia y, además, lo hace con todas las medidas de bioseguridad. Incluso durante la cuarentena, él hizo unos testimoniales en su IGTV y en su canal de YouTube, en los que hablaba de sus actividades en cuarentena, de cómo recibía la comida que ordenaba, de cómo apoyar la economía desde casa y cómo decidió salir a incorporarse a la nueva normalidad. Creo que él como figura pública ha sido coherente con sus acciones y eso me hace identificarme con él, y con aquellas personas que hicieron lo mismo, porque mi forma de llevar esto ha sido muy expuesta. Salir en televisión nacional tres meses y enseñar cada rincón de mi casa, mostrar el compromiso y agradecimiento por ser parte de los que hemos podido trabajar desde casa ha sido, sin duda, mi estandarte, lo que me define.

¿Saben qué ha sido interesante analizar? Que las corporaciones han visto que sus operaciones, en un número elevado, se logran eficientemente también desde casa. Créanme que no soy la única que ha cambiado el set por la sala y el comedor de su casa, o el escritorio, que en mi caso usaba poco, por mi oficina móvil, o mi camerino por el escenario del trasnocho.

Por cierto, en este periodo de resiliencia *#ElTrasnochoConCaro* ha seguido siendo mi mejor terapia, mi mejor desahogo y la ventana a temas dignos de debate. No puedo negar que en estos tiempos difíciles he tenido más trabajo que en muchos episodios de mi vida fuera de cuarentena. En un día puedo limpiar la casa, escuchar mis audiolibros, hacer reuniones de Zoom con mis distintos equipos, hacer ejercicio, escribir para completar mi propósito semanal de llegar cerca de cinco mil palabras y hasta broncearme en el patio de mi casa.

Mientras escribo esto, ahora mismo una chica que conozco me comenta reaccionando a unas historias que coloqué en Instagram sobre nuevos casos de 👑🦠 encontrados en China y sobre un rebrote en Miami (el 14 de junio): "Esto no es culpa de la gente. Esto es culpa de los gobernantes del Estado. Abriendo iglesias, gimnasios, *malls*, no entiendo nada. Los medios diciendo que ayudemos a la economía ¿Qué es esto? El mundo está al revés". Le respondí haciendo énfasis en que todos tenían su cuota, porque la verdad es que al abrir las iglesias, gimnasios y peluquerías eso no significa que las personas tengan una pistola en la cabeza que los obligue a asistir. Es decisión de cada quien el ir o no a lugares que no son de primera necesidad. Vuelvo y recalco, cada quien decide qué es de primera necesidad y qué no. Yo escuché a gente decir que se estaba volviendo loca por regresar al *gym,* e incluso conocidas me dijeron que no podían esperar para ponerse bótox. O sea, no sé qué pensar, de pronto la equivocada soy yo. Pero, ¿saben qué?, más allá de que me importe o no, si estaba equivocada o no, les cuento que en mi día 82 de cuarentena recibí el regalo más bello de la vida: ver a mi sobrino, luego de más de tres meses.

Dios es grande, y luego de tomar la decisión de decirle a mi hermana durante días que ya era injusto seguir alejadas físicamente por la pandemia, y que era lógico que mi madre quisiera ver a Jorge Oswaldo, el deseo de todos se cumplió. En lo más discreto de mi vida pública sonó el timbre de mi casa y allí estaba mi hermana, cargando al hombrecito más bello del mundo. Lloramos, era como si hubieran estado de viajes, o como si se tratara de la escena de una película. Cuando los niños se vieron fue muy emocionante. Cuánta falta hace un abrazo, un beso de un ser querido, es alimento para el alma, gasolina para seguir de frente enfocados. Definitivamente, fue el día más feliz de estos tres meses. Incluso pasó algo especial, por el privado de Instagram me llegó un mensaje de una seguidora que decía:

> Hola, Caro, buenas tardes. El viernes por la noche soñé con tu familia. Tuve un sueño muy raro, porque nunca he interactuado con ustedes. Y soñé con tu mamá, tu papá, tu esposo y tus hijas. Pero el punto es que tu papá estaba feliz, al lado de tu mamá, porque tu mamá le ofrecía caraotas y plátanos, y él le contestó: 'sabes que amo esa comida, no me preguntes, sírveme', y empezó a contar un chiste y todos muriéndonos de la risa. Y Amalia Victoria lo abrazaba y le daba besos en la mejilla, él estaba SÚPER FELIZ. No me preguntes por qué soñé con ustedes. Solo sé que tu papá está feliz donde está y está bien. Son una familia humilde, un gran ejemplo. Dios siga bendiciendo tu vida y a tu familia.

Imaginen cuántas emociones. Estoy segura de que con la gracia de Dios, y más unidos que nunca, vamos siempre a superar cualquier contrariedad. Y siempre recordar que, por muy gris que esté el día, siempre sale el sol.

CAPÍTULO 8

LIMPIAR PARA NO MORIR EN CUARENTENA

LIMPIAR CLÓSETS, COCINA, CONTACTOS TELEFÓNICOS, ALMA, ETC.

Antes de entrar en materia, me parece bueno destacar que en muchos momentos de la vida uno ha estado en esta situación emocional, o mental, estilo "cuarentena". Hemos tenido momentos que nos han llevado a la sensación de estar aislados o apartados de lo conocido como cotidiano. De hecho, en mis respectivos embarazos, cuarentena fue la palabra que más escuché hacia el final de las semanas que cumplen con un embarazo a término. Obvio, después de cada embarazo es usual que nos pongan en la tan mentada cuarentena, porque aún los bebés están muy vulnerables a cualquier agente extraño, proveniente de otras personas y, por ende, uno debe estar resguardado. Así que si nos damos un paseo por fotos de nuestra vida, mentales o publicadas, encontraremos que hemos sobrevivido a varias cuarentenas, y en todas el factor común es la búsqueda de alguna actividad para no morir en el intento.

Incluso, estoy recordando mis días de mucho tiempo atrás, antes de ser madre, cuando vivía sola en un apartamento tipo estudio que renté en South Beach. En ese lugar viví una cuarentena emocional. Mi situación económica y la confusión de no saber si estaba en el lugar correcto me obligaban a permanecer en mis literales cuatro paredes y un balcón, para no gastar porque no tenía dinero, y créanme, mi gente, que yo ahorraba hasta la posibilidad de querer gastar la gasolina de la camioneta que compartía con mi hermana, que para ese tiempo difícil vivía al otro lado de la playa. En serio, ya muchos hemos vivido cuarentenas y sin TikTok, por cierto.

Supongo que al decir esto estoy abriendo un debate interesante, que quisiera abrir con el tema de esta red social tan llamativa, fresca, y que ha hecho que cambie el debate por el baile y la polémica por el humor negro. Esto ha sido tema de conversación entre muchos conocidos e *influencers* de Instagram, quienes incluso han dicho, desde hace mucho, que TikTok podría desplazar a Instagram en cuanto a red social que prefiere la gente. Y esto lo digo porque uno de esos muchos días en los que hemos tenido que desarmar y armar el clóset para que no nos agobie esta cuarentena moderna de inicio de década, hablando por teléfono con uno de mis buenos amigos, descubrimos que si TikTok no hubiese existido en el 2020, no sabríamos qué habría sido de nuestras vidas. En medio de estas risas que siento al escribirles esto, riéndonos de lo que estamos viviendo, me he puesto a analizar con Luis el uso de nuestras redes sociales, su por qué y para qué. Me dice mi cómplice de conversaciones nocturnas: “amiga, ya yo estoy en cuarentena hace años, y tengo una lista de la gente que me interesa y con quienes quiero compartir y gente con la que no”.

Si se ponen a ver, en tiempos difíciles es que se sabe quién es quién. Y con esta frase estoy segura de que no estoy descubriendo América, porque es un viejo refrán: "en la cárcel y en la enfermedad es que se conoce a la gente". Y miren que el amigo de quien les hablo, la vida lo ha puesto en la posición de ser más selectivo, porque él sí nació en cuna de oro y su posición siempre ha sido predominante, lo que resulta fascinante y muy tentador para muchos que quieren ser su "amigo". Él ha desarrollado un instinto para identificarnos a cada uno de los que pertenecemos a su círculo, porque, obvio, gente interesada y con segundas intenciones abunda y al respecto, les advierto, él no tiene complejos.

Incluso, sería bueno decirles que en tiempos difíciles de mi vida, así como en estos tiempos de la pandemia, él desinteresadamente ha estado, aunque sea con estas llamadas y esas palabras para apoyarnos mutuamente. Por cierto, recuerdo que fue uno de los pocos a los que le permití entrar en mi mundo de dolor físico, por la cesárea, en una de mis cuarentenas postparto. Y les puedo decir que su buena onda me sirvió de terapia, porque uno en la vida siempre tiene a alguien que nos hace bien en momentos de desafío y reto.

Tenemos que admitir que el 2020 vino cargado de muchos elementos impactantes: incendios forestales en Australia, muerte inesperada de un ídolo del baloncesto y un grupo de personas que viajaban con él en su helicóptero, pandemia, crímenes raciales, un índice de desempleo grandísimo, y pare usted de contar. Creo que lo mejor de este inicio de década, como les he dicho, es el TikTok. El otro día leí lo que escribió en Instagram *@fefioliveira* sobre esta red social, y hasta le escribí en su *post*, ya que ella comentaba: "Descubrí mi nueva pasión, TikTok. Y es que definitivamente esta plataforma social llegó para ponernos a bailar, a imitar voces, a omitir la realidad por algunos segundos, y poner a un lado, o esconder, esas mariposas en el estómago producto de la incertidumbre. Es la mejor terapia gratuita que tenemos sin salir de casa y utilizando nuestra creatividad".

Ahora es normal esa sensación de querer reinventarnos y hasta ya es cotidiano sentirse mal un día, bien otro, confundido y ansioso, o esperanzado y lleno de fe. No sé, pero que me sienta así de extraña, como muchas madrugadas, como en un mundo paralelo, no es asombroso ni fuera de lugar y, aunque esta sensación incómoda dura pocos minutos, me invita más a salir de la cama que aquello que me invita a quedarme sin hacer nada. Les juro que muchas mañanas me despierto no solo viendo el celular y mi aplicación del sueño para ver qué tanta calidad de sueño tuve y el Instagram, sino que al abrir mis ojos me encuentro leyendo *El Credo,* o haciendo una oración en mi cabeza agradeciéndole a Dios por el nuevo amanecer.

Otra de mis rutinas de "limpieza del alma" es esta, escribir. Dejar que mis pensamientos fluyan y se conviertan en párrafos. También me ha dado por dejar hasta las rejillas del clóset y los rodapiés tan limpios que podría montar mi propia empresa de limpieza. Me he preocupado por dejar todo impecable, ojo, no porque antes no lo hiciera, sino que ahora lo hago más intensa y profundamente, como para agotarme y no pensar mucho en boberías que sabotean mi proyecto de vida en cuarentena, buscando no decaer y ser una motivación para tanta gente que solo se siente acompañada cuando agarra su celular y elige en qué red social va a viajar hoy.

Con algún *playlist* de Spotify que recopila las canciones más populares de TikTok me pongo a doblar mis sábanas, sacudir las cobijas, tender mi cama y arreglar mi montaña de almohadas. Les puedo asegurar que el despertar es mi momento religioso más esperado de cada amanecer. Es más, cuando siento que ya el sueño se me fue, quisiera despertar a mi esposo también para arreglar mi museo convertido en habitación.

Siguiendo con mi rutina de cuarentena, una de mis actividades fijas es ir al baño inmediatamente después de terminar mis oraciones, porque no puedo imaginar una mañana sin sacarme las lagañas del cuerpo (como yo digo). Mientras, como quien dice, le doy una manita de gato al baño para limpiarlo hasta que sienta que es el baño de un hotel cinco estrellas, o por lo menos cuatro. Luego de mi baño frío y caliente, en el que paso mi piel por diferentes temperaturas, empiezo a arreglar mentalmente mi día, y allí vamos acomodando lo inesperado. Alguna vez escuché que cuando uno recibe un cambio así, de calor a frío, está listo para todo lo que le espera en el día, y a mí sí que me ha servido, literalmente. Cada mañana de estos días difíciles empieza con esta sensación de estar vestida y alborotada, con sonrisa incluida para el nuevo día. Y es que en tiempos como estos uno puede morir de angustia si no se controla, y terminar con más complicaciones por culpa de quien nos maneja el cuerpo: nuestro cerebro.

Es más, mis amores, entre el video de Instagram que hago para llevar un mensaje positivo a quienes me siguen y este libro, que me ha servido de diario, logro disipar mis pequeñas tormentas. Incluso, les puedo contar que cuando no son días fáciles busco la manera de ayudarme para no caer en tristeza, porque para información de muchos, *@venenosandoval* vive y padece como todos, solo que más es el tiempo que me hago la loca, que el que le presto atención a mis bajones emocionales.

Luego de casi 70 días de cuarentena, mi mamá salió de casa por razones ajenas a su voluntad, porque, déjenme decirles, que esa es la verdad de los días de encierro: comienzan a suceder cosas de la vida normal como tener que ir a ver a tus doctores, o hacer las diligencias que cualquier ser humano debe hacer y que hemos postergado lo más posible por evitar el contacto social, cosa que al parecer se ha convertido en nuestra peor pesadilla en esta historia. En el caso de mi mamá, ya los médicos que la ven tenían que hacerle análisis de rutina, pero análisis al fin, y hacerle el chequeo anual que toca por esta época. Imagínense, yo con esta sensación que ella debe haber sentido cuando me dejó en el kinder la primera vez. No les puedo mentir, podría describir este momento como el más crítico de todos. Mientras preparaba a mi madre para su cita médica, le recordaba que no tocara nada en la calle, que evitara cualquier cercanía con la gente y que si tenía que cambiarse los guantes, lo hiciera por favor. Ya forma parte de esta nueva normalidad tener en la cartera guantes, tapabocas y antibacterial extra. Pues le tocó salir en tiempos de 👑🦠 y de reapertura, bien forrada con su ropa que cubría cada pedazo de su piel. Por alguna razón, pensaba que dejar parte de la piel descubierta nos ponía en riesgo, y esa era la primera cosa que me venía a la cabeza, pero no es así. El asunto más delicado con este virus son las mucosas: ojos, nariz, boca y, por supuesto, el contacto con ellas producto de nuestra insaciable "tocadera" de la cara en nuestras dinámicas de la vida normal.

Ella estaba lista para ver gente luego de tantos días. Sí, sé que suena como absurdo, pero todos nosotros cumplimos a cabalidad la tan necesaria cuarentena. Mi esposo me apoyó en esta primera salida de mi mamá, mientras yo me quedaba con las niñas; la llevó manejando el carro hasta la puerta del consultorio, porque solo dejan entrar a una persona en las instalaciones para evitar aglomeraciones.

Esto sucede en medio de una apertura insólitamente inconsciente que ha sido basada, según datos y cifras maquilladas para encontrar un motivo "lógico" de reactivar la economía. Y quiero aclarar que no estoy ciega, que sé que esto ha sido un golpe terrible para un montón de personas que viven del día a día, pero es insólito que el dinero sea lo que mueve al mundo, porque durante muchos días en redes y medios convencionales hemos visto a muchas personas y líderes del mundo de la política sin ninguna frase de aliento para darle una esperanza al pueblo.

Supongo que al leer esto pudiste haber hecho una cara de aquellas y haber pensado: "¿será que Carolina está olvidando a la gente que debe salir a trabajar? ¿Será que Caro no entiende que no todos podemos trabajar desde casa?". Y la respuesta ya se las empecé a dar en líneas previas. Lo tengo muy presente, y sé que dos meses, o más, de un negocio cerrado es una catástrofe. Incluso se ha incrementado el número de desempleo de miles, por no decir millones de personas que ahora están pidiendo ayuda, pero tampoco puedo olvidar la crisis sanitaria que nos ocupa en el mundo. Para mí está claro que la parte de la salud es la más importante, porque una persona enferma no puede cuidar a los suyos, una persona que tenga que ser hospitalizada tampoco podrá alimentar a los suyos desde un hospital. Pero más allá de mis argumentos, no me siento bien. Hoy tuve mi primera crisis de ansiedad grande, luego de ver cómo mi madre salía de esta casa, por primera vez, en más de dos meses.

Siempre me conecto con los *#CaroLovers* y mis fans más cercanos para desahogarme. Este día no fue la excepción y ellos pueden dar fe de lo que escribo. Exploté y no pude controlarme. Lloré hasta sacar todo, lloré hasta limpiar el alma. Ellos me escribían que respirara, yo estaba muy alterada, fueron muchos sentimientos los que salieron de mi corazón. Es que ese día estaban pasando muchas cosas a la vez. Recuerdo que ese día me enteré de muchas cosas, y tal vez a lo largo de estas líneas me decida y les cuente, pero por lo pronto comparto algo que me escribió una bella y amable *#CaroLover:*

> Te voy a decir algo. Tú eres una persona muy fuerte, Carolina, porque te has caído, levantado y sigues adelante. Te caíste cuando te dio cáncer de tiroides y te levantaste. Te caíste cuando se murió tu papito y te levantaste, y sigues ganándole a la vida. Carolina, eres fuerte, eres resiliente. Nunca

> vuelvas a decir que eres débil, porque no lo eres, ¿oíste? No lo eres. ¡¡MARÍA CAROLINA SANDOVAL ES UNA GUERRERA FUERTE!! Recuerda siempre que de esto se aprende y también que Dios no hace soldados débiles, solo fuertes.

Reconozco que al compartirles esto siento las mismas ganas de llorar que me dieron cuando leí este mensaje, de alguien que solo me conoce por medio de mi Facebook. Qué belleza poder confirmar que algo bueno estamos haciendo en redes, quienes nos hemos tomado este rol de *influencers* o amigos digitales bien en serio.

En otro orden de ideas, una cosa que también hago mientras limpio el alma es escuchar noticias de distintos canales. Dios, de lo que uno se entera. Mientras escribo esto, me entero de más cosas que, sin duda, son más harina para mi costal. Créanme, ahora se los escribo porque luego de varias horas me calmé. De hecho, metí a lavar una ropa, barrí la cocina, fregué y hasta me preparé un té porque en esta cuarentena descubrí que limpiando me calmo, que dejo de pensar en la irresponsabilidad de mucha gente y, aunque no lo crean, hoy lo único que he visto del Instagram es mi cuenta, porque, en serio, me está afectando. Les confieso, no puedo evitar meterme en los mensajes privados de gente de mucha confianza a preguntarles si la foto que vi en su Instagram es un *#TBT*. Les podría contar de mil casos, porque lo que más me preocupa es que exista gente que no tenga la empatía de cuidar a los otros si saben que han estado expuestos, y como nada nos consta porque en este punto solo creo en mi familia, ando obviamente atacada de ser testigo de esto que muchos llaman "exageración", y otros llamamos realidad o nuevo presente.

Después de un día bastante raro a nivel de redes, como lo fue el *#BlackoutTuesday*, y del famoso apagón convocado por la industria musical como apoyo para iniciar una protesta por la brutalidad policial, las diferentes plataformas sociales se vistieron de negro y se dividieron entre el fanatismo de algunos, la indiferencia de unos y la ignorancia de otros, al seguir tendencias que no entendían. Todo fue aún más caótico. En lo personal, ese día hice el apagón digital en mi Instagram y en mi TikTok, por respeto a lo que padece el país donde vivo. Y también por la larga lista de eventos idénticos al vivido el 25 de mayo, cuando una cámara de celular capturó, e hizo viral, los 8 minutos con 46 segundos en los que el policía norteamericano, Derek Chauvin, asfixió con su rodilla al afroamericano George Floyd, mientras sus otros tres compañeros no hicieron nada al ver este acto tan repudiable.

Claro, habría que ver un poco la historia con referencia a situaciones en donde la policía ejerció la fuerza bruta en contra de los ciudadanos y encontraremos muchas otras razones para hacer este luto digital. Incluso, les podría decir que el luto, en mi caso, era por la terrible indiferencia de quien dirige, en este momento, el país y sus ataques verbales en redes, demostrando que no le importa que lo vean como un déspota e insensible ser. De hecho, todo y cuanto les narro me motivó a escribir en mis redes junto con un video que publiqué, paseándome por mis 46 años. Créanme que lo que he visto en estos meses de cuarentena por el Covid-19, jamás lo había visto todo a la misma vez.

Mi *post* en Instagram de aquella fecha decía así:

> Mis amores. Buenos días por la mañana. Acá *#reflexionando* en voz alta, ¿y ustedes? Ya saben que es imposible quedarme callada y, pues, acá les dejo algunas cosas en las que he estado trabajando internamente. Me gustaría leerlos y saber qué piensan sobre lo que hemos vivido a lo largo de estos días. ¿Ha sido como mucho verdad? Los leo. *#WednesdayMotivation #CosasQueSienteCaro #GenteVayViene #NewNormal #Pandemia #Igualdad*

A lo que una amiga me respondió en privado:

> No es hora de guardar silencio, ya no puedo, mi corazón está adolorido y de pronto se abrieron heridas que estaban allí a medio sanar... y me da la oportunidad de mirarlas, llorarlas para poder sanarlas. Es hora de contar nuestra historia, quizá te recuerde la tuya... ya no me da vergüenza ni miedo, me pone triste ver que de esta pandemia no hemos aprendido nada, ni a ponernos en los zapatos del otro. Me duele la injusticia y me causa impotencia este acto de crueldad. En esta oportunidad hubo un testigo que lo grabó. Sabemos que esto ha pasado por

años, hay muchos nombres, y no es solo aquí. Yo crecí en un país hermoso, pero en donde se negaba la existencia de la discriminación.

Nosotros —mi familia— crecimos sorteando, al igual que nuestros primos, las dificultades del día por nuestro color. Para no ser juzgados o criticados, nos enseñaron a esforzarnos, a ser mejores, a superar la media. Así nos enseñaron mis padres: "estudien para que se valgan por ustedes mismos, para que puedan defenderse", nos hablaban y explicaban claramente cómo eran las cosas, porque durante nuestra infancia, cada viaje, en cada alcabala (puestos policiales en las carreteras), cuando viajábamos por tierra nos detenían y hacían bajar del auto. Escuchábamos la burla, nos miraban y le preguntaban a mi papá cómo un negro podía tener un auto último modelo: "¿lo robaste?". Le pedían todos los papeles y más. A veces pasábamos horas detenidos, solo por ser negros con un auto nuevo, de lujo. Nosotros, petrificados de miedo, pero era mejor aguantar la burla a que nos detuvieran y nos quitaran el auto. Estábamos allí con mil preguntas dentro del auto, luego te acostumbras. Reservaciones que desaparecían cuando nos veían entrar a un hotel y otras cosas que prefiero omitir. La palabra despectiva para insultarnos, los chistes porque mi papá es Bioanalista; siempre escuché 'negro con bata es chichero, blanco con bata es doctor'. Mi hermano, mi hermana y yo nos graduamos, los tres con bata blanca, somos doctores en nuestro país, aunque no tengamos doctorado. A mi hermana, cuando era chiquita la escuché desconsolada decir que quería arrancarse la piel, eso es demasiado doloroso recordarlo, pero lo cuento porque quisiera que entiendan que esto es algo que llevamos viviendo durante siglos y aún sucede. Mi hermano es científico en la Universidad de Viena, yo me gradué de Odontóloga, pero decidí ejercer lo que ha sido mi vida, mi pasión, mi forma de desahogarme, de elevarme, de sanar mi hipersensibilidad, que es la música. Dejamos los dolores guardados, porque es mejor no hablar de eso, de alguna manera se cuelan y salen a la luz. Porque cuando dicen que en Venezuela, en Colombia, en Latinoamérica no hay racismo, que los latinos no somos racistas, estoy yo y muchos más para decir que no es así, porque a mí nadie me lo contó, yo lo viví, allá y aquí.

Tengo el alma a flor de piel. Y ya es bastante con sobrellevar esta pandemia, para afrontar esto; siento que todo es traumático, también sé que es parte del proceso. Yo estoy orgullosa de quién soy y de cómo soy. Soy mulata, pero mi familia, mi sangre y mis antepasados son negros. No 'de color', me irrita esa palabra, somos negros, mulatos, afrodescendientes. Y nunca antes hablé así, porque no me gusta sonar a víctima, porque no lo soy. Han sido experiencias que me han hecho ser compasiva, empática, mejor persona, luchar por los derechos de la comunidad LGBT, por ejemplo, porque no puedo tolerar ningún

> tipo de discriminación. Porque nadie me lo contó, yo lo viví, en mi familia, en mi carrera, en este camino que espero que hoy nos lleve a mirar la historia y darnos cuenta de que en pocos lugares se habla de esto. Pero existimos, aunque mi cabello ya no sea afro, esa niña soy yo. Y si tengo un hijo, espero que pueda ver un mundo diferente, lleno de empatía, más amor y oportunidades. Y sé que tengo que ser valiente por él, por mí y por las generaciones por venir. Aunque algunos me traten de esconder, existo. Y si estás de acuerdo conmigo, deja tu experiencia, levanta tu mano. Es momento de hablar, *BTW*, sé que tú lo haces, y te quiero.

Y mis amigas siguen escribiendo mientras yo limpio, y así como me escribe una de Miami, también otra desde Londres y me dice:

> Caro. ¡Hola, reina! Ayer estaba pensando en ustedes. Veo en las noticias que en Florida aún están subiendo los números, pero a la vez la gente se ve como si no hubiese pasado nada. Por aquí, más o menos, hoy han reabierto todas las tiendas, pero no restaurantes ni bares todavía. Eso puede que tarde un poco más. Pero bueno, no te dejan montarte en transporte público ni en Uber si no llevas la mascarilla, por ejemplo. Los números van disminuyendo, pero sigue habiendo muertes, no nos hemos deshecho del todo del virus, por supuesto, quién sabe cuándo será.

De verdad que leer lo que ocurre en Inglaterra y comparar con lo que vivimos en Miami me hizo responderle:

> Empiezo por decirte que estamos bien, en nuestro mundo. He salido contadas veces por chequeos médicos y lo que dices es así, mucha gente por no decir toda Miami, piensa que estamos en un verano normal.

Ella está muy sensible por su embarazo y porque tiene familia en Florida, y lo ve con ojos de preocupación, ya que por estar en Londres y tener a su mami en Venezuela, Miami será el punto de encuentro para ver al bebé y conocerlo, si Dios quiere. Entonces, me responde: "la verdad que nada más pensarlo me da ganas de llorar, qué desastre".

Yo de verdad ya no sé si limpiar mi teléfono de noticias, estar informada o qué, porque la verdad es aterrador ver cómo suben los números de la ciudad donde vivo, pero no puedo creer lo que veo por las redes: un mundo de fantasía donde la gente está como en otro universo. Es que, en serio, abrir el Instagram un lunes luego de un fin de semana de sol en Miami y ver imágenes de fiestas en casas con muchísimas personas, ver eventos en botes en la bahía, según reportes de amigos y constatar que hasta gente cercana, muy aparte de los números, está saliendo a lugares de masiva concurrencia, me da como una especie de escalofrío porque NO ENTIENDO. No encuentro punto medio.

Creo que mejor converso con mi amigo mexicano que vive en Chamonix y ve todo desde una perspectiva muy distinta. Sin estar en ningún bando, él se cuida, está informado, pero no saturado de noticias. Ayer me comentó que ama a Macron y me dice: "Francia es la segunda potencia del mundo. *Viva la Fraaaaaaance!*".

Siempre he dicho que es muy interesante viajar por el Instagram o por las redes sociales de los amigos para ver un poco sus ángulos y puntos de vista, como he dicho en mi primer bebé literario *Dime qué posteas y te diré quién eres.* Acá necesito hacer referencia a la linda Fefi porque muchos pensamos así y lo he dicho en repetidas ocasiones, si sabes emplear las redes y encontrar tu nicho, tienes un mundo que ofrecer y esta chica ha llevado a muchos a su mundo color morado. Les comparto lo que escribió en uno de sus *post*:

#Repost @fefioliveira

> *Yo hoy veo mis redes y no me lo creo, agradezco todos los días de mi vida el poder conectar con ustedes de cerquita. GRACIAS, mis amores por convertirse en mi familia para siempre, les cuento que hace un año la historia era así:*
>
> *YouTube 64k y hoy 177k*
> *Instagram 700k y hoy 1.1M*
> *Tiktok 0 y hoy 2M*
> *Facebook 77k y hoy 257k*
>
> *Gracias Dios por permitirme usar mis redes sociales para expresarme tal y como soy, llevar mi energía y mi alegría a cada personita alrededor del mundo que hoy me ve a través de una pantalla. El número*

> *es lo de menos, mi Dios, solo siento que es tu manera de hacerme entender que los sueños sí son posibles de lograr, sin importar cuantas veces me hayan rechazado. Si hoy tú tienes un sueño, por más grande que sea, sigue adelante que llegará el momento de celebrarlo. A los que etiqueté, GRACIAS por haber creído en mí desde el día 1, esto es más de ustedes que mío.*

Y es por eso, mi gente, que en esta limpieza del alma he decido parar en ciertas cuentas de Instagram y conseguir contenido relajante, fresco y sin pretensiones, más allá de las que tiene alguien que es feliz con lo que hace y lo comparte.

Existe una felicidad que compartimos con personas específicas y a quienes decidimos mostrar los efectos reales de lo vivido en estos tiempos difíciles, y tan distintos a lo planificado para este verano 2020. Ayer, luego de nuestros usuales saludos mañaneros por WhatsApp, en mi grupo favorito de esta cuarentena: "NY Party", y de trabajar toda la tarde desde casa, conversé con una de mis buenas amigas dominicanas, hermana porque así lo quiso Dios. En serio, de mi amiga Rosmery siempre he dicho que el día que nos conocimos descubrimos que, aunque ella venía del vientre de otra gran mujer, éramos hermanas en Cristo. Es una relación basada en el tesoro más grande que cada una tiene: la honestidad, la lealtad, la confianza y el respeto. Mi amiga y yo amamos nuestras charlas, más allá de un mensaje breve de Instagram privado, logramos conversar, más allá de las redes, a la antigua y nos actualizamos en cuanto a todo lo que ella extrañaba de la normalidad como por ejemplo visitar a su padre en República Dominicana. A las dos nos sirvió mucho para limpiar y ordenar nuestras ideas, tanto lo que yo le expresé de este recorrido por la cuarentena como lo que ella me contó, que me sirvió grandemente.

Hasta hablamos de todas nuestras anécdotas de cuarentena y de rutinas de limpieza de cocina, baños y clósets, porque déjenme decirles, mi amiga es la más talentosa en temas de decoración de interiores que yo conozca. Tiene una magia para convertir un racimo de plátanos en un exótico centro de mesa, siempre le hago énfasis en que debería diversificar sus actividades y compartirlas en las redes. El hecho es que, luego de que uno de sus hijos y mi hija pequeña se saludaran, ella me envió este mensaje que es imposible no permitirles a ustedes que lo lean: "mi querida Caro. Qué gusto haber hablado contigo, ¡¡me dio mucho gusto escucharte!! ¡Gracias por tu tiempo y por tu confianza! Oraré mucho por todos nosotros y por ustedes allá".

Y yo le respondí: "gracias amiga, me hizo muy bien hablar contigo hoy. Te quiero mucho. Cuando pase todo esto, con Dios por delante, nos daremos un fuerte abrazo".

Qué espectacular poder decir que lo que Dios me ha dado estos días es una *master class* de amor fraternal, de amistad genuina y de discernimiento. Tanto que hemos ido a la universidad, tantos cursos que hemos tomado y tantos videos que hemos visto en Instagram de todo aquel que se siente *"life coach"*, que sinceramente agradezco las maneras en las que nuestro TODOPODEROSO elige para abrirnos los ojos.

Otro maravilloso regalo que también recibo a diario son las flores del jardín de mi amigo brasileño. Cada día me envía una vista de su hermosa casa adornada con las flores más coloridas y bellas del mundo. Como ven, cada persona ha decidido limpiar su ansiedad o botar sus miedos por medio de sus pasiones y talentos. Y les cuento algo, mi amigo sí que tiene motivos para estar preocupado y hasta triste porque por esta pandemia, que muchos subestiman, él perdió a un primo de menos de 35 años. Me contó que era un chico fuerte y saludable. El día que Alexis me contó lo que pasó su gente, me puse en sus zapatos, porque él está en Madrid y su familia en São Paulo, no debe ser fácil. Me acordé inmediatamente de un chico que conozco, que al principio de la pandemia le tocó recibir la llamada con la noticia de que su padre había fallecido en Ciudad de México. En serio, han sido tantas cosas que uno ha tenido que enfrentar, desde lo duro y complicado de sentir el dolor de los demás, hasta el hecho de estar buscando un nuevo estilo de vida porque así nos lo mandó este inicio de década, que ni en la mejor escuela del mundo hubiésemos logrado, en tres o cuatro meses, ser los alumnos más destacados y brillantes de esta cátedra de vida.

A propósito de vida y de regalos que no son materiales, también me llegan regalos de Instagram de una cuenta llamada *@santisima_virgenmaria* con una bella oración, acá se las dejo, para quienes la aprecien y para los que en nada crean, también se las comparto por si les da curiosidad:

#Repost @santisima_virgenmaria
Santa María, Madre de Dios, consérvame un corazón de niño, puro y cristalino como una fuente. Dame un corazón sencillo que no saboree las tristezas; un corazón grande para entregarse, tierno en la compasión; un corazón fiel y generoso que no olvide ningún bien ni guarde rencor por ningún mal. Fórmame un corazón manso y humilde, amante sin pedir retorno, gozoso al desaparecer en otro corazón ante tu divino Hijo; un corazón grande e indomable que con ninguna ingratitud se cierre y que con ninguna indiferencia se canse. Amén.

El día que publiqué este mensaje, fue el día que decidí mostrar mi regreso a la normalidad, aunque había ocurrido hacía ya varios días y para cosas esenciales. La razón por la que limpié mi álbum de fotos y lo puse en mi perfil de Instagram, fue porque estaba notando que la gente quería algo así como "limpiar" la realidad, metiéndose mentiras en la cabeza y, por ejemplo, diciendo que no iban a tapar sus sonrisas bellas, ni sus dientes con una mascarilla... eso y más frases como esas me motivaron a contar mi historia sobre los tapabocas. Y aunque cada quien administra sus miedos de la manera que quiere, yo, personalmente, me siento ofendida cuando alguien anda sin mascarilla.

Mi *post* del 18 de junio, 2020:
Al principio de esta historia del *#covid19*, nunca pensamos que tendríamos que ponernos la fulana mascarilla, decíamos que era solo para la gente que estaba enferma, aseguraban muchos que era una exageración y que era atuendo de doctor. Hoy en día, y luego de tanta diferencia de criterios, ya sabemos que hasta que no exista una vacuna o medicina, el retorno

a nuestra vida debe realizarse cumpliendo protocolos de bioseguridad, en donde tener las manos siempre limpias y el uso del *#tapabocas* es esencial, y hasta respetuoso hacia las personas que nos encontramos en nuestro camino. Y aunque existen muchas personas, hasta conocidas, que aún no creen en lo que estamos viviendo y dicen que el 👑🦠 no es real, yo prefiero prevenir que lamentar. Y OBVIAMENTE, está bien que cada cual decida su estilo de vida y si se siente cómodo con no tener distanciamiento social, hacer fiestas y demás; es perfecto porque cada quien es libre de pensar como guste, pero yo elijo esto como he señalado en múltiples oportunidades. Y de verdad admiro a todas las enfermeras y personal médico que han dado sus vidas por nosotros y que tienen que pasar largas jornadas de esta manera 😷 porque no es fácil, y menos en Miami... de hecho, he documentado cada una de mis pocas salidas en mi canal de YouTube, *Caro y su faja,* para que vean el tema de salir con nuestros hijos a la nueva normalidad.

Y con todo mi cariño, mi gente, si uno quiere salir a cosas esenciales (como es en mi caso) hay que cuidarse porque si tú no te cuidas nadie te va a cuidar. No olviden que hay personas asintomáticas, no olviden que una tocada de mano hace la diferencia y si bien es cierto que más son las personas que se contagian de Covid-19 y lo superan que las que no, tampoco es que vamos a relajarnos por imitación. Me imagino que todos los doctores de Instagram y científicos graduados en esta plataforma de tanto repetir como loros lo que no saben, establecerán un juicio como siempre: que si por qué te pones mascarilla dentro del carro, que los guantes no se usan, que si el pato o la guacharaca... conclusión: "solo sé que nada sé".

Firma
La Gerencia... *#CosasQueSienteCaro #SocialDistacing*

Y hablando de distanciamiento social o cercanía de manera distinta, también me ha tocado vivir actos de vida y de bondad increíbles. A mi Amalia Victoria, a quien siempre le celebramos los cumpleaños como nos gusta, le tocó celebrar sus cuatro añitos en circunstancias inolvidables. Ella realmente es una campeona. El día previo al cumple me vio limpiando todo el día, moviendo los muebles, despejando el espacio. Así como he hecho limpieza de cosas, también seguí con la limpieza de amistades cercanas y me quedé con un paisano que, si bien no conozco de hace años, siento con él mucha química porque es muy genuino. Alexander Sánchez, gran artista en el mundo de la decoración. Tengo una relación súper linda desde el primer "hola, hola", como quien dice, y me dije dentro de todas las dinámicas que he modificado "voy a decirle a Alex para que él sea la primera persona de mi grupo de amistades que venga a casa a decorar la mesa del cumple de Amalia Victoria".

Así lo hice, mi gente, la prueba de esto está en mi IGTV y se llama "Sorpresa, sorpresa..." y fue algo muy extraño, pero especial. Nunca estuvimos juntos dentro de la casa, no nos topamos, todos estábamos en los cuartos, le abrí la puerta y él estuvo decorando con su pareja todo el maravilloso comedor para darle vida a la mesa de *La Bella y la Bestia*. No se imaginan ese espectáculo de mesa, conjuntamente con varias personas que fueron mis cómplices y que me dejaron en la entrada de la casa globos, manteles, cajitas y hasta disfraces.

Alenxander Sánchez (el mago de la decoración) hizo de mi comedor un rincón de un castillo creado por Cossette, la reina de los *wallpapers* y también venezolana. Obviamente acá metió mano mi amiga Alidette, que siempre había sido la dueña del lugar donde hacíamos las fiestas de la niña (ahora cambió de rumbo y no es un local sino una empresa que organiza eventos y facilita todos los contactos con las personas indicadas). Y no es por nada, pero mi grupo de fiestas se ha convertido en el equipo más *In* de Miami o en uno de ellos y a la prueba me remito: Laura, dueña de *@divinedelicaciescakes* le hace pasteles a JLo, a Becky G., a Maluma y cuanto famoso existe; Luz Paz, dueña de Balloons by Luz Paz le hace trabajo a peloteros y a celebridades de todas las nacionalidades como Marc Anthony, porque incluso en el propio Instagram de él y gente de su núcleo han posteado las maravillas de arreglos con sus súper globos.

Pero bueno, así es la vida, mis amores, y les comparto lo que escribí en mi *post*, en donde muchos no daban crédito a lo que habíamos hecho. Porque todo el mundo cree que uno es un inconsciente como ellos, pero como siempre he hecho en estos días difíciles de cuarentena y de conocer a la gente, me limpié escribiendo esto:

"Unos padres hacen lo que sea por sus hijos y la princesa merecía su fiesta privada de cumple en medio de esta nueva normalidad. Y aparecieron los cómplices amados para hacerlo posible. Y antes de las 12:00 de la noche, cual ratoncitos de cuento de príncipes y princesas, nuestra muñeca se quedó dormida, pero mientras eso pasaba, unas manos maravillosas trabajaban en la belleza que ella vio cuando abrió sus ojitos, ya siendo 19 de junio. Gracias a mi mago de la decoración, *@alexandersanchez*, vale la pena decir que es la única persona fuera de nosotros, de mis amigos, que ha vuelto a pisar la casa en esta nueva normalidad y aunque no lo crean, no nos vimos, todos estuvimos encerrados y se hizo la magia. Ya cuando estaba todo listo para ella, Alex salió de casa, me avisó y casi me desmayo porque una princesa siempre merece su castillo y, mi gente bella, les digo, Alexander lo volvió a hacer. Créanme, nosotros no somos mucho de estar adornando, la verdad, ni estar cambiándole el nombre a las cosas, pues siempre le decimos a nuestras hijas que la vida hay que llevarla como si fueras la dueña de un castillo, pero sin falsas expectativas para que no me las hagan sufrir en el futuro y para que sepan que se merecen todo lo mejor. Otra vez, gracias a nuestros cómplices, que en medio de esta nueva historia, vida o normalidad, me ayudaron a hacer posible todo lo que hubiésemos pensado que iba ocurrir de otra manera. Soy de las que piensa que Dios escribe derecho en líneas torcidas y la lección que estamos aprendiendo es de esas que quedarán para la historia. Como quien dice, estamos haciendo un posgrado de vida, que nos va a llevar a ser los mejores profesionales en ella.

Gracias a mi mago de la decoración por entenderme, por vivir mi distanciamiento social y por respetar todo lo que estoy viviendo.

Como madre, no quería que esta fecha pasara por debajo de la mesa en este día tan lindo, además que *@alexandersanchez* siempre quiso hacer la mesa y todo lo que tenía que ver con el diseño en la fiesta y resulta que se nos dio en medio de toda esta historia, pero con mucho amor y cariño. GRACIAS:

Organización: *@Coolcornerevents*
Globos: *@Balloonsbyluzpaz*
Pastel: *@Divinedelicaciescakes*
Decoración y Montaje: *@Alexandersanchez*
Papelería: *@Alibombo_ccs*
Mantelería: *@Decoaries*
Fondo Impreso *(wallpaper)*: *@Cossetteproductions*
Mini Dulces: *@Danisweets305*

De verdad, mi gente, ¡cómo ayuda escribir para limpiar, sanar, botar o drenar cualquier asunto! Es más, les recomiendo esto como terapia: escriban, desahóguense en privado primero, para que cuando salga ya lo peor, quede escrito o en un libro como este o en una nota del celular que nadie leerá. *#YoQueTeLoDigo*

CAPÍTULO 9

CHARLANDO CON CARO

Al principio, cuando pensé en este capítulo, me imaginé algo así como contarles sobre todos los "en vivos" que he hecho con diferentes personalidades, blogueras, doctores, *influencers* y artistas. De hecho, no sé ni con cuántas personas por día hago en vivos. En mis primeros 50 días de cuarentena conversé con gente de todos lados del mundo, y esto es literal, me entrevistaron de cuanto medio digital existe, y eso lo agradezco porque, sin duda, querer documentar lo que he estado haciendo en estos cuatro meses, trabajando desde casa, estudiando, ejecutando nuevas actividades, etc., es un indicativo de que mi vida de redes algún efecto ocasiona.

La historia es que después de pensar sobre este capítulo me dije: "mis verdaderos encuentros del alma han sido con mis seguidores, amigos virtuales y esta familia digital que cada día crece y crece más". Cuento largo corto, acá les coloqué algunos de los mensajes que a lo largo de todo este tiempo ustedes me han enviado.

MENSAJES DE FANS

"Me encantó el trasnocho, me hizo llorar. Yo amo a mi madre tanto, tanto, que yo sin pensarlo doy mi vida por ella. Hoy estábamos viendo fotos y mi mamá vio una foto de mi abuelita. Mi mamá agarró la foto y dijo con lágrimas en los ojos: 'cómo quisiera que estuvieras aquí, madre mía, para decirte que te amo con toda mi alma y todo mi corazón'. Carolina, no sabes lo que daría por evitarle esas lágrimas y ese dolor a mi mamá. Cómo quisiera tener una varita mágica para regresar a mi abuelita a este mundo. Pero no puedo, eso nunca va a pasar, qué bendición que tú todavía tengas a tu mamá. Las quiero mucho y espero que pasen un día de las madres muy especial, lleno de amor y que las consientan mucho".

"¡Así mismo es como se dice! ¿Dios escribe derecho con letras torcidas? Lo cierto es que él sabe cómo, por qué y cuándo hace las cosas. Lo más importante es que reine la salud, y además, que siempre estés cerquita de tu familia".

"¡Feliz noche! ¡Siempre están en mis oraciones! Sigue compartiendo esa linda energía. El poder de la sonrisa produce felicidad".

"Verdad, mi sueño, humilde, pero de gran corazón, hermanaza. Ellos (mis nietos) dicen que un día Dios nos ayudará y te vamos a buscar para conocerte, jajaja".

"Sí, es que esta situación es horrible. Mis niñas tampoco han salido más desde su último día de clases. Yo solo salgo al mercado y me protejo mucho. La verdad, no me gusta la idea ni de ir a los parques, ni nada, ¡hay gente tan loca allá afuera! Y cuando me llegan telas, las pongo al sol por tres horas, y luego es que las cojo para mi taller. Siempre tomamos todas las precauciones".

"Tú eres única, te amo".

"Necesito una de esas dosis de alegría de las tuyas".

"Hola, mi Caro bella. Sabes que estamos fabricando espectaculares sets de cartera y tapabocas en conjunto, y me encantaría hacerte llegar algunos modelos. Gracias siempre por ser como eres y apoyarnos. Envíame una dirección para hacértelo llegar besos y abrazos".

"Eres demasiado espectacular y genuina. La verdad, me inspiran bastante tu espíritu y buena vibra. Eres ejemplo a seguir. Mil gracias por el apoyo".

"Antes de todo, deseándole infinitas bendiciones para ti, tu familia y grupo de trabajo, que hacen esos videos que nos alegran día a día".

"Caro, da asco, la verdad. Es una palabra fea, pero la más adecuada. La gente vive para ellos y más nadie. Luego, uno se pasa la vida haciendo las cosas bien por el bien del mundo. Aquí el gran problema es que los líderes no tienen dirección, iniciativa, compasión. Esto es como en la selva, la ley del más fuerte. No hay unión. Este es un país muy frío, cada quien hace lo que mejor le convenga. Hay que apegarse mucho a la palabra y mantener a los tuyos protegidos en casa. Si necesitan cualquier cosa, no me es molestia".

"No llores preciosa. Eres bella y hermosa. Y sí, hay mujeres que se sienten mal. Yo siempre he dicho 'qué fea soy', pero que llegaste tú a mi vida y me alegraste.

Veo la vida de mejor color, y todo gracias a ti, preciosa. Gracias por trasmitir la belleza y quiero que estés feliz siempre. Besos".

"Me encantó tu video. Qué hermoso mensaje. Quiero que sepas que no solo tienes una fiel fan y *#CaroLover,* sino también una amiga. Aquí estaré siempre para ti, mi Carolina hermosa, y gracias porque por tus videos, fotos, y todo lo que posteas es que he podido tolerar esta cuarentena. Bueno, y gracias a mi familia también porque sin ellos no soy nada. Pero bueno, gracias por alegrarnos siempre y por darnos esa confianza que alguna vez perdimos. *I love you".*

"Así es, mi amor. El padre que estuvo a mi lado cuando perdí a mi hijo y le preguntaba cómo podría seguir adelante sin él, me dijo esas palabras, él sabe que tú tienes fuerzas para eso y más; y mira que sigo adelante y me sigue poniendo pruebas difíciles en mi camino. Yo sigo avanzando y, a pesar de que a veces me fallan las fuerzas, vuelvo arrancar, él nunca nos abandona, Caro, por eso estás donde estás. Sé que con lo que te voy a decir a lo mejor dirás 'qué loca, si ni me conoce', pero yo te tengo mucho aprecio. Te envío un abrazote."

"Caro, soy una venezolana igual que tú. Me siento identificada contigo. Eres una mujer valiente y muy guerrera. Ojalá todas las mujeres tuvieran un poquito de tu entusiasmo. Sigue cosechando triunfos. Que nadie apague esa luz que transmites. Muchas bendiciones para ti y tu familia".

"Hay momentos en la vida en los que nos toca ser fuertes. Y preguntan '¿cómo ha cambiado ella?'. La gente nos hace cambiar, ponernos duros y hasta fríos. Estoy en ese momento de mi vida donde muchas cosas que escribes me pasan y hasta me buscan solo por un interés. Me encantó, Caro, aunque quisiera seguir leyendo, ya debo descansar. Pero leerlo es como escucharte. Siempre te sigo aunque ya estoy más ocupada en mis negocios, pero te admiro muchísimo. Mañana seguiré leyendo. Qué Dios te bendiga y que sigan los éxitos".

"Tengo una amiga que te idolatra y me dijo: 'me compré la lonchera de la venenosa', también me dijo que me la comprara y la compré. Es lo máximo. Empezamos a trabajar ya y no quiero ni usar la nevera, ni el microondas. Estoy feliz con la loncherita venenosa".

"¡Carolina! ¡Te felicito tanto y tanto! ¡El libro es hermoso! ¡ESPECTACULAR! Me llamaron la atención muchas cosas del libro, pero hay una tan sencilla, pero tan impactante, que desde antes de leerlo, ya me había cautivado. Fue en la contraportada ¡cuando haces referencia a una seguidora que toma su teléfono prestado para verte, así que imagínate lo mucho que haces felices a las personas y las ayudas a sacar una sonrisa! Eres un gran ser humano y tienes una familia hermosa".

"¡Me hiciste llorar y reír cuando juras por tu faja! ¡Jajajajaja! ¡Qué grande eres! ¡Excelente autora! ¡Enhorabuena! Dios te bendiga. Que vengan muchos libros más. Sería excelente que hagas una serie de libros. ¡Desde Puerto Rico, un abrazo!".

"Hola. Soy Sheila, desde España. Solo te escribo para decirte que siempre me sacas una sonrisa. Hasta en mis días tristes. Es más, ¡sé que realmente eres mi vitamina, mi energía y mis ganas de vivir! Te mando muchos abrazos. Que sepas que cada uno de tus videos me hace renacer y que me siento con mucha autoestima, aunque carezco de ella. Gracias".

"Caro, esto va a tomar tiempo y dejará muchas secuelas. Solo nos queda confiar en Dios y no desesperarnos. Él ha permitido esto por muchas razones, y en eso debemos meditar".

"Feliz cumpleaños para Amalia Victoria. Dios la bendiga siempre y la haga una mujer de bien, con hermosos sentimientos y valores, aunque eso es algo que ya está destinado, porque tiene una madre ejemplar. Este día también es tu día, Carol, porque eres la protagonista en la vida de tus hijas. Dios las bendiga a todas y a todos".

"Feliz cumple a la nena más hermosa y agradable de los niños del canal. Es una hermosura. Que Dios la siga bendiciendo y siga así de bella y agradable. Se ha ganado el amor de todos tus seguidores Caro".

"Feliz cumpleaños a tu princesa. De verdad que Dios te ha dado una gracia tan grande para sumar cada detalle. Que un niño se lleva en su corazón, por toda su vida, la importancia de sumar recuerdos. Con cada cosa que haces me impresionas. Un abrazo y que Dios te bendiga en grande a ti y a tu familia".

"Quise compartirlo contigo, espero que te guste. Dios te bendiga. Hoy estamos ayunando del pensamiento **'Me siento ansioso'.** Todos nosotros lidiamos con la ansiedad en diferentes momentos de nuestras vidas. Algunos de los síntomas de la ansiedad incluyen: palpitaciones del corazón, tensión, fatiga, náuseas, dolor en el pecho, dificultad para respirar, dolores de estómago y dolores de cabeza. No tienes que vivir de esta manera.

VAMOS A CAMBIARLO HOY:

1. Trata la ansiedad como una señal en lugar de como una condición. Es una señal para orar. La oración cambiará lo que estás enfrentando (Filipenses 4: 6–7).
2. Orar más por eso = preocuparse menos por eso. Santiago 5:16 dice que la oración del justo puede mucho. Deja de tratar de disminuir la ansiedad. En lugar de eso, ¡solo agrega oración en el momento en que la sientas y esta desaparecerá!
3. Cuando te ataque el pánico, ¡contratácalo! ¿Cómo atacas la ansiedad y el pánico? Al hablar la palabra de Dios con tu boca.
4. ¡No es tu culpa! Abraza esta verdad. No te culpes por sentirte ansioso. Es el ladrón que viene a robar, matar y destruir. Deja de castigarte cuando sientas ansiedad. En su lugar, golpea al enemigo hablando la palabra de Dios.
5. Recuerda tu valor. Debido a que eres muy valioso a los ojos de Dios, él se preocupará por ti. Sí, él te valora, ¡porque pagó por ti con la sangre de Jesús! La preocupación y la ansiedad pierden su poder.

6. Respira alabanza a Dios. Deja que todo lo que respira alabe al Señor (Salmo 150:6). Los expertos coinciden en que respirar literalmente ayuda a controlar la ansiedad. Pero cuando respiras alabanza a Dios, no solo manejas la ansiedad, sino que la dominas.

PIÉNSALO Y DILO

La ansiedad ha perdido su poder sobre mí. Cuando me siento ansioso es una señal para orar y alabar a Dios. Cuando agrego la oración, la ansiedad disminuye. Porque soy muy valioso para Dios, sé que él me cuidará. Ataco el pánico al hablar la palabra de Dios. El Príncipe de la Paz vive dentro de mí, por lo tanto, tengo paz guardando mi corazón y mi mente ¡Alabo a Dios hoy, en el nombre de Jesús!".

"I really want to say that you are an exceptional woman. You look great regardless of what some people might say about your weight. You project beauty and it reflects on you. I wish I had your enthusiasm and the fire to feel as beautiful as you do. Let me explain. I'm a breast cancer survivor twice. I had a mastectomy when I was diagnosed the first time and chose to have reconstruction surgery, which went well and I felt great. Second time around, I once again had a mastectomy, but this time around, my body rejected the reconstruction and I was left without my breast. So, now I only have one breast, and although I sometimes joke around and say that I'm unique, it really does bother me and most of the time I feel like a freak, uneven and ugly. I'm not overweight, I'm thin. But I'm not happy. I would gladly be overweight if it meant having both my breasts. So, all in all, what I'm trying to say is that

we all have something we don't like, but it's really refreshing to watch you, with all your energy and beauty and not caring what others think. Never change. May God continue to bless you and your family. See you in your next video!"

"¡Carolina! De verdad te lo digo, me encanta tu familia, me encantas tú. Veo tus historias y *posts*, me gusta que muestras lo que en verdad eres y se nota. ¡Gracias! Gracias por alegrar mis días con tu positividad y felicidad."

"Ese sol eres tú, porque así te digo yo. Eres ese sol que alumbra nuestros días. Gracias, eres una mujer muy positiva, *muak*".

"Qué bella, Caro. Sentí cada una de tus palabras. Lloré tendido. Siempre que le doy flores a mamá le digo: 'porque en vida es que vas a disfrutarlas'. Dios te bendiga y a tu santa madre también".

"Jajaja, Nick se derrite por ti jajaja. Nena, ese amor es para toda la vida como yo lo sabía, no lo sueltes, que te lo dio Dios, mamita, jajaja".

"Hay cosas que no tienen precio ni valor en oro. Me hiciste llorar. Dios bendiga a tu madre y a ti, porque eso que haces con ella, tus hijas harán contigo. Hija eres, madre y abuela serás. Gracias".

"Hola, mi Carolina hermosa. Quería contarte mi historia, porque eres parte de ella. Confieso que cuando te conocí en el programa me caíste como bomba. Pensé que eras una mujer odiosa y petulante, y cuando comencé a ver *#ElAlmuerzoConCaro* y

#ElTrasnochoConCaro, ¡waoo, qué equivocada estaba! No solo eres genuina, sino un gran ser humano. He aprendido tanto de ti, mi autoestima se elevó, y puedo decir que soy quien soy hoy día por ti. Eres mi guía y no lo sabes, mi inspiración, no sabes cuánto bien me ha hecho seguirte a través de tus videos, porque tu seguridad, carisma y muchas cosas más son contagiosas. Dios te bendiga siempre, a ti y a tu familia".

"Chica, qué bella me veo. Soy bella. Ni sabes, ni dimensionas todo lo que me has enseñado, y tampoco te imaginas la alegría que sentí hoy al abrir mi correo y ver que lo leíste; y más, te tomaste la molestia en responder. Eres un sol. Un abrazo de oso para ti... un abrazo para tu mamá, Nick, Amalia Victoria, Bárbara Camila y todo tu *call center*".

"Yo soy mexicana, y en México pedo es flatulencia. Esas que todos nos echamos y tú no eres la excepción, especialmente si comes frijoles, que yo sé que nos provocan flatulencias. Así que no digas que no te echas pedos ¿ok, mi Carolina hermosa? Yo le creo a Nick, y también pedo se dice cuando tienes un problema".

"Los amo mucho, y me gusta que Nick también te delate. Me gusta que se delaten los dos porque esto indica que sí son un matrimonio de verdad".

CAPÍTULO 10

LA ÚNICA CURA

#STAYHOME #PONTETUMASCARILLA

Para mí es demasiado importante poder dejar claro que, en medio de tanto desconcierto e imprecisiones, la única cosa que me quedó clarísima desde el inicio de todo esto es que nadie se lo esperaba de la forma que sucedió. Todos pensamos que era algo de otro país, una cosa que no podía pasarnos en el año 2020. Estábamos incrédulos, divididos, llenos de arrogancia y ego desde siempre, desde el día cero. No creo que hubiera un solo día de este virus, ya considerado como pandemia para los primeros días de marzo, en los cuales todos los seres que conozco no tuvieran una visión distinta de lo que era el Covid-19. Primero, nos tardamos un montón en entender qué sucedía. Nos demoramos en hacer caso a los expertos. Y cuando digo nos demoramos me incluyo, porque en las familias siempre existe alguien a quien le cae el 20 rápido o es más informado, y en mi particular, mi hermana Pekas estaba muy clara en este asunto.

Incluso hubo cierta fricción los primeros días cuando tuve que viajar, por trabajo, al primer epicentro de la enfermedad en Estados Unidos, sin saber que sería una pandemia. Estuve en la boca del lobo, mi gente, en Nueva York, el último fin de semana de febrero y el fin de semana del 7 de marzo. Fue por trabajo, y luego por asuntos personales. Indiscutiblemente, cada cual creía, y ha creído, tener la verdad absoluta, y ni los propios galenos han podido mantener uno solo de sus dictámenes sin agregarle nuevas aristas. De hecho, al principio de esta tragedia mundial, la gente pensaba que eso era de Asia, que era cosa de los chinos, que se trataba de no sé qué cuántas cosas. Buscar en las redes entre marzo y junio es muy interesante, porque pasamos de hablar de protegernos, de lavarnos las manos y trabajar desde casa, a incluso dejar de ver a los nuestros por el distanciamiento social y cuanto término existiese, para entender que la única "cura" de este virus hasta no tener vacuna y /o tratamiento específico es quedarse en casa.

Tengo una prima doctora en Venezuela que a finales de junio envió un *tweet* de Médicos Unidos Vzla (*@MedicosUnidosVe*):

> Tres nuevos trabajadores lamentablemente fallecieron con criterios para Covid-19 y suman 10 las víctimas fatales por la enfermedad. Hasta ahora tendríamos 7 médicos fallecidos (6 Zulia, 1 Mérida), 2 de enfermería (1 Zulia, 1 Ccs) y un ingeniero biomédico (Falcón). Paz a sus restos. Y lo peor, la curva exponencial sigue en ascenso. Dios nos bendiga y nos proteja. La pandemia desnuda la crisis de salud pública venezolana. Es importante la prevención familiar, evitar reuniones y seguir las recomendaciones. ¿Qué haremos con el personal de salud enfermo o muerto? Nada fácil, todo en nombre de Dios y a la conciencia ciudadana. Esto es serio, la Academia de Ciencias M y F lo dijo, los casos aumentarían de junio a septiembre, por la lógica

> matemática en epidemiología. El gobierno desestimó eso y, para colmo, tuvieron tres meses —de marzo a junio— para prepararse con equipamiento y no lo hicieron, porque la queja del personal de salud es en todo el país. Ahora nos queda cuidarnos.

Leo esto que mi prima comenta en WhatsApp y se me pone la piel de gallina. Incluso, me parece necesario que, con el montón de seguidores que tengo en redes, yo me pronuncie, y luego de publicar un video de mi participación en el programa de TV, escribí esto:

> Durante todos estos días es inevitable conseguir opiniones iguales a las de uno con respecto a la pandemia. Unos decidimos tener nuestro *#SocialDistancing* de los demás y estar solo con nuestros familiares, incluso hemos encontrado espacios alejados del mundo para poder sentirnos seguros, pero la realidad es que cada quien ve esto de la manera que lo entiende. Y qué lástima, porque mientras esto no se termina, el mundo sigue teniendo un motivo para desunirse, para estar en peleas absurdas. Yo sí estoy del lado de los médicos que han dado su vida por nosotros en primera línea.

En estos momentos suena en mis oídos la canción *Todos los lunes parecen viernes* y he entrado en pánico. Escribo para no colapsar, porque, obviamente, en medio de mi burbuja aparece una realidad inminente, y es que el encargado de salud de La Casa Blanca confirmó anoche que el Covid nos ha ganado y que se nos ha ido de las manos el control, y eso me asusta. No quiero ponerme así. Mientras les escribo esto me estoy escribiendo con mi psiquiatra.

Dios, ¿qué vamos a hacer? Quisiera estar en un mundo ideal. Un mundo que solo fuera para soñar. Ahora en mi *playlist* suena la canción *Un mundo ideal* y no paro de llorar, porque quisiera estar en ese horizonte por descubrir con mi familia. Solo Dios sabe lo que pasamos... te extraño tanto, papá, era tan diferente cuando estabas tú (...) el ritmo de la vida me parece mal. Como se podrán dar cuenta, ahora mismo no estoy bien y sigo escuchando mi *playlist*, "no hay nada más difícil que vivir sin ti", con Marco Antonio Solis, canción que mi padre amaba.

El ataque de pánico se ha ido. Creo que por medio de mis lágrimas. La música me calma, me hace sentir mejor, hace que me entregue a cada melodía. Fueron unos largos 10 minutos, muy difíciles, llenos de angustia. Es como si la mente me traicionara y se olvidara de todo lo que sé muy bien, en teoría. Me dice mi doctora que mis pensamientos negativos solo desembocarán en sacar respuestas negativas de mi cuerpo, el componente químico de mi cerebro me llevará a tener estas reacciones.

Créanme que esto de la pandemia es terrible en cuanto a la realidad que vivimos, pues de la puerta para adentro me siento feliz, pero cuando salgo me siento vulnerable. En este momento vamos camino a Miami, de vuelta a casa de esta cuarentena-vacaciones, lo cual ha sido maravilloso. Juro que esto me renovó, a pesar de este episodio de pánico que he vivido, todo ha sido bello. De hecho, hasta el ataque de pánico ha sido bonito; sí, en serio, sé que están pensando que me volví loca, pero no, solo que mi lloradera me agarró en un paisaje tan fantástico que parecía la escena de una película, donde la protagonista sale llorando mientras el director hace un paneo de cámaras por el paisaje.

Hablando de "ataques de pánico", al llegar de las vacaciones estilo cuarentena, nuestras impresiones seguían intactas en cuanto a relajarse, es decir, cero contacto directo con nadie que no seamos nosotros y nada de ser flexibles con las medidas de protección. Seguimos lavando todo lo que llega a casa, continuamos desinfectando todos los paquetes que compramos por Amazon y las pocas personas que han ingresado a casa lo han hecho de manera muy cuidadosa. De hecho, vale la pena que les cuente cómo ha sido: a lo largo de esta pandemia nosotros, los Hernández Sandoval, hemos sido muy enfáticos en el cuidado de nuestro templo: nadie salía, nadie entraba. Tanto así, que ya les he contado que duré cuatro meses sin ver a mi hermana y sobrino; y que mis hijas duraron tres meses ininterrumpidos sin salir. Por su parte, mi madre vivió 70 días de cuarentena extrema, al igual que mi esposo que si bien solo salía al *drive thru* del banco, solo hacía eso y volvía.

Yo pasé 72 días de mi vida en cuarentena haciendo cuanta actividad existe para no tener la tentación de sentirme atrapada, hecho que reseñé con detalle en el capítulo "Limpiar para no morir en cuarentena". Pero a lo que quiero llegar es que siempre hemos sido de la idea clara y contundente de que quedarse en casa es la única cura ante este enemigo silente.

Volviendo al tema de la poca gente que entró en mi hogar, les cuento que por cosas de trabajo tuve que agregar otro wifi a la casa, porque el subir y descargar contenido hacía que mis sistemas de wifi colapsaran. Es por eso que tuve que ceder a que viniera alguien del servicio técnico a instalar el nuevo wifi de ATT. Obvio, gente entrando y yo desinfectando como una astronauta cada rincón pisado y/o tocado para evitar cualquier problema. Claro, los problemas al dejar entrar a alguien a casa, en medio de esta pandemia, vienen internamente, porque uno siente que le está abriendo la puerta al virus. Así como lo leen, la paranoia que existe no es normal. Es algo que inquieta mucho, algo que hace que te falte la respiración y que tu cabeza vaya a mil por hora.

En esta casa, los adultos nos hemos hecho la prueba de anticuerpos y salieron negativas. Esto indica que tenemos un buen sistema inmunológico, ya que, según expertos, los anticuerpos determinan si tuviste el virus o no, y a este punto es muy importante. Yo he llegado al nivel de preguntarle a gente cercana si se lo ha hecho, pues eso ahora forma parte de la nueva normalidad. Cabe acotar, sigo insistiendo que si la gente no tiene que salir para qué se va a exponer a todo lo que sucede allá afuera. Es más, acá el "quédate en casa" vuelve a ponerse en vigencia con más fuerza, luego de que el 5 de julio las autoridades en Miami decidieran volver a cerrar gimnasios, bares, etc.

Es alarmante leer los diferentes portales y ver en la tele que existen hospitales que ya no tienen camas. Qué angustia, Dios, saber que mientras eso pasa el mundo que está en cada cabeza sigue más divido que nunca.

De hecho, una actriz mexicana, a quien no mencionaré, publicó un video en Instagram aclarando que no es que ella no crea en el virus, sino que piensa que es como cualquier virus y que no es letal; aparte, ella considera que esto pertenece a estrategias del nuevo orden mundial, ya que, según su punto de vista, nos quieren esclavizar y que la palabra Covid-19 es un código. Yo no sé si verla con ojos de piedad por su ignorancia, si enfurecerme por su irresponsabilidad al decir esto siendo una figura pública o entristecerme por su falta de empatía.

Es que se nota que ella no ha tenido un caso de virus cerca, se ve que no tiene ni idea de todos los muertos que hay alrededor del mundo y que no ha visto imágenes de las fosas comunes que han tenido que hacer porque no se puede con estas cifras de decesos y contagios. Dios, esto me hace pensar que vamos de mal en peor, aunque mi positividad y mi fe me invitan a seguir siendo alegría para muchos. Juro que es muy difícil poder entender a la gente que, cuatro meses después, no cree aún en la pesadilla que estamos viviendo. Pero como en esta vida no todo es malo, y soy de las que ve más la bondad que otra cosa, les quiero compartir un mensaje tan espectacular que me llegó de una amiga que vive en Venezuela. Ella, luego de ver un "en vivo" que hicimos Nick y yo sobre "parejas felices" con la Psicóloga Belkis Carrillo, en su cuenta *@psicoespacio*, decidió expresar su sentir hacia mí, y créanme que lloré al leerla y leer en cada frase su humildad, porque existen personas capaces de despertarnos ese no sé qué con tan solo un texto:

Hola, Caro, es Alejandra de *@discoveryvzla*, espero que te encuentres muy bien. Anoche te vi en el en vivo con Belkis Carrillo que, por cierto, admiro muchísimo, y hay una relación algo familiar, porque es la cuñada de mi prima. Quiero decirte que estoy tan feliz de conocerte, porque eres una mujer tan maravillosa, tan llena de luz, tan real, tan inspiradora, que me hace muy feliz verte tan estable y tan próspera. Yo sí me alegro por la prosperidad de las personas que quiero, sobre todo en tu caso, que trabajas tanto para lograr todas tus metas y objetivos. Fue muy gratificante escucharte, porque puedo verificar que es cierto todo lo que hablaron en cuanto a tu relación de hogar, de familia. Eres una mujer tan inspiradora que todas deseamos tener aunque sea un poquito de tu actitud, de tu nobleza, de tu buena vibra. Tú no lo sabes, pero quiero decirte que para mí eres un ser especial, y discúlpame el testamento, pero toda esta situación de pandemia me ha hecho reflexionar tantos aspectos, como el de que, en un abrir y cerrar de ojos, todo puede cambiar. Por esa razón, hay que expresar lo que sentimos, y anoche cuando te vi sentí muchos deseos de expresarte toda la admiración que te tengo. Cuando hablaste de que Uds. ayudan a muchas personas, pensé 'y ella no se imagina a las que ayuda sin saberlo'. En mi caso, gracias al apoyo que nos brindaste a Yusmary y a mí en estos años que *@discoveryvzla* pudo viajar y atender a tus seguidoras, logré reunir y comprar mi propio apartamento, que se ha convertido en estos meses en mi atesorado templo, ahí he convivido con mis dos hijos y hemos podido vivir todos estos cambios, tanto a nivel personal (porque me separé del papá de mis hijos) y a nivel de toda esta situación mundial por el virus. Así que quiero expresarte toda la luz que le regalas a mi vida, porque te admiro, porque deseo que siempre tengas felicidad, prosperidad, abundancia, éxitos, y deseo de todo corazón poder volver a tu hogar y darles un abrazo con mucho cariño a ti y a tu mamá, que tanto adoro y también admiro muchísimo.

Como les he venido comentando, muchas cosas han pasado en esta estadía en casa, porque indiferentemente del hecho inminente de tener que retomar ciertas actividades poco a poco, el único lugar donde uno se siente sin presión, sin miedo, es en casa. Por lo menos, ese es mi sentir, y mucho más ahora que incluso lugares como Nueva York, que fue epicentro de la pandemia al principio de todo esto (en marzo 2020), está mejor que Miami en cuanto al tema de los contagios. De hecho, es inaudito que para la fecha de mediados de julio hayan acaparado los titulares noticias como estas:

"Miami is a new coronavirus hot spot", internal CDC document says. WASHINGTON — With Florida adding coronavirus infections at the rate of about 10,000 per day. Miami has emerged as one of the most significant coronavirus hot spots in the United States, according to an internal Trump administration document reviewed by Yahoo News. Many of Florida's new infections have been in three South Florida counties: Miami-Dade, Broward and Palm Beach. A document circulated throughout the federal government by the Centers for Disease Control and

Prevention on Thursday, based on data from the previous two weeks, lists Miami-Dade as an "area of concern. The federal government has no formal 'hot spot' designation, but other areas that have drawn concern from public health authorities include Houston and Los Angeles. Miami-Dade, which includes Miami and its suburbs, is by far the biggest metropolitan area in Florida, with 2.7 million residents. Miami itself is the state's second-largest city after Jacksonville, which is set to host the Republican National Convention next month. Some have questioned the wisdom of holding a large gathering in a state where the pandemic has been raging out of control".

Acá lo interesante es que esta posible decisión de expertos en colocar, según cifras, a Miami como epicentro de la pandemia para julio 2020 es certera, y acá está la prueba, porque, créanme, en esta nueva realidad, lo que uno más ha tenido es chance de ver noticias, y acá está lo que nos dijeron a mediados de junio 2020:

> Florida se encamina a ser el próximo epicentro de la epidemia de coronavirus en EE.UU.
>
> Por CNN en Español / 18 Junio de 2020 - 05:48 ET (09:48 GMT)
>
> (CNN) — Diez estados de los Estados Unidos registraron un número récord de nuevos casos de Covid-19 esta semana, y uno de ellos podría ser el próximo epicentro de la pandemia. Florida tiene 'todas las papeletas para ser el próximo gran epicentro de transmisión de coronavirus', y corre el riesgo de ser el 'peor hasta ahora', según las

> proyecciones dadas el miércoles por un modelo elaborado por un equipo de científicos del Children's Hospital de Filadelfia y la Universidad de Pennsylvania.

Las proyecciones no se equivocan, y menos en un lugar como Miami tan heterogéneo, con tanta gente irrespetuosa y poco creyente. Las cosas que se ven allá afuera han sido espantosas. Imagínense, gente queriendo contagiarse para supuestamente generar inmunidad, personas con falta de empatía pensando que varios de los artistas que se han contagiado del Covid lo inventan por publicidad. Yo, a este punto, no sé ni por qué me sorprendo, si existe gente muy predecible y algunos comunicadores sociales que, por generar polémica, son capaces de cualquier cosa. Esto lo digo porque, luego de que fue público el contagio de Chiquis Rivera, mejor conocida en redes como *@chiquis,* y su esposo *@lorenzomendez7,* muchos escribieron en sus redes para desearles una pronta recuperación, mientras que en México un señor periodista quiso generar una intriga asomando la posibilidad de que fuera falso el diagnóstico. Vean lo que la señora Rosa M., abuela de la cantante, respondió en su Instagram:

> *#Repost @senora_rosa*
>
> *No pude ir, andaba con la Doctora Silvia Mayorquin. Fui a traer medicina para Chiquis y Lorenzo. Estarán pronto bien. Esto es una impotencia que los medios hablen. Señor Infante, sí tiene Covid. Si no lo cree, venga a contagiarse para que lo crea. A otros*

> *artistas sí les cree. Qué gacho como se expresa de mi nieta. Gracias, aunque mala la promoción, se le agradece, pero no debería ser así.*

A lo que Lorenzo Méndez también respondió con una historia de Instagram: "El wey que no crea que mi esposa y yo estemos contagiados del Covid, que venga para que le demos un abrazo y un beso a ver si no se contagia".

En realidad, mi gente, estamos viviendo tiempos muy complejos. Todo genera controversia, diferencias, malestar, desacuerdo y, por supuesto, hasta celos profesionales. La razón por la cual hablo de esto es porque allá afuera, detrás de las puertas de nuestras casas, están pasando todas las cosas en una misma temporada, solo que en tiempos de 👑🦠. Súmenle a eso campaña electoral y todo lo que implica pelear por la presidencia de Estados Unidos, y aunque llevo 20 años viviendo aquí en Miami, nunca había visto tanta descomposición social.

Yo le hago énfasis con el tema de la mascarilla a cada persona que aprecio, y más si la veo viajando dentro del propio estado. Incluso, en medio de mis conversaciones por DM de Instagram le pregunto a un amigo español sobre el tema del nuevo cierre de ciudades en España. A lo que él responde con el corazón:

> Hay rebrotes en algunos pueblitos y en una ciudad al lado de Barcelona. Los controlan volviendo a cerrar esos sitios, pero lo que está comprobado es que por muy dura que sea la cuarentena, cuando se reabre comienzan los

> casos de nuevos. De momento, no hay nada que mate el virus y es un gran problema. ¿Quedarnos en casa por muchos años hasta que aparezca la vacuna, o adaptarnos a la nueva realidad? Ese es el dilema. Y cualquiera de las dos me parece válida y respetable, pues cada caso y cada familia son diferentes. Créeme, si yo viviese con mis padres en Canarias no saldría para nada".

¿Saben qué? Hoy, 12 de julio, gracias a la forma deportiva con la que en Miami se ha tratado la enfermedad, hay 15.300 nuevos casos en un solo día, según los resultados existentes, eso representa más que los que se han presentado en Nueva York en la época del pico más alto. Sigo pasando las páginas del calendario y acá me tienen con la cabeza trabajando a mil. Es impresionante seguir enterándonos de tanta gente que tiene el virus y cada día más cerca de uno. Ayer me escribió una chica que conozco de redes y me dijo: "hoy me enteré de cinco personas distintas con el virus". Obvio, tener el virus tan cerca es lo que está generando el pánico.

Yo cada día me entero de alguien que lo tiene, o lo tuvo, e incluso de gente que tiene a familiares en las salas de cuidados intensivos en busca de plasma. Es tan importante que la gente busque la forma de ayudar, que ahora el único recurso que tenemos es rezar, porque de verdad está todo muy tenso. Por otro lado, claro está, siguen los que están escupiendo en redes sus ideas con el cuento de que todos podemos expresarnos, cosa que es verdad, pero no puede ser que inyecten dudas en la gente más débil de carácter, en cuanto a la veracidad de este virus. Millones de personas enfermas alrededor del mundo, miles y miles muriendo, y estas personas, con cientos o millones de seguidores, diciendo irresponsablemente que esto se trata de la 5G. Dios, mientras exista gente que se resista a la gran realidad del Covid-19 su propagación parecerá interminable.

Ya para el 15 de julio de 2020 somos un estado a esperas de lo peor, porque hablan de que se triplicarán los casos. Las redes están explotando, señores. La pandemia ha desatado otras "pandemias", en serio, porque al parecer este *new normal* ha hecho que la intolerancia esté a la orden del día. Tanto así que todo está muy rudo, absolutamente todo está vuelto un caos: la convivencia laboral, las amistades, familia... en el común denominador de los casos se siente la tensión.

En lo personal, les cuento que lo que en un tiempo había pensado era perfecto, dentro de lo que cabe, como mi ambiente laboral, con la pandemia no lo es, no sé si por los momentos de estrés que se viven o porque la verdad está saliendo a flote. Creo que todo el mundo está jalando la cuerda para donde le sirve, sin importarle a dónde llegue o a quién se lleve. Hablando de eso, cada uno de nosotros llevamos un calvario por dentro. Imagínense, las redes sociales tienen encuestas por todos lados sobre la reapertura de las escuelas en este nuevo año escolar 2020-2021. O sea, pensar enviar a los niños al colegio con números de 100 mil contagios nuevos al día. Como dicen los expertos "¿usted arriesgaría a su hijo a un contagio de este virus que ya ha dejado varios niños sin vida, indiferentemente de que muchos aseguraban que este virus no era de jóvenes ni niños? Es más, es bien sabido que muchos nietos han contagiado a sus abuelos, que luego han muerto porque muchos son asintomáticos". De verdad, mi gente, es increíble cómo un virus ha generado tantas otras cosas. Hasta el hecho de hacer lo más recomendable, "quedarse en casa", ha traído situaciones incómodas, porque hay gente que puede cuidarse de una forma y gente que decide cuidarse de otra.

Durante todo este tiempo, por ejemplo, yo, que les he descrito estilo calendario mis días en estos tiempos difíciles, he vivido de forma inusual y he tenido muchos desacuerdos con varios de mis antiguos "amigos". Muchas personas en mi vida han pasado de ser amigos a solo ser compañeros de trabajo, entre otras cosas. Y cuando digo que no sé cómo llamar estos días difíciles, que ni tienen fecha de terminar, me refiero a que, según definiciones formales de la palabra cuarentena, esta implica no salir de casa y confinarte, sin siquiera salir a las escaleras, cosa que hice durante 72 días de todos estos seis meses de data de este virus.

Luego empecé a salir a lo esencial: oftalmólogo de Amalia Victoria como lo capturé con mi celular. De esa, su primera salida, y con la incertidumbre de lo que implicaría, dejé testimonio en un video que hice para mi canal de YouTube *Caro y su Faja*. También llevé a mi hija mayor, Barbie, a su oftalmólogo porque, por la diferencia de edades, cada una debe ir a un lugar distinto. Amalia Victoria al Miami Children, al que ahora llamamos *Nicklaus Children's Hospital,* donde la hemos operado dos veces por un asunto en el lagrimal de uno de sus ojitos, y por ende requiere de visitas periódicas. A Bárbara Camila, quien utiliza lentes desde los ocho años o menos, pues hay que revisarle la fórmula de sus anteojos para ver si debe seguir con la misma. Dicho esto, y habiendo explicado esta primera etapa en la incorporación a la vida de antes, pero con el *new normal,* lo que les quiero hacer saber es que en mi reapertura he cumplido con todo lo recomendado. Nunca hemos bajado la guardia, o hemos dejado de limpiar una sola bolsa que llega, ni hemos dejado que nos gane el cansancio que genera esta nueva vida, pues las dinámicas de higiene son absurdas, por lo largas, pero necesarias.

Imagínense, hoy es 18 de julio, y hasta el sol de hoy una de las cosas que he padecido en todos estos días es de alergia, cosa que no es nueva en mi vida, pero que sí se ha incrementado por todos los productos que debemos utilizar para higienizar todo y cuanto tenemos a nuestro paso. Hoy, aún metida en mi cama, escucho la tormenta que hay allá afuera. Es insólito cómo está todo, pareciera que desde el cielo Dios llora con nosotros. Tanto así que en las redes se ven videos de creadores de contenido que hacen referencia, unos en tono de comedia y otros en tono de queja, aunque todos con razón al final del día, al año 2020 como uno de esos años que uno quiere marcar con una X todos sus días.

Fíjense algo, el día de hoy este virus tiene, como señalé, una data de existencia en Estados Unidos de seis meses. El primer caso reportado, según expertos, es de antes de octubre de 2019, pero lo que sí es verdad es que en todos estos días raros hemos pensado haber tenido el virus, como dice una amiga, como unas diez veces. Todos, o la mayoría, hemos caído en la sensación de pensarnos enfermos por cualquier estornudo, una tos, etc. En serio, es insólito. Yo me he hecho ya dos pruebas de los anticuerpos que, por cierto, dieron negativo; y ayer, 17 de julio —para que quede reseñado—, me hice la prueba nasal, por demás horrible e incómoda con toda la familia. Una amiga me recomendó un doctor que tiene las pruebas y las estudia en un hospital súper reconocido, el *South Miami Hospital,* y aunque duré 24 horas muy nerviosa a la espera del resultado, acabo de hablar con la enfermera y todo salió bien. Todos los miembros de mi familia dimos negativos, no tenemos 👑🦠. Me siento satisfecha y bendecida de que ha valido la pena todo: la limpieza extrema, el escuchar muchas veces la palabra "exagerada" y cuanta palabra desagradable. Todo ha valido la pena, aunque sin duda alguna quiero hasta llorar.

Ustedes se preguntarán por qué me hice la prueba nasal del Covid-19, pues luego de haber salido durante 8 días de mis días de cuidado extremo a exteriores para realizar el programa de TV en el canal, mi cabeza estaba muy creativa y necesitaba confirmar que todos estábamos bien de salud.

Acá, escribiéndoles, siento una paz enorme y una gran alegría en mi corazón porque todos estamos bien. No puedo imaginar la angustia de las miles de familias que, por uno de sus miembros, pasan por la terrible historia de ver a un familiar luchar por su vida. De hecho, ahora viene a mi mente el caso de una señora que salió en una entrevista contando que, por la forma en que su hijo tomó el virus y las medidas de protección equivocadas que él tomó, se contagió e infectó a toda la familia, lo que resultó en un enfrentamiento al ver al papá con un espantoso respirador artificial.

Obviamente, es allí donde viene mi insistencia en todas mis redes sociales de utilizar bien la mascarilla todos los días. Así suene fastidioso, así sea incómodo todo el tiempo, a toda hora. Mi recomendación de quedarse en casa el mayor tiempo posible y ponerse la mascarilla no la detendré, ya que es la única forma de prevención real hasta el momento. Créanme, si uno utiliza las plataformas que tiene para lograr enviar, en estos momentos, un mensaje que concientice a la gente, hagámoslo. Al igual que casi todos los días, recibí ayer las estadísticas de varios videos míos en Facebook, y cuando vi que uno de mis videos de *#VísteteConCaro* tiene 114 millones de vistas, sentí aún más la responsabilidad de seguir siendo enfática en transmitir el mensaje.

Este virus no perdona nada, y aunque no sé cuándo leerán este libro, solo les recomiendo, desde mi humilde experiencia, que fortalezcan su sistema inmunológico y no permitan que nadie les haga pensar que este virus es mentira o algo por estilo. Existe, es una realidad y no sabemos hasta cuándo estará. La lucha es con tu mascarilla, tomando tus vitaminas y siendo empáticos y bondadosos.

CAPÍTULO 11

TIKTOK, MI TERAPIA

Un gran amigo que vive en Venezuela, mi bello y maltratado país que sabe de pandemias desde hace tiempo, al igual que mi amigo, me escribe un día cuando estaba de vacaciones locales en el mismo estado de Florida, y me dice: "Caro, haz un TikTok con la canción de La Sirenita *Bajo el mar*, y que la cola te la hagan de arena de playa y dices: 'hasta para ser sirena es necesario ponerse la faja de Carolina Sandoval. Sirena que no se faja se la come el tiburón'. ¡Por fa, hazlo por mí!".

Como comprenderán, casi me orino de la risa, porque mi amigo es muy ocurrente y muy creativo. Alexander Hernández, mi buen amigo de mi época de adolescente sabe a la perfección cómo hacer humor y más a mi estilo. Creo que una de las plataformas que más he amado en serio es TikTok, me encanta que haya llegado a mi vida digital. Es una distracción y es relajante en tan solo segundos. Imitar voces, bailar, hacer coreografías y convertir tus audios en una opción de videos para otros es mágico. Es que yo creo que a este punto, en este momento de la vida que estamos experimentando, es básico reírse porque cuando los músculos de la cara se mueven, consigues liberar esa expresión de angustia que da ver un noticiero.

Claro está, independientemente de que uno decida vivir en una burbuja o hacer este nuevo modo de vida menos pesado, hay que estar convencido de algo: la realidad es una sola. Lo que sucede es que este señor virus, procedente de China, ha hecho posible que veamos hasta dónde es capaz de llegar el ser humano. No sé si estamos intentando olvidar un poco la tragedia que implica vivir esta historia del *new normal* de una manera casi al estilo Shakira —ciega, sorda y muda— o tal vez actuamos de forma tan egoísta que ocurren historias casi inverosímiles, pero esto es lo peor que he podido trata de asimilar.

Y sin duda alguna, lo que faltaba por suceder y/o escuchar era lo que hacía referencia en todas las plataformas sociales sobre las fulanas "FIESTAS PELIGROSAS". Resulta que, en medio de lo que está considerado como el día de más contagios en Florida, desde que esto comenzó, sale una noticia sobre una nueva dinámica de los más jóvenes. Así como lo leen. Un grupo de jóvenes, estudiantes de una universidad en Alabama, que se sienten invencibles y seguros, querían ser foco de interés, ya que al parecer no les bastaba el TikTok para saciar su aburrimiento. Fueron señalados como autores de una experiencia de terror, convocada de forma privada por una red social para generar una matriz de opinión y lograr ser portada de muchas páginas web y mensajes en grupos de WhatsApp. En esos mensajes se decía que ahora existía una tendencia sobre el concepto de fiestas llamadas "Fiestas Covid", en las cuales el objetivo era conseguir una persona con Covid, invitarla y ver quién se contagiaba primero. Por supuesto, el requisito principal era no llevar mascarilla, ni lavarse las manos y, además, debían tocar todo sin protección. No les miento, quien se contagiase primero ganaba dinero y el resto pues lo hacía por diversión. ¿Qué les parece? Son chicos que juegan a exponerse y a buscar la enfermedad para estar en las cifras de contagios en pocas semanas, de seguro.

Lo que sí es cierto es que figuran en todos los noticieros porque semejante noticia tiene que ser documentada, dentro de tantas locuras que se ven en redes y en los medios convencionales. Imagínense, pónganse a pensar, los chicos juegan a ver dónde y cómo se pueden contagiar más rápido, mientras que los doctores batallan en primera línea contra el virus. Obviamente es algo inconcebible, cuesta creer tal cosa. Y por otro lado, en este nuevo sistema de vida *#NewNormal* se hizo viral el video de un policía —como para variar— dándole un golpe a una chica afroamericana de 21 años en el aeropuerto de Miami, por un intercambio de palabrotas que ocurrió en un estante de una aerolínea.

Acá lo que sí parece tendencia en estos tiempos difíciles es la poca tolerancia, la falta de empatía, la violencia que vemos y la poca cordura. No sé si aparte del virus y sus interminables consecuencias, pueda ser que la gente esté sacando sus colores verdaderos. Es tanto así que es indudable que las redes sociales han tenido un protagonismo impresionante en esta pandemia. Ellas han podido reflejar el descontento de muchos, la realidad desde distintos puntos de vista y, claro, el hecho de ver, por medio de escenas, cómo estas se convierten en inexcusables por personas que tienen el poder de reprender cualquier acto de esta naturaleza.

Todo esto ha sido de gran relevancia, porque lo que en el pasado no habría significado más que un incidente sin consecuencias, hoy, gracias al lente de un celular y a un *post*, se convierte en un video viralizado y no precisamente por ser un baile de TikTok, sino por ser un video en el que se muestra a dos personas peleando en un elevador por no compartir el espacio, pues la nuevas regulaciones impiden que más de dos personas se suban a un ascensor. Resulta que una persona estaba defendiendo su derecho al *#DistanciamientoSocial* y empujó fuera del lugar a otra persona y ahora es reseñado por violento. Sin embargo, a la vez, el agredido es de esas personas que quieren pasar por encima de la nueva vida que llevamos, ya que en este hecho el llamado "agresor" iba con su esposa en el elevador y tenía la razón de no querer compartir el mismo espacio cerrado con un tercero. Claro está, desde mi punto de vista, la agresividad nunca es una buena opción.

Honestamente, para mí todo es muy tenso cuando se trata de personas juntas, desde las que piensan igual, hasta las que piensan distinto. De hecho, una de las cosas que me fortalece mucho es mi grupito familiar en WhatsApp, conformado por todos mis tíos, primos hermanos y primos segundos. Hoy, por ejemplo, he recibido una oración hermosa que nos alegra el alma y nos hace sentir que Dios nos arropa. Esta oración, por cierto, la envió mi admirada y querida prima Anahil Del Valle, una mujer maravillosa, con la capacidad de enseñarnos que siempre hay algo más para poder continuar en medio de tanta incertidumbre; aquí les dejo la oración:

> Bendito Dios y Padre Eterno, gracias por presentarnos la oportunidad de vivir un día más, gracias por tu misericordia y gracia en nuestras vidas. Ven y transfórmanos con el poder de tu amor y de tu misericordia. Señor, lléname de tu amor, de paciencia y sabiduría. Ayúdanos a andar con fe y paciencia y a confiar en tu tiempo perfecto. Confío en tu fidelidad y en tu bondad.

> Gracias te doy por mi familia, mis amigos, compañeros de trabajo, por los que diariamente nos acompañan en oración y por todas las cosas que ya has puesto delante de mí para mi bien. Declaro que a través de fe y paciencia, heredaremos cada promesa que tienes para nosotros. Esperamos esa Victoria porque tú estás cambiando los eventos a nuestro favor. De ser necesario salir de nuestros hogares, te pido que nos bendigas y nos cubras con la sangre de nuestro Señor Jesucristo, preservando nuestra salida y entrada en nombre de Tu Hijo Amado Jesús. Amén y amén.

Y en medio de emociones tan cambiantes, siempre aparece mi TikTok para sacarme una sonrisa enorme. Allí viene esta divertida sensación que experimento en cada video de 15 segundos que hago para hacer que otros, y yo misma, nos contagiemos, pero de buena vibra... y pues ¿qué creen? Esto lo tengo que escribir cual adolescente: ¡Llegué al millón de seguidores en TikTok en menos de cuatro meses! *#fyp #omg*. De hecho, este es mi *"Happy 4th of July"*. Una celebración de gran magnitud en Estados Unidos, donde vivo desde hace 20 años y durante los cuales he ido a cuanta celebración existe para ver los fuegos artificiales, cosa que en este 2020 no ocurrirá por el Covid-19, que sin duda arruinó todas las festividades, entre otras cosas. Pero bueno, lo que sí sé es que seguiré utilizando mis videos de TikTok para drenar y compartir mi burbuja mágica en la cual decidí vivir, porque si no uno se muere de tristeza.

Prefiero bailar, hacer coreografías e imitar voces que leer periódicos o noticias que hacen que el corazón se me acelere. Ayer, incluso, conversaba con mi madre, que por alguna razón se sintió ansiosa, y le dije: "mami, vamos a poner música en la tele, *please* quita las noticias, estemos informadas, pero busquemos horas para verlas". A lo que ella amable y con un té de manzanilla en la mano aceptó hacer. Ay, mi gente, ríanse, pongan su mejor cara porque la verdad es que no se sabe cuánto se demore el regreso a la normalidad e incluso si regresáramos, la cosa no sería tan fácil, porque ya hemos cambiado y modificado algunos hábitos de convivencia.

Y hablando de hábitos, yo debo confesar que dentro de todo esto he logrado identificar muchas cualidades de TikTok y al descubrir el más allá de esta plataforma, he sentido que me enternece. Antes de poner un pie fuera de la cama y antes de cerrar los ojos en la noche y/o madrugada hago un paseo por las diferentes cuentas de las personas que sigo y es fascinante por muchas razones, entre ellas, porque mi primer libro *Dime qué posteas y te diré quién eres* sigue estando vigente.

Cada *tiktoker* de cada país que voy conociendo, por medio de sus bailes e interacciones con las personas que los siguen, me habla mucho de ellos. El otro día me puse a observar la cuenta de una chica, que por cierto es muy guapa, cosa que genera automáticamente reacciones de las otras muchachas que la siguen. Esta *tiktoker* empezó a colocar en una de sus publicaciones todas las críticas que recibía por su apariencia, que si era muy flaca, que si no tenía busto, que si el pelo y pare usted de contar. La chica tomó fotos a esos mensajes y fue haciendo la interpretación de lo que sentía alguien al leer eso y, al final, dijo que lo que le parecía más absurdo es que las críticas todas venían de mujeres. Y es allí donde yo rescato el potente mensaje que ella estaba compartiendo a sus seguidores, el cual iba más allá de sus espectaculares coreografías, *looks* y dúos con otros muy populares *tiktokers,* que como ella tienen más de cinco millones de seguidores.

Estamos diciendo que TikTok le da la oportunidad a sus *tiktokers* de convertirse en celebridades más rápido que en otras plataformas. Y también hay que destacar que TikTok se caracteriza por ser una red social con la que se identifican más los jóvenes, pero yo creo que los que no somos tan jóvenes hemos recordado nuestros momentos de veinteañeros y nos hemos ido contagiando de ese estilo juvenil. Y aunque yo nunca he madurado, la verdad es que al principio usaba TikTok para otras cosas y no le había agarrado la vuelta, como quien dice.

Y hablando de esta plataforma, el día 6 de julio de este año se publicó una noticia en la que señalan que en Estados Unidos podrían prohibir el uso de TikTok, ya que según la imaginación del presidente de este país, Donald Trump, esta plataforma china lo que hace es robar información para espiar a todas las personas que la usen. Cabe acotar que, según reportes que han dado hoy en diferentes canales de televisión e incluso en las redes sociales, actualmente TikTok cuenta con más de 800 millones de usuarios, y alrededor del mundo lo que se comparte es diversión, imaginación, creatividad y buena vibra. Tal y como se los he dicho en primera persona, TikTok ha sido una gran terapia para incluso empezar a cambiar las preocupaciones que generan las noticias, por las risas que nos causan hacer coreografías. Claro está, les cuento que mis amistades y hasta mi hermana me escribieron por WhatsApp diciéndome que en Australia ya habían prohibido TikTok por el supuesto robo de información.

Es que como dice el dicho: "éramos muchos y parió la abuela". Ya no hallan qué noticias inventar como parte de este tenso día a día que llevamos en tiempos de pandemia. Entonces, mi gente, indistintamente del día que lean esto en mi segundo libro, hoy 7 de julio de 2020 el incremento de contagios sigue siendo noticia y me preocupan las personas irresponsables que no están colaborando para evitar la propagación del virus. Es más, prefiero que la gente se ponga a hacer TikTok en su casa, a que salgan y se expongan de manera directa a este enemigo silente. Y fíjense cómo es la vida, a muchos nos decían estúpidos, inmaduros y muchas cosas más por abrir nuestra cuenta en TikTok y yo me pregunto qué es más estúpido, ¿hacer un video para esta plataforma o salir sin protegerse a la calle? Aquí se los dejo...

Post data:
Para cuando lean esto, estoy segura de que dirán "¡cuánto cambió Carolina con el pasar de los días!". Pues siempre fui yo, muy transparente, pero la verdad es que de julio a diciembre mucha agua corrió y el TikTok se metió en casa... así como lo leen, luego de que las pruebas para detectar el Covid-19 comenzaran a realizarse de forma más práctica en la ciudad donde vivo, empecé a hacerme pruebas a diario y a verificar que la gente con la que grabara estuviera libre de

contagio. El tema es que se me ocurrió invitar a varios TikTokers en tendencia para hacer intervenciones en mis redes, y eso fue una de las mejores cosas que me pasaron en la pandemia.

Claro está, esto se los escribo mientras reviso el libro por última vez antes de imprimirlo (6 de diciembre) y decido agregarlo para que quede por escrito mi evolución y las ganas de retomar, de alguna forma, mi vida "social" dentro de este momento histórico del mundo. Porque yo decidí que nada me quitaría mi sonrisa, lo mejor que tengo que es mi alegría... recuerden que el miedo es libre, cada quien sabe cómo lo maneja y este libro es mi diario compartido para que vean cómo el manejo de las emociones o nos hunde o nos hace volar tan alto como podamos.

CAPÍTULO 12

DE LA PUERTA PARA ADENTRO

Es verdad que pasaron muchas cosas de la puerta para adentro y muchas, sino todas, quedarán por siempre en cada uno de nosotros, los integrantes de mi familia "Hernández Sandoval Guzmán", pero abrir las puertas y respirar otros aires ha sido maravilloso. Realmente, el ser humano fue creado para estar en libertad. Dios nos creó para que podamos elegir nuestros lugares y qué dicha poder lograrlo, gracias a una idea estupenda que se me ocurrió: irme de vacaciones locales en carro y a encerrarme en otra casa, pero a la orilla de la playa y sin contacto con nadie para seguir cuidándonos y respetar la distancia social. Y les diré que fue lo mejor que nos pasó en esta nueva etapa de *social distancing* porque les juro que no tenemos contacto con nadie más que con nosotros, es una especie de cuarentena solo que en otra casa. Me traje hasta las sábanas porque, como saben los que me conocen, tengo algunos TOC, o mañas que le llaman.

Insisto, a mí me resulta interesante en lo que se ha convertido la vida ahora. Nos toca innovar, crear vacaciones a la vuelta de la esquina para olvidar un poco todo esto que sucede en el mundo entero. En estos días difíciles, mi Instagram revolucionó las redes porque luego de verme solo en cuatro paredes, me vuelven a ver al aire libre, sin la rigidez de una cuarentena, ¡guao!, eso ha sido impactante hasta para mí, lo reconozco.

Han sucedido y siguen sucediendo tantas cosas que es increíble cómo se tuvo que vivir esto para ver qué tan descompuesto estaba el mundo. Me pongo a pensar, desde mi cama de vacaciones, que tuvo que venir una pandemia para abrir miles de ramificaciones que nos hacen suponer que a nuestros hijos les tocará cultivar más y mejores amistades, porque entre las cosas que nos separan, ahora se incluyen este virus y nuevas regulaciones que unos quieren cumplir y otros que no. Piénsenlo, ¿ustedes imaginaron alguna vez una historia como esta? Es que ni el mejor guionista pudo haber creado una historia tan escalofriante. Y hablando de cosas escalofriantes, no puedo creer que hace unos meses estaba grabando un comercial en Nueva York para una película de Hollywood: *A Quiet Place.* Parte II. Se trata de una película de suspenso, pero es curioso que ahora sea yo la que forma parte de este *thriller* de la vida real.

¿Saben algo, mi gente? Cuando decidí salir de mi casa, lo hice sabiendo todo lo que pasaría con las redes sociales de mi familia y las mías, porque un común denominador en estos momentos es que se ha intensificado la frustración y amargura de la gente y se han multiplicado las "lombrices digitales", que cada día compruebo que son personas cercanas que sacan sus cabezas de la tierra solo cuando saben de la felicidad de otros, producto de la resiliencia, porque si algo me queda claro en "tiempos difíciles" es que el mejor aliado es la mente, las emociones controladas por nuestro bello cerebro.

Y justamente sobre esto quiero comentarles algo. Estos meses de cuarentena e incertidumbre me han servido mucho para ejercitar el cerebro. El otro día vi en el Instagram de mi doctora Aisquel Machado, mejor conocida en Instagram como *@dramachado* una historia en la que ella, por medio de una foto de un cerebro, explicaba la importancia de ejercitarlo en situaciones en las que él puede controlar nuestras emociones de forma alarmante. Ella comentaba "el cerebro se cuida como el corazón, el cutis o el cuerpo". Y estas afirmaciones forman parte de su contenido en redes, de lo que ella ha denominado *#NotasMentales* que, por cierto, son muy interesantes en momentos en los que uno escucha tanta gente pasando por crisis emocionales. De hecho, mis amores, mientras les escribí esto, busqué en Google qué es la neuroplasticidad, a propósito de entrenar el cerebro y pues encontré esto en la página apd.es:

> La neuroplasticidad es la flexibilidad que tiene el cerebro para adaptarse a los cambios a través de redes neuronales. Cada vez que se aprende algo, las propias neuronas forman redes para comunicarse y dar señales de una a otra, mediante sinapsis. Cuando se practica lo aprendido mejoran las comunicaciones entre esas neuronas, lo que facilita el mejor desarrollo de las tareas.

Entonces, para continuar conversando de salud mental y emocional, les cuento que un día, al despertar, leí algo mágico, mientras pasaban volando unas bellas gaviotas por mi ventana y yo las observaba desde mi cuarto de vacaciones. La bella Chary, como todo el mundo la conoce, posteó en su Instagram una de esas frases cortas, pero potentes que te llevan al análisis: "hay que orar hasta que tu fe sea un resultado". Imagínense el tamaño de esa frase. ¡Imagínense todo lo que abarca ese pensamiento! Es que como yo digo, la experiencia vale más que todo en esta vida y créanme, Chary de seguro es experta en levantarse con más fuerzas de las crisis por el dolor de haber perdido a un ser querido o incluso por el simple hecho de ser una inmigrante. Porque todo el mundo la conoce como la dominicana más boricua de todas, así es que la bella Charytin Goyco sí que puede decir con mucha propiedad que hay que refugiarse en Dios para poder seguir hacia el infinito y más allá.

Y mientras les comento esto, identifico la gloria de Dios, pues en esta mañana clara, de cielo despejado y amanecer perfecto, veo las palmeras saludarse entre sí, a través de esta cortina casi transparente. Es un acto de la naturaleza, y desde mis creencias, ejecutado indiscutiblemente por *#ElTodopoderoso* para dejarnos saber que acá abajo no se mueve una sola hoja de un árbol, si él no lo aprueba. Y, al mismo tiempo, siguen en actividad mi cerebro, que siempre ejercito para que jamás pierda su espontaneidad, y mis dedos que se mueven al ritmo de cangrejos que caminan acelerados por la playa, escribiendo lo que sale de mi corazón sin filtro, directo a ustedes.

Otra de las cosas que les puedo agregar es que el Instagram de una celebridad de la televisión siempre será noticia y más en tiempos difíciles, porque tal y como les dije en mi libro anterior *Dime qué posteas y te diré quién eres,* para todo medio de comunicación convencional la publicación de una estrella siempre es una noticia, por pequeño o grande que sea lo que publique de su vida privada o pública. Con respecto a eso, ¿saben a quién admiro mucho y con quién soñé trabajar desde que llegué a Miami y que además veía el show de espectáculos donde trabajé por casi una década? ¡Charytin! ¡Sí!, esa mujer única, rubia, de peinado particular, que con tan solo una risa hace que cualquier calamidad se convierta en algo llevadero. Y así como les digo que soñé trabajar con ella, así lo conseguí, *@charytinoficial* fue mi compañera de trabajo hace ya casi 8 años.

También a propósito de gente que uno admira, recuerdo estar en Venezuela hace muchos años y ver muchas telenovelas en donde Ana Karina Manco fue protagonista y hoy día somos amigas de Instagram y también de masajes, como yo digo, porque en la época en la que llevábamos una vida normal, siempre nos encontrábamos en el spa de una amiga. Ella hace unos días escribió algo en su cuenta de Instagram que no puedo dejar de enseñarles, fue algo que me encantó:

> *#Repost @anakarinamanco:*
>
> *Aunque tu vida se convierta en una tormenta, siempre llegará la tranquilidad... no te impacientes, que siempre todo toma su justo lugar, en la medida que tú quieras que así sea... buenos días.*

Les digo más, incluso en mis vacaciones de cuarentena, seguí pegada a las redes viendo la capacidad de la gente de conectar y mostrar su ser interior a través de las fotos o de un texto, y puedo decirles que ver más allá de las fotos, y ver el alma de la gente por medio de las redes sociales es terapéutico, mágico e interesante para mí. Es un trabajo de campo fabuloso y una forma de poder viajar por las vidas de la gente que conozco y ver en qué página están. Hubo personas que, al igual que yo, se encerraron de la puerta para adentro y cuando reunieron fuerzas, abrieron sus puertas y decidieron seguir llevando sus vidas como estilo tribu. Así fue que decidí compartir mi cuarentena en la playa. Fue literalmente moverme de una casa a otra. Como siempre, hubo críticas, pero hubo más gente que, al ver mis vacaciones al estilo *social distancing,* alejados del mundo, me pidieron la dirección, el contacto y hasta agradecieron viajar conmigo por medio de mis fotos.

Y, a propósito de celebrar algo, quiero decirles que agradezco todo lo que me escriben en mis redes por las cosas que comparto de la puerta para adentro de mi casa. Un día de estos difíciles, hice una receta de cómo hacemos las arepas aquí, y recibí el siguiente mensaje que me alegró el día:

> Mira, Carolina, con tu video de arepas hice las mías con queso y solitas, para comer con mantequilla como tú cuando almuerzas... gracias por tu receta, no sabes cómo deseaba probar las famosas arepas. Ahora, cuando algún venezolano o colombiano hable en mi trabajo de arepas, o sea, yo ya sé su sabor... ¡exquisitas! Un abrazo, hermosa morenaza, te sigo todos los días... espero tus videos, me encanta tu forma de ver la vida, la educación de tus hijas. Algún día compraré una faja para mí, soy delgada, pero tengo guatita y rollitos, por ahora no tengo las lucas porque hay que ser austero por el momento, está difícil la cosa por estos tiempos... pero me muero de ganas por usar una, de verdad, algún día. Un abrazo venenosa, que de venenosa no tienes nada, solo sinceridad. Un abrazo desde Temuco (significa agua de Temo en mapuche), Chile.

Por cierto, así como recibo mensajes de gente que no conozco, también recibí muchísimos mensajes de gente que sí conozco y me gustaría compartir porque al parecer todos, de la puerta para adentro, estábamos muy temerosos de salir y obviamente al ver a alguien salir a un lugar tranquilo, cerrado y sin multitud, llegan cosas así:

> Hola, Caro. Qué rico donde están. Disfruten, se lo merecen. Demasiado encierro vuelve loco a cualquiera, ja ja ja ja. Algo así deseo, ir a relajarnos un fin con la familia, lo necesitamos. Dame esos datos de los sitios donde pueda ir con la familia, frente al mar... te veía y eso deseo, ir a un sitio así, quiero aire fresco y mar para respirar un poco aire libre, donde no haya tanta gente. Los niños se han portado taaan bien, no exigen ni piden salir, pero entiendo que ellos encerrados todo este tiempo... no es fácil. Voy a buscar por allá a ver si consigo algo que pueda alquilar, un apto. solo frente al mar. Saludos, cuídense y disfruten. Besos y abrazos a mi querida Amalia mamá.

Por otro lado, también tengo gente conocida, de pronto no tan cercana, que seguro necesita que yo, por medio de mis redes, siga observando y diciendo lo que pienso, porque la verdad sí siento que mis redes tienen una misión y luego de haber exhibido uno que otro traje de baño, muchas muchachas me dijeron que no eran capaces de ponerse uno, no se atrevían a enseñar sus cuerpos por la burla de gente cercana, ¡incluso sus esposos! O sea, decidí hacer un video y escribí esto con el *post* que publiqué:

> Muchas mujeres se limitan a ponerse la ropa de vacaciones que sueñan por los kilos de más o de menos, algunas se autocritican y dejan de vivir por un comentario de Instagram o de un marido abusivo o de una amiga sin empatía y hoy vengo a inyectarte un poco de motivación y a invitarte a salir de esos conflictos que te quitan el sueño. Mujer, eres bella y punto, y hoy hasta los zancudos se dieron cuenta de cuánto dulce vive en mí porque me picaron hasta el apellido ahora me llaman Caro *#zancudo* Sandoval. Mujer, sal del clóset de tus miedos, de tus complejos y ponte ese traje de baño de la talla que sea... y *by the way,* disfruten esta vista de regalo ¡¡¡solo para ustedes!!! *#cosasquesientecaro #eltrasnochoconcaro #vacasconcaro #lareinadelafaja #caroynick*

También, a propósito de días mágicos, tengo que contarles que bajo todas las medidas de bioseguridad y todo lo respectivo, recibí una súper invitación gracias a todas mis experiencias tan vistosas en redes, especialmente Instagram y Facebook, por parte del equipo de la que fuera la mansión del diseñador Gianni Versace. Así como lo escuchan, de hecho, les escribo acostada en la que alguna vez fue la cama del diseñador, asesinado en las escaleras de su casa. No les puedo negar que las redes siguen sorprendiéndome y, aunque no lo crean, que la gente me tenga como referencia para darle vistosidad a sus lugares me llena de orgullo, es para mí un honor poder ser un catálogo de felicidad, una ventana a distintos lugares en tan solo un abrir y cerrar de Instagram.

Me levanto y observo los vitrales que decoran el cuarto de Versace, que ahora recibe el nombre de Villa Suite, y no me lo creo... todo gracias a mis redes sociales. De hecho, mientras les escribo, me veo en el majestuoso espejo en el que seguramente se veía él cada mañana y no puedo dejar de tomarme fotos y fotos que después haré públicas o publicaré con música en TikTok. Sigo caminando hacia donde está su juego de ajedrez y no puedo parar de decir "Dios, ¿estoy soñando?". Me siento en la mesa de ajedrez y empiezo a observar cuánta grandeza y me pregunto cuánto más que una hermosa decoración y un excelente buen gusto guardará este lugar... ¡Guao! Espléndido, en serio. Me quedo en silencio y, de pronto, abro las ventanas, las puertas que son vitrales, y me pongo a pensar cuántas cosas se habrán creado acá en esta habitación y me siento dichosa de poder estar escribiendo parte de mi libro en tan mágico lugar.

En serio, mi gente, ¿quién diría? Yo con mi música de fondo de Bocelli y en el baño donde seguramente el Sr. Versace se sentaba por horas. Sí, estoy en el baño, el trono, como muchos suelen llamar al baño, igual como siempre dicen que yo publico todo, pues aprovecho y les cuento con detalle.

Una de las cosas que también se vivió de la puerta para adentro fue la desaparición de la soldado Vanessa Guillén, una chica que duró más de 72 días siendo noticia por su desaparición, dentro de la propia base militar a la que pertenecía. Fue un caso que no tuvo un final feliz, sino todo lo contrario. De hecho, durante los días en los que muchos hacían vigilias por encontrarla, muchas *influencers*, personas de medios convencionales y críticos del abuso dentro de las fuerzas militares, utilizaron el Instagram para expresarse y denunciar sus experiencias. Hubo un *post* de una chica que me impresionó, ella se llama *@astridriveratv* y el 23 de junio dijo:

> *#Repost @astridriveratv:*
>
> *A la misma edad, 20 años, edad actual de #VanessaGuillen, yo estaba en el Army. Mi lugar de trabajo era Fort Bragg, NC. En el año 2004 fue cuando por primera vez crearon un departamento para atender casos de abusos y acosos sexuales en las Fuerzas Armadas de EE.UU. Para que entiendan un poco, cuando un soldado llega al Army le dan un libro. En él se encuentra de todo, desde cómo disparar una M-16 apropiadamente, hasta cómo debes hacer la cama. Pero en aquel tiempo no había nada que nos dijera cómo identificar un acosador sexual laboral, ni menos dónde denunciarlo. Yo, al menos con mis ojos, eso no lo vi, nunca se me dio entrenamiento sobre eso. Tuve sargentos que me decían que por el tamaño de mi trasero (usaban la palabra c*l%) yo no iba a poder correr las dos millas en el tiempo indicado, otro que varias veces me querían cambiar mi cantimplora llena de agua por una llena de alcohol con el pretexto de que "si tomas esto, te doy 10 minutos adicionales en el teléfono con tu familia". Hubo otro que me hizo correr mientras la sangre bajaba por mis pantalones de ejercicios y no me permitió tener mi aseo durante varias horas. Las humillaciones son parte del entrenamiento, el que me llamaran "bitch", "slut", "useless". Estas cosas que se leen desde una perspectiva sencilla,*

vienen de un comportamiento violento, que llega a escalar a situaciones peores porque por algo es que se empieza. El Army es un mundo dominado por hombres, donde esa figura masculina es a la que hay que obedecer y punto. El miedo te acecha muchas veces por el abuso de poder. Porque no es lo mismo ser expulsado de un trabajo tradicional que del Army. El caso de Vanessa Guillén nos toca a muchas porque nos transporta a momentos similares de hace años, donde ni conocíamos bien lo que implicaba la palabra acoso sexual, o violación de derechos. Hoy, 18 años más tarde desde el día que yo me puse un uniforme militar, da vergüenza ver cómo con la desaparición de Vanessa Guillén han hecho lo que les da la gana, dentro de una de las ramas de seguridad más importantes de esta nación. Hoy, 62 días luego de su desaparición, hay una madre que llora y pide por su regreso. #findvanessaguillen #iamvanessaguillen.

Cabe acotar que en su línea de denuncia, la *influencer* puertorriqueña siguió expresándose y los primeros días de julio publicó esto:

#Repost @astridriveratv:

Hace 10 semanas que no se sabe de ella. Ayer encontraron unos restos de humano que, aunque no se confirma que sean de ella, su familia piensa que está muerta. Ella le dijo a su mamá que estaba siendo acosada sexualmente y no pasó nada, entonces desapareció. El estado de Texas y todo el país en este caso le fallaron a ella y a su familia. El país que trató de proteger, no la protegió. SU NOMBRE ERA VANESSA GUILLÉN... y todos deberíamos estar replicando su nombre. #justiceforvanessaguillen #vanessaguillen #iamvanessaguillen.

Es importante señalar que todos estos eventos ocurridos desde la terrible pandemia, que nos hace vivir tanta tensión, suman más a la angustia de poder entender que, en efecto, algo está muy mal en el mundo. Sobre esto mismo otra celebridad, que no se quedó callada en Instagram de la puerta para adentro y en medio de sus propios asuntos personales fue la cantante *@chiquis*, hija de la recordada diva de la banda Jenni Rivera. Ella publicó esto el día el 3 de julio:

#Repost @chiquis

Creo que muchos de nosotros nunca perdimos la esperanza de que llegaras a casa bien y sana. Me parte el corazón leer cómo te quitaron la vida. Me da coraje, ¡¡me da impotencia y ganas de gritar!! No es JUSTO que esto pase, especialmente en nuestro sistema militar, donde nuestros soldados deben ser protegidos. ¡Qué decepción! #VanessaGuillen you will never be forgotten! Le mando un fuerte abrazo lleno de AMOR a la familia de Vanessa. Estoy con ustedes en su dolor, y créanme que los entiendo. Aquí, frente a la gente que me sigue, les doy mi palabra de ayudarlos en lo que yo pueda. Hay que darle una despedida bonita de este mundo, para que el cielo la reciba como se lo merece. #JusticeForVanessa.

De verdad, todo lo referente a este suceso fue muy espeluznante, sin precedentes, tan escalofriantes y con ese toque macabro. Reportaron los medios de comunicación la muerte de la soldado GUILLÉN a manos de otro militar, que la asesinó a martillazos y desapareció el cuerpo, desmembrándola con algo parecido a un machete y luego la enterró con su novia Cecily Anne Aguilar, quien lo ayudó a hacer un hueco o varios para que no la encontraran. La novia del asesino hoy está presa, enfrenta cargos y sigue en investigación los detalles del hallazgo. Es básico no olvidarme de contarles que cuando dieron con más detalles de la chica de nombre Cecily, encontraron que en sus redes sociales solía colocar publicaciones con armas de fuego. Y también vale la pena resaltar que el asesino se escapó de la base y luego se suicidó. Acá la noticia reseñada por CNN:

> *La soldado Vanessa Guillén fue asesinada a golpes en una base militar del Ejército, dice un abogado de familia.*
>
> *Por CNN en Español: 3 de julio de 2020 - 12:16 ET (16:16 GMT)*
>
> *(CNN) — La soldado profesional Vanessa Guillén fue asesinada a martillazos en la sala de armas donde trabajaba, en la base de Fort Hodd, dijo, el jueves, un abogado de la familia de Guillén. El cuerpo de Guillén fue transportado desde la instalación militar por su asesino, dijo la abogada Natalie Khawam a CNN, citando detalles que la familia supo durante una reunión con investigadores del Ejército, el miércoles por la noche. El principal sospechoso de*

la desaparición fue identificado, este jueves, por las autoridades como Aaron David Robinson, un soldado con rango de especialista.

Obviamente, esto generó indignación por parte de figuras públicas como les vengo diciendo y me topé con este *post* del 4 de julio de una amiga modelo y empresaria:

#Repost @adrianacatanoofficial:

Hermanos, latinos ¿DÓNDE ESTÁN LOS NOTICIEROS AMERICANOS A NIVEL NACIONAL CON ESTA NOTICIA? ¿Por qué no están hablando del asesinato de Vanessa Guillén como lo han hecho últimamente con otros asesinatos 24 horas del día? ¡NO ES JUSTO! ¡Abran los ojos! Vanessa era una hermosa joven, con familia mexicana y sirviendo a nuestro gran país! #noesjusto ¿DÓNDE ESTÁN LOS DE BLACK LIVES MATTER? @blklivesmatter #justiciaparavanessaguillen #vanessaguillen #justicia #hermanoslatinos #mexico #mexicanos #orgullolatino

Where is the 24 hour MAINSTREAM MEDIA NATIONAL NEWS COVERAGE for #vanessaguillen?? A beautiful, young LATINA soldier, serving this country & was murdered in the MOST INHUMANE WAY! Where is the WORLD for her now? LATINOS WAKE UP! STAND UP LATINOS! WHERE IS @blklivesmatter ???? #justiceforvanessaguillen #justiceforvanessa #latinolivesmatter #alllivesmatter #latinos #latinos #proudlatina #ripvanessaguillen.

Ay mi gente, insisto, el mundo está de cabezas, en un nivel de desconcierto que solo podemos llevar siendo fuertes espiritual y emocionalmente, es por eso que hablo tanto de vivir en mi burbuja y por lo cual empecé a ser enfática en mis redes, enviando mensajes para poder encontrar una motivación y seguir adelante.

También aprovecho de compartirles este *post* de *@luzmadoria* que escribió en su muro de Facebook:

> A todas las Vanessas...
>
> Por Luz María Doria
>
> Hoy desperté pensando en ti, Vanessa Guillén. En tus 20 años. En esa ilusión, desde que tenías 10, de ser parte del Ejército de los Estados Unidos para proteger a un país que no pudo protegerte a ti. Y pienso en tu miedo. Sí, en tu miedo a denunciar a ese sargento que te acosaba sexualmente, que te perseguía hasta la regadera y se sentaba a verte bañar. Pienso en tu miedo a confesar quién era, para que no tomaran represalias en tu contra, para que no le pasara nada a tu familia, porque como dice tu abogada, Natalie Kahwan, en el ejército el acoso sexual no es un delito. No hay una mamá en este mundo que no se le haya estrujado el corazón ante el inmenso dolor de Gloria, tu madre, quien hasta hace unos días conservaba la esperanza de que estuvieras viva, de volverte a abrazar. "A mi hija la quiero viva", imploraba desesperada. "Viva la quiero, porque mi hija entró viva. Porque si Dios no lo quiera, y mi hija aparece muerta,

cierro esta base. Muevo cielo, mar y tierra, y esta base se cierra. Por el amor de Dios, ayúdenme. Ayúdenme con todo esto." Hoy hay miles de firmas pidiendo que se cierre la base militar de Fort Hood en Texas. Como también hay miles de Vanessas en todo el mundo, y ojalá estén leyendo esto, presas del miedo. Quizás no estén en el ejército, ni tengan 20 años. Tal vez estén en su propia casa, rodeadas de su familia y sean las víctimas de un marido, de un padre, o de un familiar abusador. O tal vez lo vivan en su trabajo, como lo vivió Vanessa, y cada día regresen a casa acompañadas del pánico de que alguien más se entere y entonces pierdan el único sustento que tienen, y como Vanessa, tampoco se atrevan a denunciar por miedo a las represalias. Y sufren en silencio. Se convierten en las protagonistas de una pesadilla que no termina por culpa del maldito miedo que las paraliza, y que permite que no hagan nada para buscar ayuda. A esas Vanessas les escribo hoy para que no se sientan solas. Para que se asomen a la libertad. Para que denuncien. Para que piensen que un día podrían desaparecer sin dejar rastro, y entonces ya sería muy tarde. Para que se llenen de valor y pidan ayuda. Para que entiendan que nada ni nadie puede ser más poderoso que su deseo de vivir sin miedo. Para que se convenzan de que merecen liberarse del abuso y que no merecen vivir aterrorizadas por él. Para que hagan realidad el sueño de tener una vida feliz. Y lean esta frase mil veces: no hacer nada puede ser siempre más peligroso que atreverse a pedir ayuda. Los que conocieron de cerca a Vanessa Guillén dicen que ella era valiente, y que tal vez por eso pensó que podría defenderse sola. Vanessa seguramente no pensó que ese 22 de abril de este difícil 2020 iba a desaparecer de este mundo, ni que el terror sería el compañero de sus últimos minutos de vida. Las teorías sobre esos últimos minutos de vida y quienes se la quitaron aún están por confirmarse. Lo que más nos duele a todos, Vanessa, es que en el Ejército no te hayan cuidado. Que la misión del Ejército de Estados Unidos, que debe ser preservar la paz, la seguridad y la defensa, no se haya cumplido contigo, y que no hayan podido preservar tu paz ni tu seguridad. Que no hayan cuidado tu vida. Necesitamos ver justicia en tu caso, Vanessa Guillén. Ojalá que todas las Vanessas del mundo se levanten hoy pensando en ti y aplasten el miedo que necesiten aplastar para liberarse del acoso, porque todas merecen vivir en paz y no esperar hasta su muerte para encontrarla. Si eres víctima de un asalto sexual en Estados Unidos pide ayuda llamando a este número: 1. 800.656.HOPE (4673).

Es lo que les digo, mi gente, en estos días están pasando cosas horrendas. Eso genera momentos, en los cuales, estas personas que sigo y que son una referencia para mí en redes no pueden contener el alma, no pueden poner un filtro y ocultar el descontento y tristeza en medio de tanto. Y si bien les hablé de mi burbuja, no les hablé de indiferencia, les hablé de buscar una motivación para ser luz en medio de la oscuridad, para ser sonrisa en medio del llanto y para contagiar a la gente, pero de fe y amor, porque la cosa no está fácil.

Hablando de fe, una de mis primas envío por el chat de la familia de WhatsApp un link con una información que me cayó como anillo al dedo, y acá se las dejo por si quieren más detalles de este autor, que precisamente habla de inteligencia emocional y el cómo desarrollarla. (*By the way* esto salió publicado en www.curadas.com):

> Las 3 poderosas habilidades que manejan las personas con alta «inteligencia emocional» en el trabajo. Cuando publicó su libro *Inteligencia Emocional* hace 25 años, Daniel Goleman saltó a la fama con una idea que hasta ese entonces era desconocida: las habilidades de una persona no solo se miden por su coeficiente intelectual. Entre otras cosas el artículo destacó: "Goleman llegó a establecer que el concepto de inteligencia emocional incluye 12 características esenciales para que las personas logren sus objetivos de desarrollo y tengan éxito a nivel profesional:
>
> 1. Autoconciencia emocional
> 2. Autocontrol emocional
> 3. Adaptabilidad
> 4. Orientación al logro
> 5. Visión positiva
> 6. Empatía
> 7. Conciencia organizacional
> 8. Influencia
> 9. Orientación y tutoría
> 10. Manejo de conflictos
> 11. Trabajo en equipo
> 12. Liderazgo inspirador

> Le preguntamos a Goleman cuáles son las tres habilidades más poderosas de ese grupo para tener éxito en el trabajo. El psicólogo estadounidense eligió la habilidad de orientarse al logro, la empatía y la influencia: "Creo que esto se puede utilizar en cualquier aspecto de la vida sin duda alguna".

Mi gente, algo que nos ocurrió de la puerta para adentro fue analizar que toda mi reincorporación al trabajo fuera de casa implicaría un gran riesgo, porque, sin lugar a dudas, el enemigo silente vive en cualquier lugar en donde haya más de una persona. El empezar a enterarnos de que gente cercana se había contagiado, ya lo pone a uno en momentos de toma de decisiones importantes. Incluso, así uno decida ser el más optimista y concentrarse en cuidar el sistema inmunológico, entre las noticias y la realidad cercana, es muy difícil no sentir que cada vez que abres la puerta de casa estás dándole oportunidad al virus de tener contacto contigo y los tuyos.

A mí me llegó a pasar que cuando logramos transmitir el programa de TV fuera de casa, me empezó como la angustia de sentir que todo lo que me había cuidado valía nada, porque en una salida a cualquiera de los hoteles en donde empezamos a hacer el show podría estar el contagio. Y acá, desde donde estoy escribiéndoles, le suplico a Dios que nos proteja de todo mal y peligro, y que la estadística de gente que contraiga el virus no pase a mayores. Imagínense a donde han llegado las cosas. Es que como les digo, luego de enterarme de gente que estuvo en contacto conmigo y se enfermó, decidí volver a hacerme el test de los anticuerpos, y gracias a Dios por segunda vez consecutiva salió negativa, al igual que la de mi madre, que se ha hecho tres pruebas durante esta pesadilla.

Ya a este punto existe un término que utilizan los llamados expertos, "infección comunitaria", y que es la que ocurre con las reaperturas más temprano de lo debido. De la puerta para afuera todo está muy mal, hospitales móviles, salas de emergencia repletas y los hospitales de la ciudad de Miami con una ocupación del 92%. Personal de salud enfermo y la logística a reventar. Claro, lo más absurdo es que mientras tanto, Disney World abrió este fin de semana (11 de julio, 2020) con la pandemia a todo lo que da, y siendo Miami el epicentro del virus, en este momento, uno se queda impotente. Porque si los que manejan esos lugares piensan en la economía por encima de la emergencia de salud que vivimos, ¡la cosa está terrible!

Por cierto, vi un reportaje de la periodista Kate Guerrero, de CNN, una chica venezolana que en el programa *Conclusiones* se pregunta "¿cómo llegamos a ser el epicentro del coronavirus acá en la Florida?", y señaló, entre otras cosas, que el pasado 1 de marzo de 2020 se conoció en Florida el primer caso de Covid-19 y allí empezó una larga lista de contagios a lo que muchos pronósticos decían que de reabrir el estado traería como consecuencia un brote de contagios imparables. Claro, el reportaje de ella hablaba de datos y cifras, y acá yo estoy interpretando la extensa participación de ella en el programa *Conclusiones,* de Fernando del Rincón.

LIDIANDO CON LA MUERTE

Los doctores son a los que, de puertas para adentro, les ha tocado la peor parte, porque tienen que vivir lidiando con la muerte. Muchos han contado en estos tiempos de pandemia que han sido la última persona que muchos de sus pacientes han podido ver, porque la restricción en áreas de emergencia de Covid-19 es tan extrema que los familiares no pueden estar allí en el momento que dan su último suspiro.

Incluso, muchos jefes de salas de cuidados intensivos aseguran que no puede haber distintos mensajes en el plano político con respecto al virus, ya que darle matices políticos a algo tan letal no va de la mano de la labor que ellos hacen en la primera línea de batalla. Los alcaldes no están todos de acuerdo y eso genera una matriz de opinión muy variable que termina con decisiones impulsivas. Es que la política, el virus y el tema del new normal, entre otros, invaden las redes sociales, siendo estas las que se utilizan para campañas sobre el uso de máscara y/o tapabocas.

Antes se viralizaron los videos de cómo lavarse las manos efectivamente, y ahora son los videos precedidos por el *#WearYourMask* o *#PonteLaMascarilla,* para incentivar a la gente que la use correctamente y no como un accesorio más. El *#Cubreboca*s a este punto es nuestra vacuna, por así decirlo. Inclusive, se ha viralizado en redes una gráfica con mascarillas explicando cómo se usan correctamente y cómo no. Es más, dicen que si el 95%

de los ciudadanos usa mascarillas en este momento, salvarían cerca de 25.000 vidas en los próximos tres meses cuando estemos llegando a otoño.

Otro detalle es que muchos *influencers,* e incluso artistas que lamentablemente se han contagiado con el virus, están incitando a sus seguidores a prestarle más atención al uso correcto de las mascarillas, pues estas deben, bajo todo concepto, cubrir la cara desde la parte inferior de la barbilla —así como lo leen— hasta la parte superior de la nariz. Es decir, gente, todo bien cubierto de las gotículas que pueden llegar hasta 10 pies de distancia.

LA OTRA PANDEMIA

La otra pandemia que venimos librando es esa lucha entre todos en busca de la verdad o de creer tenerla. Es asombroso. Ha sido como estar dentro de una película de terror y ver peleas que se han hecho virales por el uso de lo único que, hasta ahora, está comprobado que funciona: la mascarilla. En Georgia hubo enfrentamientos entre diferentes bandos en busca de demostrar cada cual sus realidades ante un mismo virus, el debate consistía en el uso del tapabocas. Así como lo leen, el uso de lo único que hasta la fecha (19 de julio, 2020) ha sido lo que ha salvado a muchos de un contagio de 👑🦠.

Aunque suene muy simple, no lo es, porque la gente se resiste a ponerse la mascarilla, trayendo incluso implicaciones policiales, en las cuales han tenido que multar a las personas que no la lleven. Para mí, pensar que alguien te deba decir qué hacer con tu salud, y por la salud de los demás, me da un poco de vergüenza. Incluso, hay que decir que en Miami es aún más lamentable, porque es el lugar que ha sido considerado en estos momentos epicentro de la pandemia y uno de los 40 estados de Estados Unidos en donde sigue subiendo el número de contagios. Por supuesto, todo como consecuencia de lo deportivo que se siguen tomando las medidas muchas personas. Queda claro que el problema acá es que mientras unos hacemos campañas en redes sociales de cómo y por qué llevar mascarilla, otros simplemente no dan crédito a que la enfermedad tenga esa importancia, y hasta doctores famosos o populares en Instagram han hecho videos dando razones, o por lo menos "las suyas", de por qué no es un riesgo enviar a los niños al colegio, siguiendo patrones de retorno a las actividades de otros países.

Desde mi punto de vista es inconsciente publicar en una red social una opinión que genera otra matriz de opinión, porque la gente tiende a confundirse. Es decir, lo que dice un "doctor" debería tener más veracidad que cualquier otra cosa dicha por otra persona y, lamentablemente, si un doctor compara otros virus, y da cifras de muerte por *flu* o gripe anualmente, diciendo que los niños están más expuestos a diario a otros virus, imagínense dónde vamos a parar. Es algo absurdo, en serio. Y mientras esto sucede "de la puerta para adentro" vemos los diferentes noticieros y nos devoramos el Instagram a cada hora del día, seguimos viendo cómo las personas dispuestas a defender su verdad, incluso, han demando a ciertas personas de la política por el retorno o el riesgo del retorno del año escolar en Florida, específicamente en Miami 2020-2021, al igual que en otras ciudades. Lean la noticia que inundó los noticieros...

- **EL NOTICIERO DE CHARLOTTE**

Una maestra que lucha contra la COVID-19 habla sobre el regreso a clases. Por LUIS O. CASTILLO - julio 8, 2020

CHARLOTTE, NC.- Una maestra de Charlotte que está luchando contra el COVID-19 ha aprovechado para compartir su experiencia, como una persona contagiada durante la pandemia, para que su perspectiva sea tomada en cuenta en las decisiones de la Junta de Educación que prevé el regreso a clases en agosto. "Tener a todos esos niños en el edificio y tener que decirles que no pueden ir y acercarse a nadie más, creo que sería el mayor desafío", dijo Michelle Vail. La maestra sabe que no tiene una solución sobre el regreso a clases en medio de la pandemia, pero espera que su experiencia pueda ampliar el abanico de información sobre el cual se basa la Junta de Educación para tomar sus decisiones. WCNC recogió las declaraciones de Vail quien contó que se contagió en Ohio cuando fue a ayudar a una amiga a cuidar a su madre, a principios de junio. Cuando a la madre de la amiga la trasladaron del hospital a su casa, al parecer, no le hicieron la prueba de detección de COVID-19. Era portadora del virus y en el hogar resultaron contagiados. "Si no lo experimentas, no puedes imaginar lo malo que es", cuenta Vail.

> A la profesora de octavo grado en la Academia de Lenguaje Waddell, le preocupa la viabilidad de un regreso a la escuela. "Personalmente, y esto es solo mi opinión, no veo cómo puede suceder". La Junta de Educación de Charlotte-Mecklenburg anunció a finales de mayo que el año escolar 2020-2021 comenzaría el 17 de agosto con clases presenciales. El gobernador Roy Cooper ha dicho que una de sus prioridades en el plan de reapertura de Carolina del Norte es que los niños puedan volver a clases sin riesgos. Carolina del Norte se encuentra en la Fase 2 del plan de reapertura, la cual fue prolongada debido al aumento récord de casos de COVID-19 en el estado. El presidente Donald Trump amenazó este miércoles con retener fondos federales si las escuelas del país no reabren en otoño".

Acá, la verdad es que existen muchos intereses económicos y personales. No sé por qué razón, o no quiero saber por qué. Fíjense, todas estas noticias que les comparto las pueden buscar en redes y las encontraran, créanme. Por otro lado, está la decisión que, como padres, debemos tomar con el regreso de nuestros hijos al colegio. En lo personal, cuando recibí ayer un mensaje por WhatsApp de alguien del colegio de mi hija pequeña, preguntándome cuál sería el horario de clases que tendrían, le dije imperativamente que tanto mi esposo como yo decimos que Amalia Victoria tomaría clases virtuales y punto.

No existe la más mínima posibilidad de que a una niña, que al principio de su vida le dijeron que era preasmática, la enviemos allá afuera para que se contagie. Y eso de que a los más chiquitos de la casa les da menos fuerte o no les da, créanme, no quiero enterarme ahorita. Prefiero esperar que exista una vacuna, un medicamento, o qué sé yo, cuando los hospitales estén más vacíos. Porque si bien a veces pasa por mi cabeza que, en efecto, tal vez algún día nos contagiaremos del Covid-19, porque al final del día eso es un virus, no quiero que sea específicamente en estos momentos en donde hay crisis hospitalaria.

20 DE JULIO, 2020

Por cierto, anoten este día como un día muy importante dentro de todo esto: luego de cuatro meses y algunos días, regresé, contra todo pronóstico, al set del canal donde se hace el programa de TV, en el que trabajé durante siete años. Ya muchos de ustedes saben que formé parte del equipo que ha estado sacando un show adelante en medio de la pandemia, con un equipo desde casa y otro desde el estudio, como casi todos los programas del mundo por la pandemia, siendo yo el equipo que transmitía desde mi hogar.

No se imaginan cuántas cosas hice para colaborar con un programa en tiempos de crisis. Transformé mi sala en un espacio de TV; mi comedor lo llegué a cambiar varias veces (gracias a la magia del *wallpaper*).

De una mansión de dos pisos y escaleras, pasé a la casa de la Bella y la Bestia. Luego, hasta una playa tuve en mi comedor. Incluso, así pude conocer un poco más de escenografía cuando se trata de televisión.

También aprendí mucho sobre conexiones satelitales, de graduar la luz y de niveles de audio. Imagínense, fue como una maestría intensa de televisión en cuatro meses que hice un programa desde casita. Entre otras etiquetas, *#TrabajandoDesdeCasa* fue mi estandarte por semanas. De hecho, dar el ejemplo y hacer lo que millones de personas empezaron a hacer por la pandemia, me dio la licencia de poder dar mensajes de quedarse en casa y salir solo para lo esencial. Vale la pena contar también que mi teoría que reza sobre el hecho de tener espacios acondicionados para ejecutar tu oficio desde casa, se pudo ver porque varios, durante mucho tiempo, criticaron hasta por redes sociales, que mi esposo tuviese su oficina en casa. Al ser dueños de nuestras compañías, de la faja y marketing digital, podemos realizar nuestro oficio literalmente desde cualquier parte del mundo, cosa que obviamente la gente cuadrada no pudo entender hasta que la vida les trajo el 👑🦠 y hubo que abrir el entendimiento.

Así es que la vida nos trajo cambios irreversibles, mi gente. A mí me ha permitido en poco tiempo, porque cuatro o seis meses tampoco es tanto, en comparación a una vida entera —por así decirlo—, ver muchas cosas desde otra óptica. Y hoy les ratifico, la familia lo es todo, es lo más valioso, lo que de verdad debemos apreciar y a lo que debemos dedicar tiempo de calidad y cantidad. No podemos malgastar el tiempo en personas equivocadas, y menos en eventos que nos alejen de lo que nos llena el alma. Es por eso que, así haya tenido que volver a vivir de la puerta para afuera, porque el 👑🦠 no puede detener nuestras vidas en un sentido global, yo sigo siendo periodista y me debo también a un oficio que escogí por pasión, a eso que me llena de adrenalina cada vez que piso un estudio de televisión o se prende una cámara. Yo, María Carolina Sandoval Guzmán, decido que mi prioridad y mayor alegría están de "la puerta para adentro", en donde tengo mi propio mundo, mi mundo de colores.

CAPÍTULO 13

EL CUARTO DE BARBIE

TODA UNA AVENTURA PARECIDA A CUALQUIER SERIE DE NETFLIX

La habitación de Bárbara Camila en todos estos meses ha sido un mundo aparte, ese lugar donde me vengo a escapar de los problemas de los adultos, para recordar los problemas que uno pensaba que eran los más grandes cuando tenías 16. Qué belleza poder sentir que el mundo color de rosas es el mundo de donde, a veces, uno no debería salir jamás. Y esto lo digo porque estoy segura que más allá de tener como problema no ver al chico que te guste, no salir al cine con tus amigas y extrañar las clases de manejo, no existe nada más grande. Claro está, cada problema tiene su desafío indiferentemente de la edad, pero ya quisiera yo tener esos problemas.

De verdad, esta cuarentena ha servido para adentrarme mucho más en la vida de cada una de mis hijas en su máxima expresión, esto ha sido lo más cercano a tenerlas en la barriga. Y aunque Barbie se adaptó muy bien a estos cambios, producto de la situación que vino con el virus, siento su angustia de pensar, en medio de tanta novedad, cómo se hará para continuar una amistad con un chico más allá de FaceTime. Acá, entre ustedes y yo, no quisiera estar en sus zapatos porque, según vamos viendo, esta rareza va a continuar.

En tres meses, de marzo a mayo, mi Barbarita terminó su 11° grado y, aunque tener clases virtuales no es ni remotamente comparable con las clases presenciales, debo decirles que ella cumplió a cabalidad con sus horarios y proyectos. Salió destacada en sus clases y ya oficialmente pasó de grado. ¡Qué increíble y valientes estos muchachitos! Creo que este 2020 jamás lo olvidarán y creo que les servirá para apreciar más la vida en todo el sentido de la palabra. A veces nos preocupamos por cosas que no están en nuestras manos y debemos solo dejarlas en manos de Dios y solo estar atentos para colaborar con lo que se pueda, siempre inquebrantables.

Este es el cuarto azul, el cuarto donde se respira juventud, buena música y les podría agregar que Amalia Victoria ama el cuarto de su hermana, y Bárbara Camila lo ama tanto que durante muchas horas lo utiliza para trabajar, ya que es toda una *influencer* de *make up*, especialmente en Facebook. Y aunque ella no se crea mucho la palabra *"influencer"*, porque ella es muy sencilla, eso lo ve como un emprendimiento, como la forma de poder motivar a muchas personas a hacer distintas cosas y encontrar una pasión por algún oficio que les llame la atención. Obviamente, también lo ve como una opción para ahorrar para sus estudios, pero yo creo que ella sí es una *influencer* y punto. *@barbaracamilas* es como un álbum de fotos para ella, en donde coloca lo esencial y Facebook es una empresa bien organizada con mánager y todo, que por cierto vive en Los Ángeles.

De hecho, es imposible no mencionarlo en este libro porque Iván Carrillo es la cabeza de mi *team* de trabajo, el artífice de la incursión de Barbie en el mundo digital y quien, al principio de toda esta pesadilla de la pandemia, nos dio ánimo y nos motivó a seguir refugiándonos en nuestra creación de contenidos. Recuerdo como si fuera ayer que, cuando empezó la cuarentena en marzo, un par de semanas más tarde, Facebook paró la monetización, producto de la incertidumbre que el mundo entero tenía y por la simple razón de que las operaciones laborales estaban siendo trasladadas a la casas y todos estaban siendo reasignados a distintas funciones ahora desde casa.

Ese periodo de desconcierto fue raro porque recuerdo haberle informado a Bárbara Camila sobre ese asunto y la ausencia de pago por dos semanas. Ella me preguntó si sus videos no tendrían monetización de ese momento en adelante y yo le dije exactamente lo que me dijo Iván: "esto es una consecuencia de lo que está pasando con el Covid, al no saber qué va a pasar y al estar ajustando a los empleados en medio del confinamiento, pues debemos seguir trabajando con el mismo entusiasmo y la recompensa será demostrarle a Facebook que somos fieles a nuestros seguidores y que no bajaremos la calidad del contenido en medio de estos tiempos difíciles".

Sinceramente, en todos los equipos de trabajo y familias debe existir un "Iván", a quien no me cansaré de mencionar porque tiene las características de un líder: empático, amable, directo, disciplinado, analítico y, a la vez, amigo. Siempre se pone en los zapatos de las personas y eso es, sin duda, una gran lección para muchos "jefes, *managers* y cabezas de equipo".

Yo le comentaba a Barbarita que muchos de los líderes, al inicio de estos tiempos difíciles, perdieron los estribos, les quedaron grandes la cuarentena y las nuevas dinámicas. Imagínense que cuando Bárbara, al igual que todos los niños del mundo, supongo, empezó sus clases por Zoom, ella adaptó su escritorio para que ese fuera el *high school,* sin mayores problemas. Mientras que conozco gente responsable de equipos de trabajo que se resistía a esta nueva normalidad de llevar una comunicación con su equipo por video conferencia. Es que de verdad no olvidaré la cara de desconcierto de Barbie al no entender cómo una persona no estaba dispuesta a lo que la nueva vida imponía para no quedarnos atrás.

Pero, de verdad, les digo que cuando nos enteramos en el programa de televisión, donde todos saben que trabajé, que alguien de la parte administrativa creó una sala de *meeting* virtual y una persona preguntó "¿para qué?", nos sorprendió porque en plena crisis era la mejor manera de mantenernos cerca.

Yo le he dicho a mi hija mayor que esas primeras cosas o reacciones de la gente ante el tratamiento de esta dificultad, nos terminó de comprobar quién era cada cual e incluso nos quitó las falsas expectativas con mucha gente, pero a su vez nos dio la oportunidad de quedarnos con lo valioso. Y pues, algo muy valioso en estos tiempos fue dormir con mis hijas. Muchos de los días en medio de tanta incertidumbre dormí varios días con cada una. En los días de pijamada con Barbie, todo era fascinante porque logré adentrarme en sus series que tanto ve por Netflix, saludar a sus amigas más allegadas por video, la vi conversando y jugando sus juegos virtuales con ellas. Incluso, durante la cuarentena, recuerdo la emoción de ella con relación al embarazo de la mamá de una de sus amigas, quien estaba a punto de parir y eso me resultó emocionante porque mi hija es una chica que se dibuja para mí sensible, humana y buena. No todas las chicas asimilan esto que está pasando de la forma que ella lo ha hecho. Y, ojo, si bien tiene sus bajones, no les puedo decir que superan sus días bellos.

Lo único que ella me ha pedido en esta cuarentena es volver a practicar sus clases de manejo conmigo, en mi carro y que la deje maquillarse con un amigo maquillador para tomarse las fotos del *year book* de su último año de bachillerato. Y cuando les cuento que ella me ha pedido maquillarse con otra persona, a pesar de que ella se maquilla súper bien, es porque ella necesita vivir, dentro de esta anormalidad de vida, un poco de "algo normal".

Como ya he dicho, pensar en dejar que alguien entre a casa es para mí un problema muy serio, porque hemos sido tan enfáticos en no relajarnos y no dejar que nadie venga a casa, que de verdad es incómodo. Es más, en la lista de lugares más posibles para contraer el virus están las reuniones familiares y encuentros casuales con amistades. O sea, sin lugar a dudas, decirle a Barbie que sí la puede maquillar un tercero es algo del otro mundo, porque así amemos a nuestros amigos, meter a alguien en casa es darle el chance al virus a entrar. Así es que esto que pertenece a la nueva vida me inquieta un poco, pero dentro de todo lo que he visto de adolescentes en estos tiempos difíciles y los problemas familiares, por sus actos de rebeldía de querer salir, el hecho de que mi Bárbara Camila solo quiera esto que les digo de pintarse el cabello y maquillarse con nuestro *@giogio03* no es algo que entre dentro de un acto de desacato a nuestras nuevas reglas de vida impuestas por la propia pandemia. Es más, con todas las medidas de bioseguridad y protegiéndose, cada cual entenderá por qué parecemos "exagerados" para muchos y para otros correctos. Está comprobado que quien se relaja pierde o le da el chance al cuerpo de vivir con el fulano Covid-19.

En el cuarto de Barbarita todos queremos estar, es como su búnker, por alguna razón mi hermana, mi sobrino y Amalia Victoria se la pasan allí cuando están en casa y de hecho, mi sobrino *@jorgeoswaldods18* adora jugar con su mamá y las niñas allí. Es que el cuarto de Bárbara Camila es particular, tiene su energía, su dulzura y parece un imán, después de que entras no quieres salir.

En estos días, salí por cuestiones de trabajo —a lo esencial— y luego de bañarme, tomarme un té, el único lugar de la casa donde quería estar era allí, envuelta en sus ricas cobijas y llena de esa juventud ingenua... de hecho, yo, que no puedo dormir con bulla, me quedé rendida aun cuando ella hablaba con sus amigas, mientras jugaba por la computadora y nuestra Amalia Victoria se maquillaba con las cosas de su hermana. Es que ya mi Barbie, siempre que entro a quedarme un rato, me pregunta: "mami, ¿todo bien?", ya que me conoce tanto que sabe que su cuarto es como mi confesionario interno, mi centro de rehabilitación, mi manera de conectar con la paz en cinco minutos y un parpadeo. *By the way,* mientras escribo esto, escucho una de las canciones que me conectan con un sentimiento especial y se las comparto.

Canción interpretada por el gran Andrea Bocelli...

Letra de la canción en italiano y traducción al español

"Nessun dorma, nessun dorma.

Tu pure, o principessa,

Nella tua fredda stanza,

Guardi le stelle

Che tremano d'amore

E di speranza.

Ma il mio mistero è chiuso in me.

Il nome mio nessun saprà.

No, no, sulla tua bocca lo dirò,

Quando la luce splenderà.

Ed il mio bacio scioglierà il silenzio

Che ti fa mia.

Il nome suo nessun saprà.

E noi dovrem, ahimè, morir, morir.

Dilegua, o notte.

Tramontate, stelle.

Tramontate, stelle.

All'alba vincerò.

Vincerò! Vincerò!

Español

Nadie duerma, nadie duerma.

Tú tampoco, oh princesa,

En tu fría habitación,

Mira las estrellas

Que tiemblan de amor

Y de esperanza.

Pero mi misterio está cerrado en mí.

Mi nombre nadie lo sabrá.

No, no, en tu boca lo diré,

Cuando la luz brille.

Y mi beso derretirá el silencio

Que te hace mía.

Su nombre nadie lo sabrá.

Y deberemos, ¡ay! morir, morir.

Disípate, noche.

Ocúltense, estrellas.

Ocúltense, estrellas.

Al amanecer venceré.

¡Venceré! ¡Venceré!

En medio de uno de mis capítulos favoritos viene y ocurre lo que tanto supuse durante todo este tiempo... que más tarde que temprano esto del Covid nos iba a tocar directamente. Imagínense que ahora sentir respeto o miedo por el Covid está casi que siendo penado por la ley de los hombres pocos empáticos. Inconcebible, el problema sigue siendo el mismo desde que empezó esta pandemia, que la gente piensa en dinero, en sus intereses y lo del virus si NO les pasa de cerca, no les importa, y me atrevo a decirlo con propiedad por cosas que he tenido bien cerca. No vale la pena detenerme en un solo ejemplo.

Y pues, tal como supuse que pasaría, el Covid sigue no solo llenando los hospitales de pacientes, sino a la gente de mucha cochinada. Ya hasta estoy pensando que conozco más lombrices digitales en persona que por las redes. Y le pregunto a Dios en mis monólogos, si era necesario tanto y tan seguido. Esta pandemia es emocional, no lo puedo negar, existen días que el Instagram me enferma, hoy es uno de esos días. Hoy 23 de julio de 2020, las llamadas no paran desde ayer por un *live* que hice a las 3:00 p.m., cuando tuve una crisis nerviosa producto de una noticia que recibí en la mañana del miércoles 22 de julio, sobre una persona del equipo que se había contagiado con el virus.

Ayer hice lo que recomiendo que **no** hagan, que es en medio de una rabia o emoción muy fuerte prender la cámara, hacer un "en vivo" y decir cosas que son ciertas, pero que causarán un efecto insólito. Más de seis mil personas estuvieron conectadas durante 25 minutos, miles de personas viéndome llorar de rabia, con un ataque de ansiedad en pleno Instagram. Sí, para muchas personas eso estuvo terrible, pero para casi todos mis seguidores muy comprensible y entendible.

En un "en vivo" confesé que en el día 57 de mi cuarentena me enteré de que mi mamá fue diagnosticada con Párkinson en fase 2 y que una de las razones por las cuales hacía el *Live* era para que supieran por qué he estado tan encima de evitar los contagios en esta casa. Entendible querer cuidar a la mamá de uno. Por cierto, mientras escribo, escucho el audiolibro *Si lo crees, lo creas* de Brian Tracy, donde habla de los cambios cada siete años. Es una parte muy INTERESANTE, donde explican porqué cada cierto tiempo nuestras estructuras se mueven un poco y agarran otro rumbo. Creo que incluso, si analizamos ese pensamiento, tiene sentido porque hasta la semana tiene siete días.

Y mientras siguen entrando esos pensamientos de las frases del libro, me queda claro que haciendo la metáfora de los días de la semana, muchas personas piensan que los miércoles son atravesados, pero yo, un miércoles fui muy feliz por mi hija mayor, que nació el miércoles, 13 de agosto de 2003. También muchas personas dicen que los domingos son aburridos, pero para mí los domingos me recuerdan a mi bella Amalia Victoria, ya que ella nació un domingo, pasadas las 4:00 p.m. Entonces, ya les digo, la vida, como cada día de la semana, tiene muchas interpretaciones y la mía es que si cada día e instante cambiamos, cada año, ¡imagínense! Obviamente, ¡cada siete años cambiaremos aún más!

Hace siete años, Bárbara Camila tenía 10 años y ahora está a punto de celebrar su cumple y me llena de alegría porque verla crecer de la forma tan linda que lo ha hecho, ha sido maravilloso, y aunque hace siete años jugaba con muñecas y ahora ve sus series de adolescentes en Netflix y, por supuesto, piensa en *movies* y en su historia de amor de jóvenes interrumpida por la pandemia, tengo que decir que es espectacular ver cómo puede generar, adecuadamente, sus argumentos en cuanto a cosas en las que pensamos diferente. Y es que pensar diferente a otra persona NO es malo, pensar diferente está bien, tener una opinión distinta a la de la mujer que te trajo al mundo no es un problema que termina en separación, sino todo lo contrario, es un acto de madurez pensar distinto y aceptar a los seres que amas con todo y sus ideas distintas a las tuyas. Sé que mi Bárbara Camila es otro nivel, es otra cosa y también me queda claro cómo maneja sus redes sociales y qué valor le da a las mismas. ¡Imagínense, en esta casa la *tiktoker* soy yo y no mi hija de casi 17 años! *#CosasQueLePasanALaVenenosa.*

Acá les dejo un pensamiento de mi Barbarita: "yo no tengo tiempo para los *haters,* no tienen ninguna importancia para mí... me es indiferente cualquier pensamiento de alguien que realmente no me conoce". Esta es mi hija bella, una chica con los pies bien puestos sobre la tierra, un corazón inmenso y una capacidad de ponerse en los zapatos de los demás. Es única.

CAPÍTULO 14

OTRO DÍA 21

"DIME QUÉ POSTEAS Y TE DIRÉ QUÉ TE HICIERON"

En el mes de mayo recibí este mensaje de alguien muy especial a quien le agradezco su cariño y, por qué no decirlo, su empatía: "Caro, solo te quiero dejar saber que de todos nuestros talentos eres la que más admiro. Eres real en frente de la cámara y fuera de la cámara. Te admiro no solo como talento, sino como mujer y como mamá. Un fuerte abrazo".

De esta gran persona y excelente ser humano me reservaré el nombre, porque a este punto no es importante, pero lo que sí les diré es que hoy 26 de julio de 2020, aunque desde mi primer libro *Dime qué posteas y te diré quién eres,* les hice énfasis, bajo ningún concepto me arrepiento de nada de lo que he publicado en mis redes sociales, porque el tiempo me ha dado la razón, y aunque no se trata de tenerla, o no, me da un fresquito ser el tipo de persona que no anda por la vida actuando por conveniencia. Y hablando de "razón", sé que la tengo, y no precisamente por prepotente o por egocéntrica, que, por cierto, son dos palabras que aplican bastante "algunas personas" para referirse a mí, en especial aquellos que no me conocen. Lo digo porque así lo siente mi corazón sobre ciertas cosas que también trajo la pandemia a mi vida, porque estoy segura de que Dios quería que diera un nuevo paso en mi historia, y un nuevo viaje en compañía de mi gente de verdad.

Quiero decirles, acá desde mi cama, aún descansando, que todo parece indicar que las arepas que alguna vez compartí con personas equivocadas, en mi casa, fueron momentos de la imaginación de una mujer soñadora como yo. Muchos no pueden creer lo que sucedió, me comentan que les parece sacado de una tragicomedia, por aquello de la cercanía que tenía con diferentes personas que salieron de mi vida en plena pandemia. Hoy lo agradezco, pues, como dicen por allí, bendito sea ese día que desperté oliendo a día nuevo, y todo gracias a mis redes sociales. Qué éxito ver que mis redes sociales han sido más que un álbum fotográfico, un negocio, porque, déjenme decirles que han sido liberadoras en todo sentido.

Acabo de pararme frente a una pared que tengo en mi cuarto y ver tres palabras que tengo en mi lugar de ejercicios. Mientras las leo siento como un fresquito y sonrío sin siquiera planificarlo, solo sonrío y doy gracias: *relax-refresh-renew*. Me siento relajada, como con un aire a nueva vida, como si este "viaje" a mi siguiente sueño fuera diseño del arquitecto de mi vida, Dios, quien realizó todo este viaje así. Relajada porque lo que el Todopoderoso tiene para nosotros es mucho mejor que lo que incluso nosotros mismos teníamos. Y, ¿saben qué, mi gente bella? Aunque este 2020 ha sido un año de retos y de situaciones muy complicadas, créanme, ha marcado un maravilloso inicio de década depurando mi entorno.

Les cuento que el pasado 21 de julio de 2020 fue mi último programa en el show en el que desempeñé una estupenda labor, siete años de entrega inalterable.

Ese martes, me puse una peluca rubia, me maquillé en tonos naranja claro, con ciertos tonos pasteles, y una cinta verde con rojo en mi cabeza. También recuerdo que ese día concedí una entrevista para un show de espectáculos de Venezuela llamado *La Bomba,* donde querían que yo estuviera como invitada de lujo, honor que agradezco.

Ese día, hablé con tres personas encantadoras, de las que destaco su frescura y forma desparpajada de conversar conmigo, precisamente, sobre lo importante que era diversificarse y tener más de un frente de batalla para que la vida no te sorprenda, porque un par de personas deciden sobre tu vida laboral. Como ayer, vienen a mi mente frases puntuales que salieron de mi boca ese 21 de julio 2020, anótenlas: "poner los huevos en diferentes canastas", "ser auténtico" y algunas otras más, si buscan el video en YouTube van a poder disfrutar una muy buena conversación. Ese día cerré un ciclo, terminó una temporada, una *season* de mi vida profesional que, si bien estuvo para lo que se necesitó, ya no daba para más.

¿A ustedes nunca les han hecho la pregunta de cómo se ven en 10 años? Pues yo cada vez que me hacía esa pregunta, de verdad, respondía pensando en mi hijas, en su progreso profesional, pensando en celebrar los cumpleaños con mi santa madre y pare usted de contar. Así es que ya mi propio ser interior sabía que muchas cosas no estarían dentro de esos diez años. De hecho, chicos y chicas, cuando sientan que tocaron techo busquen moverse, porque de verdad lo van a apreciar. Aquel 21 de julio, cuando desperté y me puse mi peluca, internamente algo estaba distinto en mí, algo me decía que las cosas estaban a punto de cambiar. Ese día, me puse linda, como siempre, y aunque no hice videos de maquillaje, mientras lo hacía me puse a escuchar música, me sentía especial. Recuerdo que mi esposo pasó por mi lugar de maquillaje y se extrañó de no verme grabando. Cabe acotar que ese martes alguien, a quien nunca admiré y con quien admito no haber tenido nunca nada en común, más allá de la obligación de tener que invitarla a mis reuniones por compromiso, arruinó mi mañana, pues me llamó para decirme algo que le terminó pasando a muchas personas que me conocían. Lamentablemente, el virus tocó la puerta de muchos, y sin saberlo, en algunos casos, los dejaron entrar.

Me pasaron muchas cosas por la cabeza. Era como si lo que dijo alguien que conozco, el día anterior, era lo más cierto que había escuchado desde que la pandemia empezó: "el círculo se está cerrando". Imagínense qué frase tan cierta. Insisto, ese 21 de julio mi mente solamente podía pensar que yo estuve a pasos del virus y no lo sabía, aunque lo presentía. De verdad, es insólito pensar en un minuto mil cosas, entre ellas: "estuve tan cerca de alguien a quien pusieron en cuarentena. No entiendo cómo es posible que me hayan hecho esto". Los que vienen leyendo el libro saben perfectamente que les he contado de mis cuidados extremos a todos. Les he dicho mi angustia al siquiera pensar en contagiarme, o no, por lo menos en medio de tanta crisis hospitalaria.

Escuchaba las noticias el otro día y estaban haciendo proyecciones para el otoño 2020 (*by the way*, quizás estén leyendo este libro en invierno) y, de verdad, la cosa no pinta bien; este caso, nada tiene que ver con ser una persona optimista o no serlo. Esto implica otras cosas que no sé si decida contarles, ya veremos. Por lo pronto, solo les digo que es importante que si en algún momento llegan a sentir que se contagiaron de Covid-19, no salgan a la calle, y mucho menos a sus lugares de trabajo en medio de una espera de resultados, ya que es absurdo, o poco empático, salir. No es correcto exponer a alguien que tal vez no tiene tu salud. Por cierto, acá les dejo estos mensajes tan valiosos que me llegaron en el momento del cambio, en mi nuevo viaje, metafóricamente hablando.

MENSAJES DE FANS

"Ojo, rodéate de gente que aporte y que te ame, no de gente que te destruya. ¿Sabes? Estoy al día con YouTube y con todo lo que están hablando de ti. Y tú no necesitas mendigar, porque Dios tiene algo más poderoso para ti. Deja que la justicia de la tierra lo haga, que sé que estás en esa, y la de Dios ignora. Sigue trabajando con humildad, porque muchos de los que te atacan ni siquiera saben lo que es limpiar un baño y tener necesidad. Tú llénate de amor y paz en Dios, y tú verás que este huracán sirvió para bien. Ahora es duro, lo sé, pero cuando mires al cielo, y atrás, dirás 'Dios, todo obró para bien, manita'. Cuídate, mi amor".

"¡Bella! Anhelo que leas este mensajito que va cargado de amor bonito pa' ti. ¡Tú eres grande! Exitosa. Creo que los cambios siempre, siempre son para bien (aunque sean confusos). O sea, yo ya visualizo el *show La Venenosa* en TV. Te creciste tanto, tanto, que el programa ya era chiquito para ti. ¡Te queremos grande! Y ya veré ese anuncio, porque es muchísima la gente a la que tú le importas, y que te quiere ver siempre por estas pantallas. Besos, ¡Caro hermosa! Soy Ana. La del té".

"El trasnocho estuvo genial, como siempre. Nunca logro verte en vivo, pero luego lo disfruto con calma y analizando cada detalle, y fíjate que noté que justo sacas tu libro *Dime qué posteas y te diré quién eres*. Comienza una nueva historia en tu vida. La gente envidiosa cree que hasta aquí llegaste y resulta que ellos mismos son los que te están colocando más alto de lo que ya estás, porque iluminas con tu luz HD, y eso les molesta. Que Dios te siga bendiciendo con cosas maravillosas que están por venir. Besos, mi hermosa Carol".

"Mi Caro, desde la distancia en kilómetros, más no en presencia espiritual, te abrazo. Cada episodio de la película de nuestra vida tiene su propio tiempo que puede ser un minuto, como siete años, no importa cuánto dure ni cuánta felicidad, o tristeza nos haya causado, lo importante es recordarlo, tomar lo bueno, aprender y seguir con ese aprendizaje para nuestro siguiente capítulo de vida. Sé que uno de esos capítulos no pasa, y lo presencié por teléfono contigo cuando juntas con "un padre nuestro" le estabas dando cobijo al dolor más grande que te ha tocado vivir, pero aprendes a llevar eso contigo. En esa, tu película, tuviste y sigues teniendo a los mejores directores: Oswaldo y Amalia, que juntos siempre te enseñaron valores y principios que no podemos pretender que otros tengan, porque quisiéramos que todos fuéramos iguales, pero siempre nos vamos a encontrar con esas personas que nos causan mucho daño y nos duele por dejarlos entrar en nuestra película más que actores, como familia. Lo sé, porque conozco no a la venenosa, sino a la Caro, la que ama con locura, la que se entrega y se dedica a darle hasta la estrella más brillante a ese ser tan noble y única como lo es Amalia, tu madre, que siempre tuvo para mí una palabra de atención cuando debía, y ese beso y abrazo de madre. Todos tenemos nuestros tiempos. Te he tenido en pensamiento y esperando siempre el momento para decirte que te admiro por la mujer, madre, esposa, hija, amiga y hermana que has sido para mí. No tenemos que vernos siempre, pero sabes que mi casa es tu casa, y que te quiero".

"Siempre te he dicho que eres una persona muy bonita, qué lindo carisma tienes, y una personalidad, uff, encantadora. Es muy alegre entrar al Instagram y ver todo tipo de historias y publicaciones que alegran el día cuando uno no la está pasando nada bien. ¡Contagias tu alegría y tu buena vibra! A veces, gritas mucho, pero hasta tus gritos son hermosos, ja ja ja ja. Eres una excelente mujer que, como cualquiera, viene desde abajo, y ahora que está arriba se da cuenta de que ha valido cada esfuerzo y sacrificio. En esta nueva vida que estás llevando, verás que tendrás mucho éxito. Eso creo que ya lo sabes. Recuerda que también muchos de tus éxitos son gracias a nosotros que te seguimos, pero gran parte siempre será tuya, y solo tuya. Lo ganado y lo que has logrado nadie te lo va a quitar. 'Real hasta la muerte', como dice Anuel, y no le pongas coco ya a lo que sucedió. Como ya te dijeron, tú no perdiste a nadie, ellos te perdieron a ti. El cariño que nosotros te tenemos ese sí es INALTERABLE. Soy tu seguidor desde hace años y, aunque ahora ya tengas más de 2M, lo seguiré siendo, porque sos encantadora y, además, que uno se da unos tacos de ojo contigo que jaaah!".

"Hola, Caro, soy Ana María Tobar, de Santiago de Chile. No sé si lees tus mails, solo quería escribirte para saludarte y decirte que un día llegué a uno de tus videos y me gusto cómo eras. No sabía quién eras y empecé a seguirte en Instagram, y así te conocí. Te encuentro muy entretenida, simpática y auténtica, como muy poca gente, tal como eres ahora. No dejo de ver tus videos, me entretienen mucho y me sacan un poco de esta cuarentena, a veces para mí muy terrible y estresante, con un poco de angustia y miedo y muchas ganas de volver a la vida normal. Me identifico mucho contigo y con las cosas que hablas. Tengo 45, como tú, dos niños —de 5 y 11 años— ambos con clases *online,* y sin ir al colegio como muchos niños en el mundo. Vivo en un lugar muy tranquilo y lindo de Santiago, en la Comuna de la Reina, gracias a Dios en una casa grande, por lo que ellos tienen patio y comodidades para poder jugar. Me entretienen mucho tus videos y me sacan de la rutina y del día a día, me encantan los temas que tocas, sobre todo el de las mujeres: tenemos que aceptarnos como somos, con nuestra celulitis, guatita, etc. Ahora, en mi país, estamos en etapa de desconfinamiento, es decir, podemos salir de lunes a viernes, en algunas comunas de Santiago, entre ellas la mía, y se han abierto el *mall* y algunos negocios, pero da miedo salir, o por lo menos a mí, aunque he salido a caminar, pero cuesta, después de tanto tiempo de estar en casa y sin una vacuna aún. En mi familia nos cuidamos mucho, somos parecidas en ese sentido, hasta el súper, farmacia, todo *online*, solo vemos a mis papás que viven en la casa de al lado. No vemos a nadie más. Yo estudié trabajo social, pero ahora mi trabajo es ser mamá. Ha sido difícil esta pandemia, sobre todo, no ver a gente que se extraña mucho, no poder viajar, ir a la playa, ver a mi hermano, que vive en otro país, y no ha podido viajar. Solo espero que pase pronto. Gracias por tus videos, uno se siente ya parte de tu vida y familia, tienes unas lindas hijas y tu mamá es un amor, y muy sabia, me encanta escucharla. Tú también eres una mujer muy sabia, a quien siempre es interesante escuchar. Ojalá me leas, aunque no me contestes. Me imagino que deben ser demasiados los que te escriben todos los días. Bueno, linda, te deseo lo mejor, a ti y tu familia. Besos y abrazos de este país, el último lugar del mundo como dice una canción. Ana María".

"¡Hola, Caro! ¡Estaba de vacaciones alejada de internet! *Omg*, ¡estoy en *shock*! ¡Todo lo que ha pasado en tu vida! ¡Es increíble cómo nos puede cambiar todo! Pero eres una persona resiliente. Ese tatuaje que te hiciste lo escogiste muy bien. Le haces honor. Como el ave fénix has sabido enfrentar la adversidad de una manera increíble. ¡Ahora eres dueña de dos shows! *#ElAlmuerzoConCaro* y *#ElTrasnochoConCaro.* ¡Con más éxito que el que tenías antes! Quiero decirte que te admiro hoy más que nunca. Eso sí es ser una *influencer*, alguien que marca pauta. ¡Te mando un abrazo muy grande! Y cuando vengan a SF, por favor, me gustaría conocerte. ¡Feliz cumpleaños a Bárbara Camila! Está hermosa. Besos a la chuchería hermosa, ¡saludos a Nick! Y un abrazo muy especial para tu mamá, Doña Amalia, que es una señora en todo el sentido de la palabra".

"Hola, Caro, te escribe Diana, desde la única e inigualable ciudad de Panamá, jeje. Te escribo porque te sigo desde hace unos años, desde que vi tu desempeño en SLS, y tu personalidad única. Hace casi dos años sufrí un Neumotórax. A los seis meses me repitió y me sometí a una cirugía para corregir esto, pensé que era un capítulo cerrado, pero la semana pasada, justo cuando tenía un año y dos meses de mi cirugía, me ocurre otra vez lo mismo, esta vez en medio de esta pandemia que nos ha cambiado la vida a todos. Después de los estudios que me hicieron para saber la causa de este nuevo episodio, los médicos descubrieron que tengo un tumor en el diafragma, el lado del pulmón derecho, que es donde hago el Neumotórax. Por rutina, me sometieron a la prueba del COVID-19 para poder ingresarme al hospital, hacerme los procedimientos y solucionar los problemas de mi pulmón. Resultó que, a pesar de todos los cuidados y los casi seis meses que tenemos en Panamá de estar en cuarentena total, en los que yo no he salido de mi casa ni siquiera al supermercado, tengo COVID-19. Gracias a Dios, que es muy grande y poderoso, soy asintomática, lo que es una bendición en estos tiempos y, sobre todo, en mi condición pulmonar. Tú dirás 'coño, y ¿esta mujer por qué me cuenta todo esto?', lo hago para agradecerte, porque en estos días que tengo de aislamiento por el

COVID-19, esperando que pase para poder someterme a una cirugía para que me extraigan el tumor que tengo (del cual estoy segura que es benigno, porque Dios nos protege a todos, y voy a salir airosa de toda esta situación) has sido tú, con tus ocurrencias y tus videos lo que me ha ayudado y entretenido muchísimo.
Todos los días veo *#ElAlmuerzoConCaro* y *#ElTrasnochoConCaro,* veo tus historias, y créeme que la motivación que nos das es de mucha ayuda. Yo siempre he sido una mujer que se ha cuidado muchísimo, me gusta arreglarme, cuido lo que como, intento tener una vida saludable para verme bien. Después de mi cirugía el año pasado, subí mucho de peso por los corticoides y la cantidad de medicamento que me pusieron los 10 días que estuve hospitalizada; y, bueno, me ha costado un mundo bajar de peso, al punto que, cuando ya lo estaba logrando, otra vez me repite la situación y bueno, ni modo, por salud me toca volver a someterme a todo esto. Sé que valdrá la pena. Me encanta verte en *El Trasnocho* parada frente a la cámara y frente al espejo sin cohibirte ante nada, sin pena porque, como dijiste hoy, lo que ves es lo que hay. Y debes sentirte orgullosa de lo que eres y de lo que tienes, bueno o malo, bonito o feo. Esa actitud me ayuda en momentos como este, en los que he estado muy deprimida, porque estoy muy inflamada y, aunque sé, y estoy segura de que todo esto va pasar, uno como mujer se entristece al verse así. Espero me entiendas. Yo tengo 36 años, una hermosa hija de 10 y un marido maravilloso que, muy a pesar de todos los problemas que hemos tenido como pareja, y sí que han sido fuertes, sigue conmigo y me ha apoyado y cuidado como nadie. Solo quiero darte las gracias por ser como eres, por transmitirnos las cosas que nos transmites y felicitarte por no dejar que nadie

ni nada te ofenda. Quiero rescatar que el mensaje subliminal que nos das a todos los que te seguimos y vemos tus videos es que hay que salir adelante, no perder nuestra esencia y, sobre todo, soñar con que podemos ser mejores personas. Me ha tocado lidiar con la envidia y la hipocresía de mucha gente, por eso entiendo perfectamente muchas de las situaciones por las que has tenido que pasar con las lombrices digitales, y con la gente que te ha rodeado y traicionado. ¡Sigue adelante, no cambies nunca! Un abrazo, Diana".

Y así, como estos mensajes, muchos. De hecho, si los coloco todos, tendría que hacer un libro entero de lo que ustedes tan amables me escriben. Y, por eso, quiero dejar claro que los amo, y que gracias a la relación que hemos generado es que todo esto es posible. Honor a quien honor merece, la gloria es de Dios, el mérito de ustedes.

Hoy desperté en otro de los paraísos que he seleccionado para celebrar mis 17 años como madre, y entre despierta y dormida creí escuchar la voz de mi papá, llamándome por mi nombre, eso para mí es como un regalo del cielo. Créanme, desde que se me fue, lo que más extraño es su voz, su dulzura en ese tono con el que me daba su bendición. Pero bueno, más allá de pensar si fue producto de mi imaginación o fue real, sentirlo en este momento fue maravilloso. Estoy viviendo un hermoso momento de mi vida, estoy disfrutando la tranquilidad de ser mi propia directora de contenidos, amando ser la que, guiada por el instinto, siga haciendo lo que siempre ha amado, que es conversar con la gente.

Hoy más que nunca ratifico que uno no puede perder su esencia, ni dejar que se vaya de tu vida lo que realmente hace que sonrías, por seguir viviendo en manada, imitando lo que hace otro. Mi nueva temporada de *#ElAlmuerzoConCaro,* guau, ha sido increíble. Empezamos en pleno verano, con pandemia, siendo tendencia en redes y marcando pautas en las comunicaciones. Mi nombre empezó a sonar en solitario como desde hace mucho, pero me estuve haciendo la loca. Y es por eso que les digo, en el momento en que su corazón les diga que ya es hora de emprender un "vuelo" lejos de donde estaban, por comodidad o por gusto, háganlo. Les digo algo, en serio, no hubo nada mejor en este año que haber prendido mi *live* de Instagram y hacer que mi vida profesional terminara de cambiar para siempre.

22 de julio, 2020, 2:24 p.m., una llamada desafortunada para quien la hizo.

Por cierto, en este capítulo, que he escrito durante varios días, he querido dejar que ustedes hablen más que yo, porque en sus palabras están todas las cosas más valiosas del cambio de mi vida, así es que gracias a todos y cada uno por los mensajes que, a lo largo de muchos días, no paro de recibir. Hoy se cumple un mes de aquel 21 de julio. Volví a ver a mi sobrino y a mi hermana, a quienes no veía desde el cumpleaños de mi hija más pequeña (en junio), porque la vida es así, te pone pruebas y por cuidarnos unos a los otros tomamos esas decisiones en pro de la familia. Ver a mi sobrino y darle besitos fue como llenarme de más energía y, como les digo, este libro, ¡quién sabe! Quizás hasta se bautice un 21, porque es un buen número que desde que empecé a escribir ha significado mucho.

Acá, por cierto, les dejo otro mensaje maravilloso de alguien a quien no veía hace mucho:

"¡Hola, Caro! ¿Cómo estas? Este último tiempo he visto algunos videos tuyos y te ves genial. ¡Lo haces increíble y así de auténtica es lo que vale! Quiero que sepas que el mensaje es: ¡sigue tu camino! Hace años trabajo espiritualmente, y tú brillas. Entonces, recuerda que hay gente que debe apagar la luz del otro para brillar. Hace años que no sé nada de ti. Cuando nos conocimos, siete u ocho años atrás, almorzamos juntas en ese lugarcito orgánico en la punta, debajo del puente de Brickell, espero me recuerdes. Bueno, quería decirte esto, y que los cambios son buenos. Envíale mucha luz blanca a quienes se han equivocado. Tú sigue adelante. Estas cosas son parte del camino, y Dios te está fortaleciendo. ¡Abrazo de luz! Candela Cueto".

Y así sucesivamente empecé a leerlos a todos y en cada mensaje encontré muchas similitudes:

"Hola, Caro y familia. Soy Mary, les escribo del Estado de Guerrero, México. En mi hogar vemos y seguimos a toda su familia, porque son especiales y les deseo bendiciones y que pronto todo se calme y aclare en tu entorno laboral. Que Dios te guíe con tu esposo para que eduquen en el amor de Cristo a tus hijas, y las entiendan para que nunca les corten las alas. Mediante Dios, con cuidado y amor, tu mamá llevará tranquila una vida aún con el diagnóstico del doctor. Dios es un padre de amor, el médico, el dador de vida y salud, confíen. He aprendido mucho de las cosas que tú muestras de tu vida y de tu familia. Me encanta verlos cocinar, porque aprendo a disfrutar en familia. Sigue tu camino siendo empresaria, haciendo lo que haces. Los amigos que están estarán, la familia que está, ahí estará; la fanaticada estará, las lombrices digitales te verán, y una parte, la que desea ser o hacer lo que tú haces, te criticará y hablará mal de ti. No importa, estás bien. Vi un video, y tu mamá preguntaba si alguien sabía algo para conservar hojas verdes, así le decimos aquí, como para jugo verde, la acelga, espinacas, etc. Bueno, aquí lo que hacemos es lavarlas muy bien y algunas, como el pazote, las secamos. Para las demás lo que hacemos es lavarlas, escurrirlas, secarlas y buscar un frasco de vidrio, si tienes uno hermético mejor, y las colocamos ahí. A la hierba que desees conservar la colocas en una bolsa de plástico en la entre-tapa, y le colocas la tapa encima. Lo pones en la parte de abajo de la nevera, o en su defecto, en la puerta. Antes de colocarla, revisa la temperatura, ya que esta varía según los productos que guardas en la nevera y cuando está llena. Es una temperatura alta la que alcanza a conservar tus productos, y cuando está más o menos desocupada, baja la temperatura, esto hará que los demás productos o vegetales no se sobre enfríen ni se quemen; o que otros productos se congelen. Por favor, coméntale. Espero que les sirva, y si consumen bananas, no las metan al refri, cómprenlas medias verdes, o amarillas, y en su cabeza le colocan papel aluminio, esto hará que tarden un poco más antes de madurar. Les envío muchos saludos y eso es todo".

El caso, mi gente, es que ustedes han cambiado mi vida, y cada palabra, cada día que escriben algo para mi familia o para mí, compruebo que soy más que "redes sociales". Más que redes en todo sentido, porque llego al corazón de cada uno de ustedes, y aunque fuese "solo redes" de verdad qué divertido y qué alegría, qué mágico vivir con ustedes en un mundo de felicidad, lealtad y transparencia.

CAPÍTULO 15

USTEDES... MIS MÁS SINCEROS ALIADOS

Leerlos me hace bien, despertar en estos días, luego de cualquier trasnocho o almuerzo con Caro y encontrarme con sus mensajes me alegra, en serio, ustedes tienen una fuerza única y lo que generan en mí es bonito.

Acá ustedes escribiendo:

"Holaaaaaa, Carol. ¡Saludos desde Vzla! Te admiro, mujer de Dios. Gracias por cada enseñanza, por ser tan tú y mostrarte sin máscaras. Saludos a tu mami".

Esto se los debo contar muy bien para que entiendan lo importante que es este mensaje para mí y vean el alcance que tenemos por medio de nuestras redes sociales, y aunque yo hago mucho énfasis en esto, este episodio de mi vida lo viene a certificar. Uno de los tantos días que hice el show, (*by the way,* siempre los leo), recibí un mensaje de alguien de mi equipo de trabajo:

"Hola, Carolina. Vivo en Nueva York. Mi madre te ve todos los días en TV, pero también ve muchos de tus almuerzos y trasnochos. En este momento mi madre está en el hospital. Tiene cirrosis del hígado terminal. En marzo le dijeron que le quedaban tres meses de vida. Tristes noticias, pero todavía en junio está con nosotros. Pues, desde el hospital ella también te ve. Me comentó querer hablar contigo antes de su partida. Me sorprendió porque ella no es fanática de casi nadie que pueda ver en televisión. Me pidió que te enviara este mensaje a ver si se lo concedes. Todavía ella tiene días que tiene fuerzas para hablar. Si me contestas te puedo comunicar su número para que entren en contacto. Ella me contaba tanto de ti que yo también te veo a diario y admiro tu personalidad. Gracias por tu atención. Por favor, déjame saber. Janette".

Yo por curiosidad, y en pleno show, leí ese mensaje y sentí ganas de dejar todo y hacer esa llamada. Obviamente, traté de hacer las cosas bien, llamé a mi mánager digital, Iván Carrillo, le conté y él fue quien hizo la llamada por FaceTime y me conectó, cara a cara, con Ana, que se encontraba en una cama de hospital con su inseparable hija al lado, quien no daba crédito de tenerme allí en persona por medio de la tecnología. Sintió muchas ganas de llorar durante toda la conversación que manejé a través del humor y tratando de evadir el tema de la muerte, ya que la razón principal por la cual Janette, hija de Ana, quería que yo hablara con ella, era porque le quedaba poco tiempo de vida, asunto que la propia Ana me recordó y a lo que respondí diciéndole que el único que tenía las fechas de nuestra agenda era Dios. Créanme, fue muy aleccionador conversar con Ana, escucharla decir que le gustaba cómo decía las cosas y cómo ayudaba a la gente.

Dios me dio el regalo de ver a una de ustedes, las cientos de personas que a diario ven mis videos, a lo que yo llamo conversaciones con ustedes... qué belleza, por Dios, de alguna forma Ana los estaba representando. Por eso, ese 8 de julio, el trasnocho estuvo dedicado a Ana y a lo bonito que es saber que a veces uno solo con existir está haciendo la diferencia en la vida de alguien. *By the way,* déjenme decirles que luego de la llamada, recibí por Facebook este mensaje de la amable y adorada hija de Ana:

"¡Hola, Caro! Quiero darte las gracias por complacer a mi madre en el día de hoy. Se sintió muy feliz. Las enfermeras preguntaban qué fue lo que hizo su rostro brillar de alegría el resto del día. Terminó la noche mirando *El Trasnocho* y aún decía lo feliz que todavía se sentía por hablar contigo. Muchas gracias. Agradezco tu detalle por darnos tu atención. Continúa con tu bella alegría."

Este mensajito viene de mi adorado TikTok:

"Amo la originalidad, si te dicen que eres exagerada, pues ni modo, aquí se hace lo que uno quiere, no lo que los demás quieren".

"Hola, me encanta cómo eres. He aprendido mucho de ti, de tu seguridad y de ver la vida de otra manera. Gracias por tus palabras y por el contenido que compartes. Eres una mujer de admirar y te recomiendo que no te hagas las cejas, luego te puedes arrepentir cuando quieras cambiar la forma. Bendiciones a toda tu familia, Me gustaría que me felicitaras por mi cumpleaños, el 25 de julio, me encantaría y no me creería que tú lo hicieras. Admiro mucho cómo has salido adelante. Mil bendiciones, espero tus nuevos contenidos".

"Hola, Carolina. Me llamo Glorimar, yo te quiero preguntar por qué ya no haces tus videos, tanto que te gustan. Tú eres buena en lo que haces. Que nada ni nadie te quite tu felicidad".

"Hola, hola, Pepsi Cola (4 de julio 2020). Hola, Carolina. Primero que todo, perdón por la hora, solo quería expresarte unas palabras que a lo mejor no signifiquen nada para ti, pero me da la tranquilidad que por lo menos te las dije. Te conocí cuando estabas en *La Tijera.* Nunca se me va a olvidar cuando le decía a mi mamá, "mami, ahí viene Carolina, vamos a ver con qué sale ahora". Desde ahí te sigo y celebro todas tus locuras. Una amiga se ganó unos boletos para ir a unos premios Billboard, me preguntó si quería ir, de una le dije que sí. Madrugamos ese jueves, sí, ¡¡¡madrugamos!!! Vivíamos en Kissimmee (Orlando). ¡¡¡¡Todo el camino estaba pensando que te iba a conocer!!!! Me acuerdo perfectamente que iban a ir JLo y un montón de famosos que la verdad no me importaban. Los asientos que mi amiga se ganó fueron de los últimos, que casi que nos sentamos con los guardias de seguridad con lo lejos que nos tocó. Todo el tiempo me la pasé pensando en cómo bajar y meterme para conocerte. Al final del show, salí corriendo y me metí entre los guardias de seguridad y te conocí, ¡fue lo máximo! Me acuerdo que publiqué una foto que me tomé contigo ¡y me empezaste a seguir! También fue lo máximo. Siempre veo tus trasnochos, río y disfruto tus locuras. Sí, soy de esos fans que se trasnocha viéndote. En este momento ya tengo 27 años, me encuentro cursando segundo semestre de medicina. Ya no tengo tiempo de ir a Billboards, ni ver televisión, ni nada, pero la admiración por ti sigue igual. Mi pasión por la medicina y mi sacrificio ¡¡¡es por amor!!! Así como el amor que tú sientes por tu mamá, es el mismo amor que siento yo por la mía, me muero porque mi mamá deje de trabajar, que deje de lavar baños. Quiero darle la vida que ella se merece. Lamentablemente, en medio de esta pandemia ella se está exponiendo a este virus y sigue trabajando. ¡Sé perfectamente lo que se siente! Mi propósito con este mensaje es decirte que te tengo en mis oraciones. Dios y la Virgen se van a encargar de acomodar todo a tu favor. LA FE es lo que nos mantiene vivos, ¡la fe es lo que nos da la esperanza! Que Dios derrame su sangre santísima sobre tu familia y espero algún día poder ayudar a tu mamá, si se me da la posibilidad. Por ahora, solo rezaré por ti para que todo se arregle y por tu mamá para que el espíritu sanador se encargue de ella. Recuerda que eres una de las reinas preferidas de nuestro padre celestial. Aquí estamos tus fans, tus soldados para levantarte y animarte cuando lo necesites, así como lo haces tú con tus locuras. Te mando un abrazo y recuerda que el Señor no se equivoca con las cosas de la vida. ¡¡¡FE!!! 'Clama a mí, y yo te responderé y te enseñaré cosas grandes y ocultas que tú no conoces'. Jeremías 33:3. Saludos Caro".

"Buenos días, Caro. Quiero que sepas que me mudo a donde te mudes, como siempre lo he hecho. Te quiero mucho y lluvia de bendiciones junto a la familia. Te quiero no porque seas famosa, sino porque miro el amor hacia la familia y porque sigues siendo la misma. Te escribo por aquí para alborotar a esas personas negativas. Feliz fin de semana, te quiero mucho".

"Hola, mi Caro, espero que tú y tu familia se encuentren todos bien de salud, con el favor y la gracia de Dios. Disculpa que te moleste, pero leí un artículo en *People* en español, que no sé si sea cierto, que el canal de TV te había despedido, yo sé que a veces los rumores son infundados, pero si es cierto, quiero que sepas que siempre vas a tener nuestro apoyo y nuestra amistad, también que tengas fuerzas y fe en Dios que cuando una puerta se cierra, otras se abrirán para ti. Siempre he pensado que todos somos necesarios, pero no imprescindibles y eso es lo que hacen todas estas cadenas de empresarios y explotadores. Cuídate mucho y recuerda poner tus pensamientos en Dios y él te guiará como siempre lo ha hecho, un abrazo de la familia López".

"¡Hola, mi Caro bella! No sé lo que ha pasado, pero te deseo todo el éxito del mundo... eres una guerrera y sé que esto y más lo vas a superar. Siempre vendrán mejores oportunidades. Mucha fe, y tengo a tu mamá en mis oraciones diarias por su salud ¡Te mando un abrazote y mi cariño de siempre!".

"Buenos días por la mañana, espero todo bien y tranquila. Se te quiere. A veces se necesita una ruptura abrumadora para tener un avance innegable".

"Mi querida Carolina. Te mando un beso a la distancia y todo mi apoyo si necesitas algo en algún momento; en la vida nada es permanente y mientras mejor lo entendamos mejor viviremos. Cuida mucho de tu mamá, tú que la tienes, esa será tu mayor satisfacción y tu más grande bendición siempre. Trabajo y talento siempre te van a sobrar porque ¡Carolina Sandoval solo existe una! Se te quiere".

"Hola, Caro. Me enteré por lo que estás pasando con la querida doña Amalia, que es la consentida de todos, solo le pido a Dios que les dé fortaleza para sobrellevar esta enfermedad, Dios en su inmenso amor te dará las herramientas necesarias para que continúes llenando de amor y alegría la vida de tu mami... te admiro no solo por tu trayectoria sino porque eres muchísimo más de lo que sale en pantalla, y eso lo sabes porque vienes de una familia amorosa, en la que tienes el mejor ejemplo: tu mami... gracias por el apoyo incondicional, gracias por preocuparte y ayudarnos en nuestra labor a favor de los niños, pero sobre todo gracias por alzar tu voz a favor de quienes lo necesitan en todo momento. Fuerza y que tu fe sea inquebrantable. Dios te bendiga".

"Hola, Carolina. Te mando un fuerte abrazo desde L.A. No sé qué está pasando, pero quiero que sepas que te admiro y respeto siempre y quería que lo supieras. Eres una mujer espectacular que ama la vida y que contagia con sus ocurrencias, a mí siempre me sacas una sonrisa".

"¡Amiga bella, luchona! Tienes todo lo que te mereces, la prosperidad de una persona no está en el banco, sino en la sabiduría de cómo producirla y en la humildad de su corazón. Y tú, gracias a Dios, estás donde tú solita te has llevado".

"Un abrazo desde la distancia, ¡¡¡amiga bella!!! Bendigo cada paso que has dado y lo lejos que has llegado. ¡¡¡Me dejas loca con lo de las pestañas!!! Eso está maravilloso. Aparte, entrar a tu página y ver tus productos agotados, da fe del éxito en tu empresa, a pesar de las vicisitudes. Sigue grande, sigue bella, sigue brillando. No le des fuerza a tus detractores. Quien habla a tus espaldas, justamente es por eso, va detrás de ti y no puede hacerlo como tú. Te quiero inmenso".

"Amiga, Dios te bendiga, él te protege de cualquier situación adversa. Estoy en oración por ti".

"Buenos días, quería verificar si es cierto que ya no estarás en el programa de TV. Si es correcto es un grave error, pues tú eres la sal y pimienta del programa. Comparto contigo lo que me dijo Lucero cuando salió de Televisa: "Más allá de Televisa, vive gente" y así fue. Tú eres muy buena en lo que haces, Dios te bendiga a ti y tu familia. Cuídate".

"Buenos días para ti, Caro. Yo te pido que seas fuerte y valiente, que no te desanimes ni tengas miedo, porque yo soy tu Dios, y te ayudaré por dondequiera que vayas. Josué 1:9. Sabemos que Dios va preparando todo para el bien de los que lo aman, es decir, de los que él ha llamado de acuerdo con su plan. Romanos 8:28".

"Carolina, solo te escribo para decirte que me siento muy asombrada de la noticia. Tú eres la vida de ese show. Solo quiero que sepas que tomaste la mejor decisión de quedarte en tu casa por la salud de tu mamá. Los contratos, el dinero van y vienen. Pero tu mamá te necesita y ella siempre ha estado contigo y ahora ella y tu familia son tu prioridad. Hay mucho Covid, yo estoy trabajando con varios hospitales y las estadísticas no son reales, hay muchos más casos de los que se dicen. Tranquila, Dios tiene todo siempre en control, algo más grande viene para ti, tal vez con el mismo show, pero con mejor contrato, uno nunca sabe qué vueltas da la vida. Solo quiero que sepas que cuentas conmigo. Un beso y un fuerte abrazo. Cuídate mucho".

"Dios te bendiga grandemente siempre. Te queremos mucho, mucho, mucho, qué linda tu familia, el tesoro más preciado que uno puede tener".

"Cariños, mi Caro. Esto es una raya más para un tigre, no te dejes joder, demanda a esa gente y que te paguen hasta el último centavo. Y a mí me pasa lo mismo, cada 7 años hay cambios. ¡¡Increíble!! Cuenta conmigo, mi venenosa ¡¡PA' LANTE QUE VIENEN COSAS MEJORES!!".

"Hola, Caro. No sé si sea cierto que ya no estarás en el canal, déjame decirte que te felicito por la decisión que tomaste de poner a tu madre y tu familia en primer lugar. La Biblia dice en Efesios 6:2-3 'Honra a tu padre y a tu madre, que es el primer mandamiento con promesa; para que te vaya bien, y seas de larga vida sobre la tierra'. Yo en tu lugar hubiera hecho lo mismo, mi prioridad siempre es mi familia, mi madre que amo con locura y mis hijos. Sigue adelante, que Dios no te va a dejar nunca por honrar a tu madre. Bendiciones".

"Hola, Caro. Soy Nelly, una de tus fieles seguidoras. Está muy fuerte lo que están diciendo de ti en YouTube, pero como tú siempre dices, el tiempo de Dios es perfecto. En lo personal, te digo que yo ya no estoy viendo el programa si no estás tú. Mi cariño y admiración siempre para ti".

"Caro, espero estés bien. Te mando mucha luz. Mucho amor a tu familia, especialmente a tu mami. Estoy aquí para lo que quieras".

"¡Con esas palabras bellas me das aliento! Estoy pasando por un momento un poco complicado en mi matrimonio, bueno si se puede decir matrimonio. Lo más seguro es que vaya a haber separación. Ya no hay nada que rescatar. Han sido muchos años de muchas discusiones y mal entendimiento. Pero no sé cómo salir adelante con mis tres hijos. Soy una mujer indocumentada y yo sé que no es una excusa, pero cuando un hombre te hace dependiente de él, se te cierran las puertas".

"Sabias palabras, y tienes mucha razón, mi amor. Lo peor lo viviste cuando perdiste a tu papi, ya que eso sí no tiene solución, lo demás está hecho y tú tienes la sabiduría para lograrlo y la fortaleza para avanzar. Te envío un fuerte abrazo, lo mejor está por venir".

"Perdóname, Caro. Yo no estaba ni enterada de lo que había pasado, no pienses que te estaba molestando, recién alguien me comentó, te pido mil disculpas. Pase lo que pase, sos la luz de ese show y nunca esperes nada de nadie, porque en el trabajo y con gente que busca figurar, nunca se tiene que confiar. Además de que somos un número para ellos, creer que son nuestros amigos es un grave error, vos sos exitosa porque tenés luz y cuando alguien brilla y opaca, molesta porque en vez de usar tu hermosa luz para ellos reflejarse, se ciegan y muestran su real personalidad, se llama falsedad. Tú pa' lante. ¡Tienes luz!".

"Te admiro, te respeto y sea lo que pase siempre estarás bien y seguirás mejorando. Un abrazo. ¡¡Eres la mejooorrr!!".

"No dejes que nadie te interprete en tiempos de guerra. Neutralidad".

"Que sigas bien y que tu luz siga brillando. Sabes que si algún día quieres hablar, reírnos, gritar, beber, comer, con toda confianza, acá estoy. Sé que no somos íntimas, pero sí sabremos guardarnos y compartir cosas íntimas o sucesos en común. Me enteré, pero lo primero que dije fue 'Carolina es tan fuerte, valiente y chingona que ella saldrá adelante de todo esto'. Y así lo creo firmemente, amor. Te mando un beso y toda la suerte del mundo".

"Mi Carol hermosa, Dios te bendiga, Dios te guarde, Dios haga resplandecer su presencia sobre ti y tu familia. Te he extrañado mucho, quiero que lo sepas. El brinco que vas a dar es muy grande y para poder dar ese brinco grande tienes que salir de la comodidad de donde estás, para poder tomar posesión de cosas mayores y más grandes, y que tu camino continúe para que puedas alcanzar las grandezas futuras. Te quiero".

"¡Caro! No sé qué pasa hoy en tu vida, pero sí sé que todo va a estar bien, que Dios tiene el control y que para ti solo tiene bendiciones. Las traiciones nos hacen más fuertes y sacan nuestra mejor versión, ya lo verás. El dolor es inevitable, pero tú tienes a Dios en tu corazón y a una hermosa familia. Lo que viene es éxito y abundancia, Carito. ¡¡Pa' lante y con fuerzaaaaa!!".

"Prima, desde la distancia mi apoyo total, después de una tormenta siempre hay un hermoso día con un radiante sol, tú eres una guerrera de Dios, tú con Dios ¿quién contra ti? Dios te siga bendiciendo a ti y a toda la familia".

"Me encantaba cuando estabas en *La Tijera,* desde ahí me hice tu fan. Saludos, Carolina".

"Dios te tiene agarradita de sus manos y cada paso en tu vida, él lo bendice... así que las mejores vibras para ti porque lo mejor está por venir".

"Carol, siento tanta nostalgia al ver los comentarios tan malos que la gente te hace, he llorado como no tienes idea, son muchos sentimientos acumulados que tengo y al ver lo mala que es la gente me entristece más. No sé cuál sea tu situación y sé que es algo privado y personal, pero Dios mío, ¿cómo pueden existir personas que disfrutan del mal ajeno? Por eso seguimos como estamos, con este sistema que nos ha tocado vivir, porque no se aprende, nos están dando la lección y hay mucha gente que no aprende. Dios mío, qué triste me siento y, Carol, todo mi apoyo para ti, mi mamá también tiene Párkinson, no tan fuerte pero lo tiene, y por ella me cuidaría de quien sea, de lo que sea. Mi abuelita falleció hace un mes y por el mismo bendito sistema y por la pandemia no pude darle su último adiós. A cuidar lo que más queremos y tenemos, Carol, bravo por ti... sea lo que sea, aquí siempre vas a tener a esta fiel seguidora. Te queremos".

"Fuerza, Carolina. Mi Señor está contigo... un abrazo desde Temuco, Chile".

"Contigo siempre, contigo hasta el fin, los buenos somos más, y pase lo que pase siempre cuentas con una 'instaamiga', salud, vida y prosperidad en sus vidas, Caro. Lo demás es lo de más... *next.* Te quiero siempre".

"Estimada Carolina, lo mejor para ti y los tuyos. Las injusticias siguen en nuestro negocio, pero Dios tendrá algo mejor para ti y de seguro independiente. Aquí estamos en lo que podamos servirte Barbie y yo. Abrazo".

"Siempre te leo, te sigo, aunque no te hable muy seguido, te quiero expresar que tomaste la mejor decisión, la familia es y será primero. Lo demás va y viene. La gente cree que esto del virus es un juego y fíjate yo, sin salir mucho, lo mínimo a comprar comida y a la biblioteca porque me encanta leer, hace días, para el 4 de julio, estaba tendida en la cama con síntomas como pérdida del olfato y sabor, diarrea, vómito y unos mareos rarísimos, cuando conseguí la cita médica, y como ya llevaba días con síntomas me hicieron la prueba de anticuerpos y salió positiva es decir que estuve expuesta al virus, pero mi cuerpo género anticuerpos. Pero te digo, yo en 46 años de vida jamás había sentido algo tan extraño, y aún no me siento bien del todo, pero eso es real. Así que, de nuevo contigo y que Dios y la Virgen te llenen de luz, de amor, paz, salud y mucha tranquilidad y un abrazo para tu mami, tu reina".

"Caro, tú eres una guerrera y seguirás para adelante, de seguro Dios tiene millones de nuevas y mejores bendiciones para ti. Tú tienes la valentía de levantarte de cualquier tropiezo y siempre con mayores éxitos, ahora no va a ser la excepción porque nuestro Dios está en control, que él cuide mucho a tu mami... aunque no hablemos con frecuencia, te mando un abrazo con mucho cariño y ¡¡aquí me tienes!!".

"No sé si en algún momento tendrás el tiempo de ver este mensaje. Espero que sí, solo quería decir que Dios en su infinita misericordia no hace las cosas por casualidad, TODO en esta vida tiene su propósito, Covid-19, las enfermedades, la familia y todo nuestro entorno siempre van agarrados de los propósitos de Dios. Que es duro, que a veces nos sorprendemos porque jamás imaginamos que a algo o alguien a quien le dedicamos tantos años, tantos sacrificios y desvelos nos defraude, pues si, así pasa porque la esperanza y confianza siempre tienen que estar agarrados de la mano de Dios. Eres bella, inteligente, única y, sobre todo, temerosa a Dios. Créeme que Dios no te dejará caer en vergüenza. Porque la victoria es siempre de los justos que obedecen al señor. No hay que ser muy brillante para entender lo que aquí pasó, pero hoy te invito, si tienes la oportunidad de ver este mensaje, a que cierres tus ojos y le preguntes a Dios '¿qué deseas de mí? Llévame al camino donde me quieres poner' y verás cómo en un abrir y cerrar de ojos entenderás como bien dijiste en uno de tus *posts* 'cerramos capítulos para darle comienzo a otros'. Te amamos mucho y estamos aquí apoyándote en oración para que Dios siga en control de ustedes, de su salud primero que todo, y en justicia divina para que te muestre cuál es el camino que él quiera que tú recorras. Un abrazo desde el fondo de mi corazón en Puerto Rico".

"Mi reina, la gente brillante, talentosa y de calidad humana como la tuya, ¡¡siempre logra superar todos los obstáculos!! Sabes que te quiero y admiro incondicionalmente. Y siempre estaré aquí para ti. Hablemos pronto. ¡Muchísimo que chismear de aquí para allá y al revés!".

"¡Hola, Carolina! Te saluda Itzamara desde la ciudad de Panamá, siempre te escribo por Instagram, en tus *lives*, en tus trasnochos. Solo quiero decirte que te admiro en todo el sentido de la palabra, me encanta que seas tú y lo tan real que demuestras en las redes. Dios te bendiga a ti y tu familia que es tan sagrada. Has estado ausente en el día, esperemos no sea cierto lo que se lee y escucha.
Un abrazo".

"Eleva tus plegarias al cielo para la protección de tu mamá. Señor Dios, hoy me acerco a ti para darte gracias por una de las personas más especiales en mi vida, por la mujer que pase lo que pase, está a mi lado, por quien me ha protegido desde que estuve dentro de su vientre y ha dado todo por mí. Gracias, Santo de los Santos por mi mamá, por esa mujer tan maravillosa que elegiste como mi progenitora y por darme la oportunidad de tenerla en mi vida. Vengo ante ti para pedirte por su protección, por su resguardo, por su bienestar. Dios mío, permite que mi madre goce de excelente salud física y mental, que siempre se encuentre feliz y que, aunque pasen los años, jamás pase ella. Padre celestial, solo tú sabes cuánto mi madre ha sufrido por mí, por eso hoy te pido que me des lucidez, compasión y amor para que todo pueda retribuírselo y bendecirla con cada uno de mis actos. Jesús, sé esa hermosa fuente de vida, paz y tranquilidad para mi madre, para que nada le falte y se sienta amada por todas las personas que la rodeamos y que, además, podamos hacerla sentir esa mujer especial y ese epicentro que significa para nuestras vidas. Aunque sé que no me he destacado por ser el mejor hijo, te pido me ilumines para poder hacer sentir orgullosa a mi mamá en cada paso que dé, para que jamás se decepcione de mí y para que pueda sentir de forma sincera todo mi amor. Cubre a mi madre con tu poderoso manto y hazla invisible ante los peligros de la vida. Señor Dios mío, por favor, resguárdala entre tus brazos para que adonde ella vaya se encuentre siempre bendecida con tu presencia. Te pido que le brindes muchos más años de vida que vengan acompañados por salud, conciencia, amor y tranquilidad, para poder seguir disfrutando su presencia, pues al igual que tú, Jesús, mi madre es una bendición para el hogar. Pongo a mi mamá en tus manos, Señor Dios, porque sé que junto a tu corte celestial la protegerás y la salvaguardarás ante cualquier amenaza que se le presente en la vida. Por Cristo, que se encuentra en el cielo amando y cuidando a todos sus hijos, pongo a una seguidora más en tus manos, ella (menciona el nombre de tu mamá) confía en ti, al igual que yo. Padre Nuestro, en ti confío. Amén. (Juliana Palomino)".

"Mi amor, sé que no tenemos esa confianza, pero me encanta cómo eres. Lo que transmites y toda tu buena energía y buena onda, me entristece mucho leer este tipo de cosas, pues uno quisiera jamás pasar por aquí, nosotros lo estamos pasando con la mamá de José. Sabes que Dios es amor y sus movimientos son perfectos. Ojalá que la noticia del show sea mentira, pues ese programa sin ti no es igual. Porque venenosa solo una y esa eres tú. Recibe un fuerte abrazo, tan fuerte como lo necesites".

"Te admiro mucho y espero que el justo juez Dios te ayude lo más pronto posible. Recuerda, con él todo, sin él nada. Bendiciones".

"Amiga, lo que te ocurrió Caro, le que sucedió en un momento inédito para la humanidad, ningún contrato contempla una pandemia, eso me parece cruel, viola los derechos civiles, los derechos humanos, tú podrías demandar, bueno ese soy yo, mi mente vuela mucho. Claro, ustedes las Sandoval tienen un corazón muy grande y yo no me las imagino en un lío legal. Eso es lo que yo quería comunicarles, amiga, yo sigo orando mucho, Carolina eres mi hermana, eres tremenda mujer. Dios las bendiga. Discúlpame si mis palabras no son acertadas, y si soy imprudente, mil disculpas, las quiero, aquí en mis archivos he encontrado más fotos tuyas".

"¡Amiga! La gente ve ese show por ti, como mujer estoy orgullosa de ti, eres un ejemplo de madre e hija. No me cabe duda de que estarás bien porque cuando una es 4x4, ¡le sobran los caminos! Te quiero y estoy aquí para lo que necesites. Recuerda siempre que la Biblia dice que Dios te hizo cabeza y ¡no cola!

Tu proveedor no es ningún programa o cadena de TV, ninguna red social o ser humano; tu proveedor es Dios y eso nunca te faltará".

"Mi querida Carolina, no sé si te acuerdas de mí, mi esposo y yo te llevamos una torta al otro estudio donde grababan antes. Dios te bendiga y te ayude y ayude a tu mami. Yo por la mía, también daría mi vida entera. Por fa, lee acerca de la dieta keto, eso la puede ayudar mucho con su enfermedad, es más, hay personas que se han mejorado bastante cortando todo tipo de azúcar y de harinas para el cuerpo. Estaremos orando por ella y por ustedes para que Dios los ayude y fortalezca. Mucha fuerza y fe, que con Dios todo es posible".

"¡Cómo me hacía falta escuchar a tu mamá y verla!... gracias, y gracias a Dios por ese ímpetu, que le dará la mano para superar este tema de su salud y con su tratamiento, como ella dice, estará muy bien. Gracias, gracias por este trasnocho, los quiero y pienso mucho, yo solo sé que mi amiga Carolina está triunfando como siempre, te quiero. Sé que estabas ahí con lágrimas escuchando a tu mamá. Las quiero mucho".

"Como te digo, tú tienes en mí a una persona que admira mucho tu trabajo y me encanta tu personalidad, porque en las redes sociales tú eres una persona y dentro de tu casa eres otra persona que obviamente nosotros no sabemos, porque no vivimos contigo, y como dice tu mamá, tú eres una persona en las redes y otra persona como ella te ve. Pero me encanta eso de ti, eres loquita y espontánea. ¡Ah! Me encanta, me la paso genial con tus locuras, me sacan una sonrisa, siempre me río en las noches. Cuando estoy triste, entro a Instagram y veo que subiste un video de tus trasnochos, me la paso riendo, que hasta mi mamá me dice 'tú estás loca, ¿por qué te estás riendo?' y le enseño tu video y las dos la pasamos riéndonos. Simplemente, gracias. Un beso, un abrazo desde la distancia. Dios me la bendiga a ti y tu bella familia".

"Caro, tu mami me hizo llorar en el trasnocho, es un ejemplo a seguir. Que Dios la cuide y oraré por su salud, porque sé y tengo fe que Papito Dios la va a sanar y ella podrá estar mucho tiempo contigo. Dios te proteja a ti también, Caro. Y ¡cuídate mucho! Un abrazo y beso, desde Puerto Rico. Te Admira, Luissette".

"Caro, ¡qué bella tu mamá! Qué admiración la manera de enfrentar este tema. A ti, mi cariño y la familia, mi cariño y apoyo. Un abrazo".

"Amé el trasnocho con tu mami... dile de mi parte que le mando un abrazo enorme y que la recuerdo con mucho cariño".

"¡Hola, guapa! ¡BENDECIDO MARTES! ¿Cómo estás tú? ¿Y mi homóloga cumpleañera? ¡Cada vez más GUAPA y simpática! Te escribo porque acabo de ver en IG que tu mami tiene el diagnóstico de mal de Párkinson. ¡POR FA! Cuando tengas unos minutos llámame, quiero compartir contigo una información que podría ser valiosa para tu mamá. ¡QUE DIOS TODOPODEROSO SEA SU REDENTOR! ¡¡¡ÉXITOS BENDECIDOS!!!".

"Buenos días, amiga. No quiero tocar puntos que no nos conciernen, sino te escribo para decirte que nada cambia el afecto hacia ti y tu mami. Hoy más que nunca es cuando uno demuestra lo que es. Aquí hay un amigo o amigos. Siempre te he admirado por ser una mujer aguerrida, una columna de la familia. Aquí estamos nosotros contigo, aquí es donde puedo decir: SOMOS AMIGOS, CAROLINA. TQM".

"Amiga, buenos días. Supe por las redes que ya no estás en el programa y lo de tu mami, y estoy segura que solo será un tropiezo en tu vida porque sé lo fuerte y lo luchadora que eres. Dios no nos da nada que no podamos llevar y tu fortaleza y amor harán que tu mami esté muy bien, a pesar de su diagnóstico, porque de allí viene tu fuerza y entereza. Te quiero mucho y te mando todas las buenas vibras para un maravilloso futuro que está por venir".

"No... no... no... ¡¡No lo acepto!! Dime que es solo un mal sueño. Te mando un abrazo... y espero que sigamos conectadas. Sabes que eres muy especial para mí, aunque no compartamos tan seguido. Sé que eres una mujer fuerte y sobra decirte que te aprecio... aquí estaré siempre para ti".

"M@ric#, y pilas porque Miami es de locos. Tengo una amiga que por confiarse que los niños no transmiten el virus, inscribió a sus hijos en tenis y al varón en fútbol, y lo que les ha caído en la casa con el virus ha sido terrible. Todos sospechan que fue por los niños porque de resto nadie había salido de casa desde marzo. Y con las compras estaban teniendo todas las precauciones. Es terrible lo que está pasando. ¡Sí! Yo sé que tú te cuidas full, pero en Miami está tan fuerte la cosa que un descuido y se te complica la vida. Ellos se estaban cuidando full porque los abuelos del esposo eran de alto riesgo, por la edad. Pero se confió".

"Amiguita, espero que estés bien. Insisto, yo sé que lo estás, pero nunca está demás dejarte saber que estoy pensando en ti y deseándote mucha suerte, éxitos y bendiciones".

"Hola amiga hermosa. Te mando un fuerte abrazo, mujer de fe y luchadora. Mamá, amiga, hija y esposa digna de admirar. Te quiero mucho, mucho. Tienes un gran corazón, como del tamaño del mundo. Las cosas en esta vida están escritas por Dios. Dios sabe nuestro destino cuándo y dónde. Él tiene muchas cosas más grandes para tu vida. Tú el éxito ya lo tienes porque eres muy inteligente y bendecida. Te quiero con todo mi corazón. Mi apoyo hacia ti, hermosa. Aquí estaré para ti siempre. Jamás lo olvides, reina de mi corazón".

"Mi Caro, ¿te peleaste con tu compadre? ¡Yo no sé qué pasó! Tenía días sin chequear las redes, pero esta mañana que me puse a chequear, solo se habla de eso y ahora tus *stories*. Solo recuerda que si quieres hablar, aquí estoy, siempre he estado. Y ten la plena seguridad de que nada de lo que pasa es sin un plan divino. Estoy estudiando astrología, siempre me ha gustado y en esta cuarentena me puse a hacerlo en serio, a aprender. Todo lo que se está moviendo es bastante fuerte, los cambios son bruscos, ¡pero todo es para mejor! Se está abriendo y despejando un camino lleno de todo lo que deseas".

"Eres nuestra madrina y estaremos en las malas, en las muy malas ¡y en las buenas! Creemos en ti y te apoyaremos por siempre. Los queremos mucho, mucho".

"Hola, mi Caro. Amiga, solo pasaba por aquí, primero para saludarte, y segundo para que sepas que nada ni nadie va a apagar esa luz que tienes. Estos tiempos nos han movido a todos por diferentes causas, pero algo que JAMÁS debemos permitir es que nos mueva la felicidad. Tú te desenvuelves en un ambiente muy duro, pero como vi en tus *posts,* has salido airosa de todo y tu trabajo y esfuerzo a través de los años así lo demuestran. Quiero que sepas que eres UNA GRAN MUJER y cosas aún mejores seguirán llegando a tu vida. Te quiero mucho".

"Hola, Carol. Quiero decirte que me acabo de enterar de que te dejaron o decidiste no trabajar más para el show de TV. La razón me conmueve: tu mami. No hay mejor razón que dejarlo todo por ellas cuando nos necesitan. No te va a faltar nada, haces cosas preciosas. Eres muy reconocida y Dios se encargará de hacer justicia. ¿Sabes qué pienso? Que hay gente que no concibe ver la felicidad de otras personas, tú muestras viajes, risas y lujos y hay gente que eso no lo puede digerir. Bueno, solo quería decirte que verás que todo saldrá muy bien. Soy María José Vázquez, desde España, concretamente desde Huelva, un pueblo y una ciudad de Andalucía y te mando un abrazo gigantesco y no llores, lo importante es la salud y que toda tu familia se encuentre bien. Un abrazo muy, muy, muy, muy gigante".

"Contigo siempre y para lo que me necesites. De más está que sepas que estoy para ti incondicionalmente y a la hora que sea. Tú eres una guerrera. Dios te siga bendiciendo y recuerda que esto es una bendición de Él. *I love you forever".*

"Caro, no tengo idea de qué es lo que pasó o está pasando, pero sea lo que sea, estoy segura de que es para abrirte paso a algo maravilloso. Eres una mujer que deja bien claro el ejemplo de superarse, de mujer trabajadora y luchadora. Un abrazo apretado".

"Hola, mi hermana. Espero que estés bien. Yo he estado trabajando duro, pero estoy bien. Vi que subiste una foto con tu mami muy linda y quería saber si todo está bien con mi doña Amalia. Muñeca mía, solo quiero decirte que te amo, que te admiro y que eres una mujer de Dios y todo terreno. A veces Dios nos pone en la brecha para medirnos en nuestra fe... ¡tú eres una guerrera! ¡No se te olvide nunca! Te has levantado como el ave fénix y ¡hoy eres y serás La Venenosa! El tren sigue para adelante, solo se monta en él la persona o personas que desean seguir en el recorrido a tu lado. *By the way, I am on board always with you my sister!!* ¡La vida sigue y el imperio que usted hizo le pertenece! ¡Te amo!".

"Hola, Caro querida... no sé qué pasó, pero *whatever happened,* como vos siempre decís, es por algo mejor que se viene. Te conozco hace años y sé de dónde venís luchándola. El nombre Carolina Sandoval, reconocido por los latinos EN EL MUNDO ENTERO, no se lo debes a nadie más que a vos y a tu incansable esfuerzo. Echa pa' lante, amiga, que tus logros no son por suerte, sino por tu trabajo, tu integridad, tu honestidad y tu pasión. Sabes que contás conmigo. Siempre. Te quiero (aunque no nos veamos seguido o hablemos, el cariño no se va nunca y siempre te sigo)".

"Carolina, circulan en las redes sociales muchas cositas sobre ti, que al final me valen madres lo que digan porque eres única, pero lo que sí no me vale madres es que un talento como tú lo hayan sacado de esa empresa, si es como dicen. Sé que puedes tener muchos mensajes como el mío, pero de corazón quiero decirte que TODO OBRA PARA BIEN, EN LOS OJOS DE DIOS, estoy seguro de que Dios te abrirá una mejor puerta, eres súper talentosa y sé que le has sido fiel a Dios y estoy seguro de que sobre mucho él te va a poner. Ánimo, que no estás sola, Dios está a tu lado y solo recuerda que DIOS NUNCA DEJA A NINGUNO DE SUS HIJOS DESAMPARADO. Gracias por ser quién eres y contigo en las buenas y malas, NUNCA CAMBIES ESA ESENCIA tan única que tienes. Dios te hizo ÚNICA y para los ojos de algunos en lo terrenal estoy seguro que se sienten que te ganaron, pero lo que no saben es que nadie le gana a una hija de Dios".

"Hola, Carolina, siento que te estás despidiendo, no sé lo que haya pasado, pero tú eres una de esas personas que irradian luz y energía, llena de amor hacia tu familia, excelente hija, madre y esposa, que donde quiera que te ponga la vida, tú sabrás aprovechar la oportunidad de un nuevo y mejor comienzo con la ayuda de Dios y de tu bella familia, que siempre están a tu lado, te deseo lo mejor del mundo, que Dios ilumine siempre tu vida y te llene de bendiciones, espero volver a coincidir contigo, buena vibra".

"Mi Caro, apenas estoy viendo tus historias (de las que soy fan) y me entero de lo que sucede. Solo quiero decirte que tienes mi respeto y admiración. Si mi mami viviera, también sería mi prioridad y actualmente, pocas personas aún tienen ese amor por la familia. Aún sin conocerme, siempre tuviste para mí palabras lindas cuando nos encontramos. ¡Gracias! ¡Sigue brillando, Caro! Que tu energía es única y tienes el don de contagiarla! Estoy segura de que tu siguiente proyecto será muy exitoso. ¡Te mando un abrazo grande con mucha luz!".

"Dios los bendiga, m@ric#, usted siga brillando porque pasaste roncha, pero jamás Dios te deja, tú eres maravillosa y tienes una familia preciosa. Dios los bendiga y aleje la envidia y maldad de tu vida".

"¡Ki ki ri kiiiiiiiiii! Pase lo que pase, siempre canta el gallo, anoche me enteré de que se cierra un maravilloso ciclo para ti, en el que nos hiciste reír y hasta llorar, en el que fuiste sincera, única, solidaria y te diré algo, sin ánimos de verte con LÁSTIMA porque te sigo viendo como esa guerrera, motivadora, excelente conductora, periodista, esposa y ni hablar de madre e hija. Mi María Carolina, que nada te detenga ni quite esa gran luz con la que naciste y que con el día a día, acompañada de tanto amor, te tocó ponerte a brillar más. Te mando un fuerte abrazo y pa' lante es pa' allá. No te sirve de mucho, pero aquí en West Palm Beach tienes a alguien que es fiel a esa gran VENENOSA. Dios te bendiga en grande".

"Querida amiga, tengo la certeza de que lo que te viene es tan grande que ni te lo imaginas, estoy contigo porque te lo mereces por tu constancia, por tu trabajo, por tu consistencia, si hay algo que pueda hacer por ti, estoy a tu orden.
¡¡¡Un gran abrazo!!!".

"Hola, mi Caro, ¿cómo estás? Primero quiero decirte que cuentas con nuestro apoyo hoy y siempre. No hay mal que por bien no venga. Quiero enviarle a tu mami mucha luz y bendiciones para que salga fortalecida. Por otro lado, quiero ofrecerte nuestro espacio en *Sábado en la noche* para una entrevista el viernes si puedes y tienes la disponibilidad. Estoy atento a tu respuesta. ¡Besos!".

CAPÍTULO 16

MI MADRE

Mi Amalia se convirtió en la mejor *youtuber* de su edad. Su manera de conversar, de ponerle normalidad a lo raro y sus recetas hicieron posible que nuestra rareza de año —de marzo a octubre, mes en el que les escribo— se viera más bonito. Ella no paró de arreglarse, de combinarse, hacerse el cabello y pues, cuando me preguntan de dónde me viene la energía y mi forma de ser, allí tienen la respuesta. Es que para mi madre la presencia física y la actitud es todo en la vida. De verdad, les soy sincera, no me veo con otra madre distinta a la mía, es perfecta para mí.

¿Saben algo? Hoy, siendo madre de dos y teniendo a mi mamá como modelo a seguir en muchas cosas, analizo su entrega y manera de criarnos y le doy millones de gracias a Dios. Y aunque en este instante me viene a la cabeza un buen amigo agnóstico, porque él no le da tanto mérito a Dios, debo decir que la bondad de mi madre viene inculcada desde sus ancestros. Cada anécdota, cada historia que se sabe de mi familia de los Valles del Tuy es más bonita e impactante que la otra. Gente que hace el bien sin mirar a quién. Así son los Guzmán de Charallave, lugar ubicado en el Estado Miranda de nuestra golpeada Venezuela, donde la gente sigue sonriendo, a pesar de los pesares y buscando siempre un mágico momento para salir de la realidad y vivir con alegría, dentro de tanta tristeza.

Entonces, ¿en qué iba? Ah, sí, ya me acordé. Déjenme contarles una historia. En los últimos años de la vida laboral de mi papá, una persona quería fastidiar su paz y trató de hacerle una mala jugada para sacarlo de su trabajo, pero al final salió de allí jubilado sin problemas, porque Dios es uno solo y la vida se encargó de poner todo en orden, porque todos lo amaban. Mi padre no era hombre de enemigos y cuando apareció ese "enemigo gratuito", la propia vida se lo quitó de su lado, tanto así, que me atrevo a decir que incluso vinieron los mejores años de su vida, en todo sentido. Mi papá fue un hombre de mirada limpia, de pasos firmes y de acciones concretas. Nunca caminó pisando a alguien, nunca hizo algo para herir a nadie, ayudó a mucha gente a lo largo de toda su vida laboral a crecer en todas las formas posibles, porque su propósito era hacer el bien.

Si tomáramos como moraleja esta anécdota de la vida de mi padre, les digo que a veces uno no tiene que hacer nada para que sucedan las cosas, incluso las malas o las buenas, existen cosas que "inalterablemente sucederán". Las cosas suceden solas, sin forzarlas, a veces habla tu inconsciente o tus ganas de moverte. Hoy, cuando esta otra "pandemia humana" cada día nos define más, solo queda darle las gracias a Dios por haber puesto en evidencia toda la porquería que estaba sucediendo en el mundo, y de la que nos hacíamos la vista gorda, porque ser indiferente siempre es una opción, "según", para no meternos en problemas. Para mí, la opción de la indiferencia nunca ha sido algo que me ha llamado la atención. Piensa que estar en ese lado de la histeria te hace cómplice de la injusticia, pero bueno, tal vez expreso esto porque son muchas cosas que quedarán dentro de este 2020. Ya son casi las 5:00 a.m., y entre que siento a mi esposo moverse en la cama y mi sueño tan ligero, pienso que es mejor terminar de despertarme, porque la verdad no sirvo para aparentar que duermo cuando no es así. Durante estos tiempos difíciles hemos tenido algunas semanas así y, aunque tengo rato sin ver noticias para no incrementar la ansiedad que me genera ver cómo ha transcurrido este año, sí puedo decir que hemos visto pasar demasiadas cosas detrás de una pantalla. Y cuando digo "pantalla" no hablo solo de las distintas pantallas de los televisores de cada casa —que, en mi caso, se resume a estar metida en las series de Netflix como si yo fuera parte de cada historia—, hablo también de lo que es una "pantalla" para otros: el show que se han armado para imaginar que nada sucede.

De hecho, ayer salí con mi hija para que practicara conducir y, por un momento, me sentí como loca al ver cómo ella me contaba que sus amigas, o varias de ellas, estaban teniendo fiestas y yo no daba crédito. ¿Será que el Covid se acabó y no me he dado cuenta? ¿Será que soy la única que sigue cuidándose y el mundo empezó a moverse? Es que, de verdad, ver la desesperanza de tanta gente que ha perdido un ser querido por el Covid, me hace entender que no estoy loca, que el bendito virus sigue y que sigue latente la incapacidad de mucha gente de no entender que los contagios se producen en espacios en donde la gente se relaja y dejan de cuidarse.

No me imagino cómo sería el retorno a un cine, si no alquilo toda la sala. Exagerada, intensa, loca y pare usted de contar son calificativos que recibimos quienes hemos decidido mantenernos alejados lo más que se pueda del virus. Nadie podrá decir que durante este tiempo he puesto en riesgo a mi familia por alguna imprudencia y, aunque nadie está exento de contagiarse, existen dinámicas, como lo he dicho a lo largo del libro, ¡¡¡que podrían llevarte o acercarte a tenerlo!!! Y no se trata de competencia, ni de quién se contagia o quién no, pero qué fastidioso está siendo lidiar con "la nueva normalidad".

Tengo una hija de 17 años que quiere "vivir" las cosas normales de su edad, pero ¿qué hago? Hace una semana la dejé, luego de tanta presión que me puso, ir a almorzar con una amiga que está sana, libre del virus y para ella eso fue algo mágico. Fueron un par de horas, de las cuales me las pasé contando los minutos y pidiéndole a Dios que me la devolviera sana. Por otro lado, tengo un amigo que dice que él y su pareja han decidido alejarse de sus seres queridos vulnerables al virus y seguir, dentro de lo que cabe, con sus vidas porque el encierro los enloquece. O sea, yo lo respeto, pero cuando leo "seres queridos vulnerables", no sé ni qué pensar porque ya este virus nos ha demostrado que no tiene un mismo protocolo para ser tratado, porque le ha dado al fortachón, al débil, al joven, a niños... o sea, no existe nada establecido.

El otro día, hablando con uno de los médicos de mi mamá, escuché a uno decir que él no descarta que este virus sí haya sido creado en un laboratorio, ya que era súper sofisticado. De hecho, este doctor es de origen asiático, y dice que de los comunistas se puede esperar cualquier cosa, pero este es un tema en el cual prefiero no entrar, porque ya es suficiente todo lo del distanciamiento social, como para seguir con un tema que separa tanto a los seres humanos como lo es la política.

Y hablando de política, por decisión unánime y votación masiva, hoy todos salimos a caminar y a comer en un restaurante. Las cosas en la casa fueron cambiando a principios de octubre, ya el tema del encierro se fue dosificando y, pues, mis amores, acá me tienen, dando un poco de normalidad a mi vida. Y es que los seres humanos sí necesitamos socializar, hablar, aunque sea entre nosotros, pero en otro lugar. Durante estos meses, ayer fue la tercera vez que comimos fuera, y lo que antes era cotidiano, ahora es algo hasta increíble. Verle la cara a mi madre de felicidad al poder hacer lo que tanto ama, que es ir a un restaurante, fue bonito. Juro que poder hacerla sentir un poco normal, en este año tan irrepetible, es un reto para mí. Yo aún no me siento cómoda yendo a lugares públicos, y soy de las que pide el área restringida, la zona más alejada y la que pueda tener mayor distanciamiento social. En serio, a este punto solo le pido a Dios que no nos contagiemos y que nos sintamos más "normales" con estas "minisalidas". Incluso, mi mamá dice que hay que tratar de ser feliz, porque mañana no se sabe, y este 2020 se ha tratado de eso.

Lo que sí no he hecho desde marzo es subirnos a un avión, que fue cuando llegamos de Nueva York. Mi gente, créanme que eso sí lo extraño. Solo Dios sabrá cuándo se retome la vida que uno solía llevar. Y aunque para algunas familias la palabra "cuarentena" no existió, en la mía sí, y con mucha responsabilidad. No importa que la gente nos vea como lunáticos o como locos, si al final del día, de poetas, tontos, locos, exagerados e hipocondríacos todos tenemos un poco.

EL DÍA 57 DE MI CUARENTENA... LO INESPERADO

Retrocedo en la cronología de este libro para contarles sobre el día 57 de mi cuarentena. Nunca me imaginé que una noticia médica nos iba a cambiar el rumbo de nuestra vida familiar, ya que siempre he visto a mi mamá como una mujer valiente, sana, guerrera, fuerte y el pilar para que muchas personas no se derrumben. De hecho, a lo largo de toda su vida, siempre ha sido esa mujer que escucha, que llama para preguntar cómo están y para decirles a los demás que todo va a estar bien, porque mientras haya vida tenemos todo. El día 57 de mi cuarentena, mi mamá, luego de múltiples llamadas que recibió de su neurólogo, terminó yendo a la cita ese mismo día porque era necesario que le revisaran ciertas cosas, para poder prescribirle la medicina que venía tomando desde hace un año. Si bien esto es algo que he compartido con múltiples medios de comunicación, es la primera vez que lo comento dentro de mi libro. ¿Saben algo? Al inocente lo protege Dios y durante un año, mi mamá y yo desconocíamos de un diagnóstico que nos cambiaría la vida tal y como yo les estoy diciendo. Muchas cosas pasaron por mi mente, no podía entender lo que nos ocurría y lloré muchas horas luego de enterarme de que mi mamá tenía esa condición.

Al regresar de la consulta médica, entendimos por qué para mi mamá era tan importante ir en persona a esa cita médica, y la necesidad que tenía el médico de verla, ya que la única manera de poder seguir prescribiendo la medicina era chequeando sus mejorías o los detalles que tenían que ver con el diagnóstico, que vuelvo y digo, mi mamá y yo desconocíamos. Mi gente, cuando hago énfasis en el tema del "desconocimiento del diagnóstico" es que, a pesar de que mi mamá viene presentando, por lo menos desde hace un año, un temblor en el brazo derecho, nunca imaginamos que esto tenía que ver con Párkinson. De hecho, mi hermana, al ser la única que la llevaba a ese especialista durante un año, era quien tenía conocimiento de lo que estaba pasando con su salud. Sin embargo, nunca pensamos que ese temblor fuera algo extraño, lo empezamos a notar mucho después de la partida de mi papá. Lo que siempre pensamos, tal y como ella me lo decía a mí, es que era un temblor emocional ¡Error!

Imagínense lo que es la ignorancia, yo pensaba que alguien podría temblar nada más que por miedo. Y resulta que NO era algo emocional, no era algo que mi mente podía asimilar de manera correcta. El caso, mis amores, es que el temblor de la mano de mi mamá se debía a ese terrible diagnóstico que tú nunca quieres escuchar: "tu mamá tiene Párkinson". Todo fue muy nuevo, empecé a leer sobre el tema, me compré un libro llamado *Viviendo con el Párkinson* y nada de lo que leí lo asociaba con mi madre. Al hacer pública la enfermedad de mi mamá, todos empezaron a llamarme, fue algo imparable, e incluso, gente que tenía el mismo padecimiento con algún familiar empezó a sugerirme cómo debía tratar la enfermedad. Por otro lado, era muy interesante ver la actitud de mi mamá, porque ella siempre me decía en esos primeros días después del diagnóstico "pero yo me siento bien, a mí no me está pasando nada" o "en realidad, yo me voy a tomar esto como cualquier cosa, y te pido por favor que me dejes seguir botando la basura, que me dejes seguir haciendo todo igual, porque no me voy a quedar sedentaria, quiero seguir siendo la misma Amalia".

Era increíble ver cómo, internamente, eso me había afectado más a mí que a ella, solo la vi llorando en una oportunidad, al llegar del médico y decirme "bueno, hija, tengo Párkinson". Esa frase y la manera en la que la enunció nunca la podré olvidar. Así como salieron dos lágrimas de sus ojos, se las limpió y bajó a botar la basura, cosa que muchos de mis seguidores, que no son tan amables y que yo llamo "lombrices digitales", no ven con buenos ojos. Muchos creen que pongo a trabajar a mi mamá, muchos aseguran que la tengo haciendo oficio en mi casa, y lo que ellos desconocen es que su terapia contra el Párkinson es moverse, botar la basura, levantar los brazos para buscar cosas altas, bajar escaleras para ir al área del lavadero.

De verdad que es impresionante ver lo activa y constante que es mi madre, porque ella quiere, porque ella decidió seguir siendo la misma. Y aunque los achaques de la edad, más que de la enfermedad, empiezan a aparecer, ella está impecable, es como si ese diagnóstico fuera un simple papel escrito por un médico; ella no se cree la enfermedad, y no se la cree no para evadirla, sino porque se siente bien, siempre me lo dice "yo me siento bien, yo camino derecha". Y, pues, mis amores, yo creo que es una gran lección de vida que nos está dando mi propia madre, porque si del cielo te caen limones, aprende a hacer limonada y créanme que se la está tomando con un poquito de azúcar y una sonrisa.

RECUENTO

Y acá pensando, me voy dando cuenta de que el año 2020 quedará para siempre en mi memoria como un año de decisiones. Un año en el cual, en tiempos difíciles, generé muchas noticias por ser siempre alguien llena de entusiasmo para hablar. Mi forma de expresarme en las redes y en la televisión hicieron que mis comentarios siempre fueran muy esperados para lo que fuera, y porque cada quien interpreta las cosas dichas por alguien más a su manera. En tiempos de cuarentena, fui carne de cañón en las noticias, pasé de dar las noticias a "ser la noticia" y no tuve nunca tanta prensa en siete años como hasta ahora. *By the way,* mientras les escribo, recuerdo que muchos de mis bailes fueron tendencia en TikTok —plataforma que puso en vilo al Presidente de Estados Unidos— y, que, por cierto, creo que ese tipo es el más amante de las redes sociales que uno conoce, hecho el loco. Donald Trump, desde que empezó la pandemia, se preocupó más por TikTok que por el 👑🦠.

Para seguir hablándoles de mis bailes, o intentos de coreografías, uno de los más simbólicos fue con rollos en la cabeza, o rolos, como ustedes les digan. Tuvo muchas vistas, para ser específica casi un millón de reproducciones y cientos de comentarios, es decir, que ya un simple baile era motivo de titulares en medios impresos, así como en medios digitales, y supongo que por mi personalidad desenfadada y manera de vivir "mi vida pública" ocasiona un impacto allá afuera, y esto no lo digo desde el ego, lo digo porque uno se da cuenta de cómo el mundo digital recibe mi contenido. El éxito de la espontaneidad se ve en los resultados que, sin duda, parten del enganche entre creador de contenido y los usuarios de las plataformas. Debo decir esto porque para el mismo momento en el que seguían aumentando los casos de contagios, mi popularidad seguía subiendo para bien y como diría la doña María Félix "que hablen mal o bien, pero que hablen".

Les cuento que durante la semana del 20 al 24 de julio, pasaron muchas cosas, cosas que me sacaron de mí, o de esa fulana zona de confort y que me confrontaron con mi yo interior. Elegí entre mi salud física, emocional y mi exposición en televisión y créame que fue inolvidable. En serio, mi gente, mi Instagram me sacó del terrible estado en el que entran muchos en sus momentos de comodidad: vas, haces las cosas, sabes que las haces bien y día tras día haces lo mismo. El Instagram, en un momento de arrebato, hizo que mi rumbo profesional cambiara y créanme que todo cambio es para bien.

El día 22 de julio, esa típica persona con la que todos nos hemos topado alguna vez para recordarnos cómo NO queremos ser, creyó afectarme con sus acciones que luego, tal como un búmeran, se devolvieron. Mi mente y alma están tranquilas, tengo las herramientas para seguir creciendo y dejar atrás cualquier situación tóxica. Tengo a mi madre al lado, que ha sido pilar fundamental en todo este proceso evolutivo que la vida me ha permitido experimentar. Gracias Amalia, madre mía, por criarme de esta forma y seguir apoyándome.

CAPÍTULO 17

NICK SANTIAGO, EL SEÑOR DE LOS NÚMEROS

Esta mañana, al despertarme, escuchaba el ronquido "del niño", y en ese momento agradecí a Dios porque, a pesar de tener un sueño tan ligero como el mío, tengo a mi lado a un buen hombre, generoso, excelente padre y gran señor a la hora de tomar decisiones familiares. En efecto, estoy hablando de la persona que elegí hace cinco años y medio para formar parte de mi historia y de mis sueños, para empezar a caminar juntos de la mano y seguir este camino que Dios hizo que se uniera, cuando nuestros padres decidieron irse a vivir al paraíso celestial, o por lo menos eso creemos nosotros.

Al pensar que Dios tenía todo preparado para los siguientes años, después de la pérdida de mi papá, me siento segura de que eso fue para mí una bendición, una bendición que no es más que la certificación de que Dios escribe en líneas torcidas de forma derecha, y uno no se puede quejar, uno tiene que dejar que todo fluya, debemos dejar que el agua corra, así como dicen los expertos, que no hay que preguntarse por qué sino para qué.

Hoy día, mis mañanas son más tranquilas, mi tiempo es solo mío y mis decisiones van de la mano solamente con las ganas que yo tenga ese día en particular de hacer algo. Debo decir que esta mañana, cuando me desperté escuchando esa máquina del ronquido de mi esposo, estaba soñando con Suiza, de hecho, mis pensamientos se fueron como en un especie de tren, en donde entraban personas por partes y a mí me tocó el vagón de mi mamá y a mi esposo le tocó el vagón con mis dos hijas. Para mí ese sueño fue muy revelador porque, sin duda alguna, lo que quiere decir es que

Nick siempre va a estar con cada una de mis hijas, una de ellas solamente mía y otra de los dos y, aunque en este momento de nuestras vidas son los tuyos, los míos y los nuestros, Nick ha tomado la responsabilidad de criar o de seguir criando, informando y educando a Bárbara tal y como si fuera Amalia Victoria.

Tengo que decirles que en este sueño en el que yo viajaba —desde que estoy con Nick, eso es lo que más hemos hecho, seguir acumulando millas de amor— en ese sueño también fuimos a Holanda. Holanda para mí es un país muy importante, porque cuando yo estaba en mis 25, conocí Ámsterdam y allí descubrí que la formación que me dieron mis padres había sido tan sólida como para no caer en ninguna tentación. Recordemos que en Ámsterdam todo es posible, todo se compra, sexo, drogas y pare usted de contar. Además, debo decirles que a veces estoy segura de que sueño con Ámsterdam porque es uno de los lugares que Bárbara Camila quiere conocer, ya que desde que estaba chiquita y leyó *El Diario de Anne Frank,* siempre ha querido conocer la pequeña casita en donde vivió ella. Tal vez es por eso que cuando recuerdo Ámsterdam, lo hago en familia; y aunque yo sé que la gente no ve ese lugar como familiar, tengo a Ámsterdam dentro de los próximos sitios familiares que queremos recorrer, porque, a pesar de que todo está estereotipado, de que todo siempre tiene un sello particular, yo les tengo que decir que todo papá debería incluir Ámsterdam en la lista de lugares para ver con los hijos, porque les muestra el mundo a todo color, el cual, a veces pareciera ser en blanco y negro. Es más, creo que quien logra salir sin haber sido tentado por alguna de las cosas que en Ámsterdam se viven, logra superar todo.

También debo decir que cuando conocí Ámsterdam vi los tulipanes más hermosos, vi mercaditos de domingo bellísimos, los más bellos que creo haber visto en mi vida y, por supuesto, conocí el museo de Rembrandt, entre muchos otros lugares. En la vida nada es solamente de la manera en que alguien te lo pinta, siempre ese lugar descrito tendrá una visión distinta en tus ojos, porque cada persona es capaz de darle una definición distinta a cada parte. Cultural, emocional y espiritualmente somos únicos e irrepetibles y lo que para algunos puede ser muy sórdido, para ti, de pronto, es muy normal. Ustedes dirán "¿por qué Carolina me está hablando de esto en el capítulo de Nick?", y yo vuelvo al sueño de esta mañana, en el que junto a mi Nick, mi madre y mis hijas, seguimos recorriendo el mundo, y creo que, durante todos estos días difíciles, me he aferrado a la ilusión de seguir conociendo el rincón que nuestra imaginación tiene en esa lista de viajes soñados.

Cuando empecé con Nick, recuerdo decirle en una de nuestras vacaciones que todavía eran un poco limitadas: "mira, vamos a viajar porque eso es lo único que nos queda cuando nos vayamos de este mundo, de este plano", o por lo menos eso es lo que yo creo. Nick es un poco conservador, o diferente a mí en el área de las finanzas, yo suelo ser un poco más flexible con los gustos, creo mucho en la prosperidad, en atraerla, no me gusta hablar de dinero, no pienso en eso en este momento de mi vida y desde hace muchos años. Creo que cuando empecé a dejar de pensar en el dinero, él empezó a llegar solo. Y cuando digo "empezó a llegar solo" me refiero a que cuando uno hace las cosas con amor, con mucha pasión, dedicación, disciplina y perseverancia, el resultado no puede ser otro que no sea el éxito.

Cada vez que escucho audiolibros o leo a personas que hablan exactamente de este tipo de experiencias, yo digo "¡guau! Ojalá la gente de verdad entienda esto que están comentando estos autores", porque cuando uno realmente logra entender que la prosperidad, al igual que la felicidad, es una cuestión de actitud, todo empieza a cambiar. Esto no se los digo para hacerlos sentir bien, se los digo para que crean profundamente en que si hacen algo con el alma, algo que les guste, que sea para ustedes, por ustedes, para su familia, de verdad, los resultados tendrán muchos símbolos de dólar y, les repito, no me gusta hablar de dinero porque creo que el dinero separa a las personas, las convierte en otro ser humano e incluso, a veces teniendo dinero, las personas descubren que ese no era el camino de la felicidad.

Yo no soy millonaria, yo no me quiero llamar millonaria, yo nunca he soñado con tener un cuarto lleno de dinero, yo lo único que he soñado siempre es no tener que contar el dinero, y en este momento de mi vida, cuando voy a comprar algo, no pregunto cuánto cuesta, simplemente lo tomo, voy a la caja y digo "me lo voy a llevar". Esto lo digo desde la humildad y no desde la prepotencia, pero siempre soñé con ese día en que no tuviese que levantarme a mirar la cuenta del banco para ver si había pasado el cheque de la luz o del seguro del carro —en aquellos días en los que mi vida se iba en sortear la tranquilidad de alguna manera con Bárbara, para poder vivir mes a mes—. En aquel entonces, yo sabía que Dios nos tenía preparado algo, porque si existen dos soñadoras, una chiquita y una grande, que lo único que hicieron fue trabajar para esperar lo que estamos viviendo, esas somos Bárbara Camila y yo.

Les digo algo más al respecto, yo estoy segura de que Bárbara se hará una mujer jefa de casa, estará casada, pero, aun así, va a recordar cada uno de los días en donde todo era difícil y complicado, cuando mami bajaba al lugar de los cheques o de las cartas a buscar y soñar con que hubiese algún pago, como cuando alguien está esperando que te llegue la suerte. *Btw!* Sobre la suerte, les digo que yo nunca he creído en la suerte. Tengo que admitir que la única forma de poder utilizar esa palabra —que ni siquiera la asocio con nada que se parezca a mí— es cuando pienso en trabajo, en perseverancia, en ganas de hacer lo que más te gusta, y por eso tal vez digo que la suerte es la excusa de los fracasados, porque no se tiene suerte si tienes elementos, herramientas y todo lo que haga posible un resultado. Ese, al menos, es mi pensamiento.

Durante todos estos días difíciles, Nick y yo hemos estado unidos, hemos estado, obviamente, viviendo lo que han vivido muchas parejas que, por supuesto, tiene que ver con la unión familiar, con las diferencias y similitudes que puedan existir en una pareja. En estos días difíciles, hemos descubierto que la gente nos quiere por lo que somos y no por lo que proyectamos, o por lo que supuestamente tenemos. Los Hernández Sandoval han fortalecido y solidificado muchísimo más todo el capital por el cual han trabajado fuertemente. Nick se ha encargado de las finanzas de la mano de un equipo de profesionales contadores y administradores; se ha encargado de todo con organización y formas muy didácticas para que nuestras finanzas estén en un punto en el que, simplemente, lo que haya que hacer sea vigilar y comprobar que lo estamos haciendo de la manera correcta.

Debo contarles también que, durante el mes de marzo, nuestra empresa —de la cual soy presidenta y que se creó, como saben, gracias a Amalia Victoria y a esa segunda oportunidad que Dios me dio de ser madre— tuvo uno de los mejores meses que una empresa puede tener anualmente. Por lo general, para muchas empresas que manejan el área de las fajas, los pantalones, etcétera, las mejores ventas ocurren en diciembre y para nosotros, empresarialmente hablando, marzo y abril fueron unos maravillosos meses comerciales, meses en los que Nick y yo decidimos compartir nuestra prosperidad con quienes amamos. Ayudamos, dimos al prójimo, compartimos con aquellos que no la estaban pasando bien, sin necesidad de hacer una sola publicación en Instagram que tuviese que ver con alguno de nuestros aportes. Cada noche, al dormirnos, habíamos hecho una transferencia a alguien de $300 o de $500, habíamos ayudado a algún familiar a realizar un sueño, porque hay personas que, depende del país en donde se encuentran, no pueden tener acceso a esa cantidad dinero, o de pronto, esa cantidad de dinero es imposible de recibir.

Creo que si hay algo en lo que Nick y yo siempre hemos estado de la mano, sin ninguna diferencia de criterios, es en ayudar a cada una de las personas a quienes amamos, dentro de nuestras posibilidades. Mi mamá siempre dice que cuando uno ayuda generosamente con lo que tiene a las personas que ama, Dios siempre seguirá proveyendo la forma y los recursos para que eso sea posible, porque ¿saben algo?, cada vez que nosotros vemos a las personas que tienen dinero actuar de forma tan tacaña, como si la plata para ellos fuese la base de la que todo depende, nos afianzamos en que nunca estamos en esa página, porque el dinero es solamente dinero y es una herramienta que se utiliza, pero no que da la felicidad. No existe ninguna tienda en donde tú digas "¿me puede dar medio kilo de felicidad?" o "me voy a llevar dos bolsas de esta alegría". He visto tiendas de bolsos, zapatos y muebles carísimos, pero todavía no he encontrado una tienda que diga "vendemos felicidad". Y es por eso que agradezco a Dios que me haya tocado esta cuarentena, estos días difíciles, esta pandemia, de la mano de quien es mi compañero de vida, de quien ha decidido vivir por y para nosotros.

Nick es el hombre de la casa, se ha tenido que aguantar que lo vean como un pelele, como un bobo, como un dominado, ¡cuántos calificativos ha recibido Nick en cinco años! Ustedes lo saben, las redes sociales son tan maravillosas y espectaculares como inclementes y terribles. Son el escudo de los que no tienen el valor de ir a decirte algo en la cara, por eso, yo me prometí que en este libro no le iba dar tanto peso a los que yo he titulado 'lombrices digitales', pero si existe alguien que se ha graduado en cómo ignorar o, a veces, decirles sus cuatro cosas a las lombrices digitales, es mi esposo.

Él, en el camino, ha entendido que esa gente que le tira a uno es la gente que quiere ser como uno y, como yo digo, todo aquel que estudió para lombriz digital, lo que sueña en realidad es tener la vida que uno tiene, o que se quiebre el camino que uno ha construido gracias a Dios. Nadie nos ha regalado nada, y agradezco al cielo que cada una de las cosas que están en esta casa son producto de nuestro esfuerzo y, ¿saben algo?, con todos los cambios que he tenido en mi vida durante esta pandemia, particularmente de julio a esta parte, mucha gente pretendía verme arrastrada, infeliz y deprimida, pero ¿ustedes saben quién ha sido mi primer porrista durante todos y cada uno de estos días? Nick Santiago Hernández Ovalle.

Durante cada día hemos hecho la transición para tener una entrada más, a través de una corporación que no es de nosotros, y hemos descubierto la felicidad eterna de lo que es poder ser, en la totalidad, dueños de nuestro tiempo. Nick empezó a desarrollar una estructura de negocio en donde todo y cuanto yo hago para mis redes fuese mi agenda de trabajo. Nick es una persona súper organizada, todo lo escribe, como en los viejos tiempos, en un cuaderno, aunque utiliza la computadora para cosas de números, él es una persona que diagrama, que hace organigramas, que te muestra en un papel cómo son las cosas para que funcionen de una manera más práctica. Él tiene un gran talento que, mezclado con el mío, definitivamente es una explosión que da muy buenos resultados.

En esta etapa de nuestras vidas, hemos cambiado muchas estructuras, cambió la estructura que ustedes conocían, en la cual yo también tenía un programa de televisión que, si lo ven con detalle, no era mío, yo participaba en él. Nick siempre decía que yo estaba por encima de las cosas que se hacían conmigo, siempre pensó que yo estaba para hacer más cosas. Aunque no es un hombre de muchas palabras públicas, siempre me hacía saber que yo estaba lista para dar el siguiente paso. Creo que nos demoramos en tomar la decisión de abrirnos un camino aún más sólido, un camino por nuestra propia cuenta en esta pandemia. Pero de la mano de mi esposo he podido ver materializado muchos sueños.

Como les he dicho en el transcurso de diferentes capítulos de este libro, en pandemia lancé mi primer libro *Dime qué posteas y te diré quién eres,* en pandemia logré sacar mi colección de pestañas marca Carolina Sandoval, que vienen de Indonesia y Malasia, en pandemia logramos estrenar nuestro servicio al cliente, *call center,* para que nuestra gente estuviera mejor atendida. En pandemia y de la mano de Nick a la cabeza de este proyecto cambiamos la estructura de nuestra página, internamente tenemos compañeros de trabajo —porque no me gusta decir empleados— alrededor del mundo: en Argentina, nuestra bella Colombia, Chile, Ecuador y, aquí en Estados Unidos, en Los Ángeles, Miami y Nueva York.

En el negocio de nuestras pestañas *Carolina Sandoval* contamos con una infraestructura de trabajo que le da empleo a muchísima gente, porque para mí decir 30 o 40 personas es bastante. A su vez, esas personas tienen gente trabajando para ellos, como dice mi contador. Ahora que lo menciono, lo mejor que me pudo pasar en la vida, en estos cinco años y medio, es que mi contador —que me conoce desde que pedí ayudas del gobierno y esperaba los cheques y los *Food Stamps* para poder comer—, no solamente sea testigo de todo lo que yo trabajé en solitario para mantenerme, sino que también sea testigo de cada movimiento financiero de esta servidora y su marido. Si yo les tengo que recomendar algo en la vida, es que se busquen a alguien que tenga los pies bien puestos sobre la tierra, alguien que reconozcan, a quien le den un valor por cada cosa que hace por ustedes. No escuchen al mundo, escuchen a su corazón, que cuando uno escucha a su corazón es capaz de ver el mundo del color que quiera. Recuerden también que nada es perfecto, todo tiene un reto. Nick tiene el clóset desordenado; Nick olvida las tazas en el garaje donde tenemos nuestra pequeñita empresa, nuestra primera oficina; Nick a veces olvida los papelitos que nos dan los médicos en sus propios consultorios, por supuesto que algún defecto tenía que tener, lo que me recuerda a esas listas que nos dicen los expertos: "coloquen en un papel lo bueno del lado izquierdo y lo malo del lado derecho y si tú ves que la lista es más larga por el lado izquierdo de cosas buenas, las malas no pesan, si tienes muchas más cosas buenas que malas definitivamente estás en el camino correcto".

Bueno, sin lugar a dudas, no les puedo negar que estos tiempos difíciles de pandemia, tal y como los defino, no han sido fáciles; hemos vuelto a una normalidad, entre comillas, como abrir la puerta e ir a un restaurante con todas las medidas necesarias, enviar a las niñas al colegio, porque en este momento en que escribo este capítulo Amalia Victoria ya está yendo al colegio hace un mes y medio, con todas las medidas de bioseguridad. Bárbara Camila tiene dos días presenciales en el colegio, porque han decidido que los niños tengan un programa híbrido: lunes y martes va un grupo, el miércoles limpian el colegio y jueves y viernes le toca al grupo verde, del que ella es parte.

Definitivamente, estos tiempos difíciles han hecho que todos tengamos los sentidos más abiertos y ver con claridad lo que es real y lo que no lo es. Existen mañanas en las que yo no me siento bien, y es raro, es como si empezara, al igual que ustedes, a preguntarme "¿esto cuándo se va a acabar? ¿Cuándo va a venir la 'normalidad normal'?". Es en ese momento que yo me analizo y pienso que en casa somos como un equipo de fútbol, Nick me rescata de ese bajo ánimo, mi mamá apoya a Bárbara y, a su vez, todos nos vamos dando ánimo. Por mi parte, yo pensaba vivir este año distinto... sí, claro, sin mi papá, que yo me imagino que también pensaba estar vivo en el año 2020, pero Dios tenía otro plan. Yo creo que este año nos ha enseñado a entender, definitivamente, por lo menos a los que somos creyentes, que no tenemos el control. Si bien tenemos el control de nuestras actitudes, de nuestras acciones, de lo que vayamos haciendo día a día, acción y resultado, no tenemos nosotros ningún tipo de injerencia en lo que Dios nos tiene preparado. Por eso ha sido muy importante, en estos tiempos complicados, llevar mi matrimonio con Nick de una manera tal vez mucho más adulta que antes, incluso hemos manejado dinámicas interesantes, aquí se las cuento:

Muchas noches en las cuales no puedo dormir porque soy muy inquieta, me voy a nuestra área de televisión y me pongo a ver series de Netflix, a crear contenido con base en lo que estoy viendo, busco tendencias, busco cosas llamativas, me he visto todos los documentales que se puedan imaginar. Vi el documental de Gloria Allred, vi el documental de Paris Hilton, vi otra vez el documental de Lady Gaga; he visto muchos documentales de personas populares y famosas, he visto cuál es el talón de Aquiles de cada una de ellas y ¿saben una cosa?, he encontrado que todos tenemos algo en común: en la vida lo único que buscamos es ser felices, estar tranquilos y saber que dejamos un legado para que los demás puedan utilizarlo.

Explico por si no queda muy claro. Si te escuchan decir "ay, es que vi el documental de Lady Gaga y aprendí mucho" o "vi el documental de Paris Hilton y entendí muchas cosas", la gente te va a mirar con cara de "¿qué? ¿Esto es lo que ella mira?", que no les importe lo que otra persona piense de lo que ustedes ven, porque todas las cosas siempre suman para que uno sea mejor y eso es lo que nosotros hemos logrado en esta cuarentena, que nuestras partes oscuras se conviertan en claras, que nuestras dificultades se conviertan en soluciones.

Todos y cada uno de los seres humanos tenemos ese día en el que vemos todo negro y todo gris, y debo aprovechar este capítulo de Nick para contarles que durante tres días de mi vida, del 22 de julio al 24, Nick no preguntó, no me dijo "no hagas esto", no me dijo nada que me pudiera hacer sentir juzgada. Durante esos tres días del mes de julio me vio ansiosa, sin comer un solo bocado, lo único que hacía era estar pendiente de que estuviera hidratada. Durante tres días, que yo podría definir como el resurgir del ave fénix, comprobé con quién me había casado, y no sé qué nos tendrá deparado el destino, pero después de pasar tantas tormentas juntos, créanme que este barco sigue en pie y seguimos como el arca de Noé, llevando a toda la gente que necesite de nuestra mano y que, de manera empática, solidaria y sincera, puedan apreciar lo que nosotros somos como familia.

En cada situación de la vida uno debe analizar qué fue lo que hizo de más, qué fue lo que hizo de menos y a quién inmiscuyó en su vida sin que se lo mereciera. Nunca te arrepientas de haber sido buena persona. Nunca te arrepientas de haber dado el máximo. Nunca te arrepientas de todo lo que pudiste lograr, solamente saca lo que sea tóxico, lo que no vaya vibrando como tú, no puedes hacerte la vista gorda.

Vale la pena agregar a este capítulo tan especial, que durante toda esta cuarentena, Nick no solamente ha hecho videos de TikTok conmigo —que, por cierto, han sido casi virales— sino que ha hecho videos con mi mamá haciendo sus recetas y ha compartido con Amalia Victoria y Bárbara en todos nuestros viajes vacacionales de cuarentena. Sin duda alguna, cada uno de nosotros es un personaje en esta hermosa historia de familia, y el de Nick es uno muy especial, porque es como el agua para el fuego, como la brisa para el calor, ustedes me entienden la metáfora. Los quiero mucho y aquí les comparto a mi esposo.

CAPÍTULO 18

CONSULTA ABIERTA CON MI PSIQUIATRA

Una madrugada cualquiera, de esas en las que mi mente se despierta primero que mi cuerpo, empecé a escribirle a mi *@dramachado*, como usualmente lo hacemos, y por eso es que decidí llamar esta parte de mi libro “Consulta abierta”, porque fue el inicio de muchos días hablando o tratando de “hablar” terapéuticamente de los hechos ocurridos en mi verano de 2020, en plena pandemia.

Yo: durante todo este tiempo no hemos hablado. Durante todo este tiempo no he sacado mi corazón contigo porque no he tenido chance. Durante todo este tiempo de trabajo en casa le he robado a mi familia sus espacios. Durante todo este tiempo he disfrazado muchas cosas con mi cantidad de trabajo.

Ella: ¿te has llenado de tiempo para no hablar, quizás?

Yo: durante todo este tiempo he maquillado las lágrimas y la decepción con sombras de muchos colores. Durante todo este tiempo he crecido mucho más de lo que había crecido durante toda mi etapa de adulta, pues a veces siento que soy una niña grande. Durante este tiempo tal vez no me he detenido a analizar las consecuencias de mis actos y hoy, que lo estoy haciendo, no me arrepiento de hablar libremente expresando mi sentir. ¿Sabes por qué?, porque la libertad de expresar lo que somos y lo que tenemos dentro ¡¡no te la pueden quitar!!

Ella: es cierto que tenemos libertad para sentir y expresarnos, solo que existe como un código de comportamiento social que debe regular nuestras emociones, porque podemos ser unos leones y portarnos de una forma primitiva frente algunas vivencias.

Yo: durante todo este tiempo he pasado por diferentes escenarios. Momentos que, cuando te roban la tranquilidad y tu esencia, descubres que no valen la pena.

Esta conversación obedece a uno de esos días en los que me respetaba a mí misma y a mis sentimientos, y dejaba que saliera cada una de las cosas que mi cuerpo sentía. Pasaron muchos días para querer hablar de lo que pasó, fueron muchas noches en las que me dormía con Netflix y me metía en sus historias para no pensar en las mías.

Yo tengo una particularidad, y es que mi cuerpo decide cómo defenderse cuando tiene que hacerlo y busca otras cosas en las que pensar y ocuparse, es como una autodefensa y créanme que a este punto me parece lo mejor del mundo, porque es prepararse constantemente para apartar cualquier sentimiento saboteador. Ni mi mente ni mi cuerpo se dan el lujo de pasarla mal. Les confieso que he tratado de quedarme en cama un día entero y no puedo, es como si mi ser interior fuera incluso más fuerte y valiente que yo misma.

Recuerdo varias frases de amigas y/o gente conocida de "hay que tener un luto cuando algo termina", y me parecía la frase más incoherente del mundo porque "luto" tuve cuando mi padre murió y créanme que eso es incomparable, nada absolutamente se le parece. Haber terminado una etapa de mi carrera para dedicarme a lo mío eso tiene mucho valor y me llena de entusiasmo. Un entusiasmo más calmado, más pensado, orgánico, pero que no viene de una emoción pasajera, porque quiero que perdure en el tiempo, así como está pasando. ¿Saben por qué?, porque un artista puede o no estar de moda, un actor puede transformar su carrera, pero los seres humanos siempre batallaremos por múltiples cosas y no precisamente por ser el más sonado en la radio o el que más descargas tenga en Spotify. Yo sinceramente les digo que nada es más delicioso en mi presente que mi comunicación directa con gente real, con personas que sufren como uno y padecen lo que no quieren ocultar. No se pueden imaginar lo que han sido mis días sin miedo a nada luego del 22 de julio 2020. Yo lo único que les puedo y quiero decir es que el día que la gente se decida a ser feliz y a no vivir pensando en complacer a unos cuantos, ese día seremos más dichosos. Es como tomar las riendas de tu historia y ser tu propia “productora ejecutiva”.

De hecho, en las tantas conversaciones que he tenido con mi psiquiatra/amiga, hemos hablado de lo que implican los cambios, el arriesgarse, el sentirse con fuerza para vivir lo inesperado. Y sé que muchos se preguntarán si en medio de tanta incertidumbre no tuve dudas al emprender un camino que ya estaba internamente, yo lo estaba pidiendo a gritos hacía rato. Sobre eso, les quiero responder contándoles que rezo mucho, le pido a Dios siempre la guía para poder darme cuenta de que estoy en el camino correcto y sí... es el camino correcto aun y cuando en ese camino existan tropiezos.

Créanme que lo que fácil viene, fácil se va, y todos queremos cosas perdurables en el tiempo. A lo largo de todos estos días, han salido tantas oportunidades de seguir creciendo profesionalmente que me enorgullezco de esta etapa de mi vida, una etapa que seguramente hace 20 años jamás habría pensado que era posible. Cualquier persona, al dejar un trabajo, o al pasar por un despido o una salida por incapacidad, sentiría miedo, básicamente por el asunto económico. Casi todo el mundo se enfoca y se dedica a hacer millonario a alguien más, a vivir por el negocio de alguien y a lo largo de esos 20 años —casi 21— he sonreído, he llorado y finalmente he aprendido que eso de tener una sola entrada económica en casa genera muchas ataduras y le da el beneficio a terceros de utilizarte a su antojo. Nunca permitas que la gente te vea minimizado a un salario, utiliza tu creatividad, organiza un negocio paralelo y, por supuesto, no por esto pierdas la pasión por desenvolverte en tu área de negocios como el mejor. Es más, que tu defecto para ellos sea que no tengan nada tangente como para botarte y que te boten por capricho y no por mediocre.

Para mí la mediocridad es una de las peores cosas del ser humano, nunca he podido ser una atenida o esperar sentada ver los toros pasar, como quien dice. En mis últimos años de trabajo en la empresa donde estaba, "abaratar" los presupuestos fue una dinámica, y yo recuerdo decirle a la persona encargada de esos asuntos que el día que fueran a salir de ella, no se acordarían de cuánto dinero les ahorró. Como les decía, decidí invertir, por no decir gastar, en mi maquillaje, el que me gusta, el que me hace bien y el que hace que yo tenga menos problemas de alergia. Me aburrí de tener que decir, sugerir y pasar mis gastos... hasta cuando me iba de viaje en los últimos años, me alquilaba una habitación extra para mi familia, compraba los mejores asientos y hasta me pagaba el transporte que me hacía sentir cómoda y segura. Lo que les quiero decir es que debemos escoger las batallas, porque ser mediocre y terminar aceptando las migajas que un empleador te quiera dar por economizar, no debes vivirlo.

Hoy me doy cuenta de que ni en los peores momentos debes renunciar a sentirte bien porque no tengas dinero. Es decir, trata de establecerte y utilizar ese empleo que tienes para ir evolucionando en simultáneo. Cualquier persona que lo crea, lo puede vivir, al punto que, en muchos libros señalan "la independencia económica, muy de la mano con la libertad de pensamiento". Con ese chance de decirte a diario que sí puedes, que nada es tan difícil como los demás lo ven. El secreto de los grandes va de la mano de la valentía que tuvieron de, vulgarmente, no "comerle mierda a nadie". Hoy veo con tanta impotencia el hecho de que a alguien lo tengan "agarrado por los huevos" solo porque depende de ese trabajo, que hasta me parece esclavitud. Pero, bueno, yo esto se los digo desde el conocimiento, porque he estado en ambos extremos: el que hace que hagas cualquier cosa, porque esa persona que es tu jefe sabe que sin ese sueldo no vives; y también he vivido el que tu jefe sabe que todo lo que haces, lo realizas por convicción y no por órdenes de él y/o sus superiores.

Ay, mis amores, quisiera abrazarlos, se los juro, y acá, mientras estoy sentada en la cocina de la casa tomándome un té de manzanilla, les digo que en estos meses siento que he hecho el postgrado más importante de mi vida. Sé que esto lo recordaré cuando sea una viejita, si así Dios lo quiere, porque la unión con mi familia se ha fortalecido mucho más. Es maravilloso todo el tiempo que dedico a mi madre, tiempo que habría querido también dedicar a mi padre antes de que se mudara al cielo. En realidad, esas cosas que vamos viviendo nos hacen más sabios y valiosos. Y hablando de valioso, no puedo omitir el hecho de hablarles de mi nueva temporada de *#ElAlmuerzoConCaro*. Algo que, tal como lo dije alguna vez, fue un segmento en el cual comía en mi hora de almuerzo frente a ustedes, mis seguidores, y se convirtió en una ventana para expresarme.

El almuerzo conmigo se convirtió en el *post* más esperado por todos los que les gusta verme comer lo que sea que suene, y luego de terminar un ciclo profesional, empecé a invitar a distintas personalidades de la tele, radio, redes sociales, etcétera, a compartir el almuerzo conmigo o a conversar mientras yo como.

No se pueden imaginar lo que ha sido vivir la experiencia que, gracias a mis redes sociales, seguirá demostrando que el poder que tienen es infinito en todo sentido. Sin lugar a dudas, desde finales de julio hasta el sol de hoy, he tenido a casi cien personas maravillosas en esta otra faceta. Me encanta conversar con las personas y, aunque no lo crean, tenía tiempo que no hablaba con tantas, de una forma amplia, extensa y divertida. Antes, siempre era más cortada la conversación, menos mía y más llena de parámetros y de intereses. Para mí, en este momento, es mágico el hecho de poder tener un equipo de gente trabajando conmigo, que sabe que conversar es una de mis cosas favoritas. Yo creo que es terapéutico, es parte de este juego de la vida, nada es tan importante como para perder tu paz. En serio, mi gente, si dejan de dormir por algo o tienen la cabeza llena de preguntas sobre un episodio de sus vidas, escriban, háblenlo, pero no permitan que nada externo dañe algo interno, ¡no vale la pena!, no lo amerita.

CAPÍTULO 19

TESTIMONIOS COVID-19

SÍ, EL VIRUS ENTRÓ A SUS CASAS

Esa sensación horrible que experimentas cuando pierdes a un ser querido. Eso que te come el estómago y te hace sentir que parte de tu vida se ha ido, ya yo lo he sentido, y cuando a alguien que quieres le toca vivir lo mismo, es como volver a revivir todo un poco, o bastante. El mes de septiembre no empezó nada bien, el 1ero. de septiembre se quedará como esas fechas que jamás se olvidan, y si antes la tenía en mi cabeza como el día del cumpleaños de un ex, ahora será siempre la fecha en la que le haremos un homenaje a la bella vida que tuvo el padre de una gran amiga. Esas amigas que se convierten en hermanas, y que guardan tu vida entera en sus oídos y en sus *emails.*

Fabiola Nouel es esa amiga con la que compartí muchos sueños, y se podría decir que la aventura de vivir en Estados Unidos empezó con ella. Éramos un par de veinteañeras, las típicas cómplices al estilo Thelma y Louise que hace veinte años cambiaron Los Jardines del Valle por South Beach. Aún recuerdo que alquilamos un apartamento con un solo cuarto y una sala inmensa que convertimos en otro cuarto. Recuerdo que hasta el champú de Fabi se convirtió en mi champú favorito. Fabiola y yo somos ese tipo de amigas que logramos *#sobrepasar* esas pruebas que sufren las "amistades" cuando tienen que convivir, porque la convivencia es muy dura y hasta una pasta de dientes y/o un tomate pueden entorpecer la relación más bonita. Fabi y yo no fuimos la excepción. Luego de archivar momentos memorables de nuestra mudanza de país, decidimos emprender rumbos e ir por separado, pero el cariño quedó intacto. Más tarde, una pizza y la confesión, de mi parte, de que estaba esperando a mi primera hija hicieron que cualquier diferencia boba quedara atrás.

Hoy me siento un poco, o bastante Fabiola. Hoy sé que anoche ella, al igual que su hermana y madre, deben haberse dormido llorando; ese llanto que te lleva al sueño y te viene del alma, pues su rey, el líder de la familia ya se mudó al cielo, el lugar donde vive mi padre desde hace un poco más de cinco años. El señor Gustavo Nouel partió a los brazos del señor. Este virus nos ha robado a mucha gente, se ha llevado la sonrisa de muchos y ha dejado la marca en sus propios libros de historia. Siento un gran dolor al saber que a alguien más le duele el alma. No quisiera que a nadie le pasara esto tan horrible que es perder a un ser amado. Qué fastidio, qué impotencia y qué triste que ni siquiera se pueda ir a darle un abrazo a una amiga en esta situación, porque el distanciamiento social así lo pide. Es increíble, pero cierto. No puedo creer que no pueda ir a abrazar a una amiga por protegernos a ambas. Solo le pido sabiduría a Dios, eso que tanto dice mi madre que necesitamos para seguir hacia adelante en la batalla con esta pandemia que se ha llevado nuestra sonrisa muchos días. Y aunque sé que está muy claro que algo nos quería comunicar Dios con todo esto que ha sucedido, y en la necesidad que tenía el mundo de respirar y ser menos maltratado por el hombre, el 👑🦠 ha sido una gran prueba para nuestra fe, porque ha sido una noticia tras otra, un desafío tras otro; días en los que nos ha tocado ver a gente llorar, porque el bendito virus le arrebató a un familiar. Creo que es la peor sensación que hemos vivido. Lo lamento mucho, siento con el alma a cada persona que ha perdido a un ser querido en estos tiempos difíciles. Estoy pensando en ustedes.

Mi amiga Fabi, con una foto de su padre en Facebook y un "te amo", expresó su sentir a cientos de corazones que respondimos a su comunicado de amor con más empatía y bondad que en cualquier otro momento. A continuación, les dejo lo que mi amiga Fabiola Nouel compartió horas más tarde en su perfil de Facebook:

> Definición de felicidad: 'estado de ánimo de la persona que se siente plenamente satisfecha por gozar de lo que desea, o por disfrutar de algo bueno'. Yo lo eliminaría, y lo sustituiría por esta definición de felicidad: Gustavo Adolfo Nouel Peña, el hombre más feliz del mundo, quien se alegraba de todo lo que podía producir felicidad a sus semejantes, no solo a su familia cercana, no, también a sus amigos, compañeros, vecinos y etc. Si alguien me enseñó la cara que tiene la felicidad fue él, MI PAPÁ. Verlo era ver encarnada la felicidad en una sola persona: ser feliz está en ti, en cómo afrontar y vivir tus días; en saber que puedes bailar bajo la lluvia y no quejarte porque llueve, sino agradecer las bendiciones que caen del cielo. ¿Alguien pudiera imaginar un mundo con una población llena de Gustavos? Creo que sería el mundo perfecto, sin embargo, la perfección no existe en los seres humanos, él fue un hombre

perfectamente imperfecto, como siempre se lo dije. Ahora, pregunto yo, ¿cómo se puede vivir en un mundo sin la felicidad? Es complejo ¿no? Creo que solo se puede cuando sientes que está dentro de tu corazón. El dolor de sentir o de no sentir, de estar o no estar, de ser o dejar de ser, de todo y de nada... ¿Cómo se siente cuando no sientes nada? El fondo que hicimos para su tratamiento, que ayudó muchísimo —no se imaginan cuánto—, vimos cuánta demostración de amor para mi papá llegaba, y llegaba sin parar, y me dije: 'apenas salga de allí y logre conectarse y sentir esa felicidad de no haber estado solo, y sentir de qué forma era retribuida su bondad, su humildad, su amor incondicional, su alegría de vivir, su lealtad, sus valores de amistad y familia; él mismo les agradecerá a todos y cada uno de ustedes, quienes oraron, aportaron, tendieron la mano, dieron sus palabras de aliento, y un incalculable y gran amor'. Porque sé que todos apostaban por él, a su mejoría y a su sonrisa, todos lo hicimos. No quisiera agradecerles su amor, porque él se lo merecía todo y más; y uds. dieron todo y más por y para él, GRACIAS. Sé que Dios les recompensará cada oración, cada palabra, cada aporte a todos y cada uno, porque el amor para mi papá fue y es incalculable. Dios los bendecirá cada segundo de sus vidas con muchísima salud para ustedes y sus seres queridos, y sobre todo con abundancia, lo que siempre pidió mi papá para todos, para el mundo entero. Agradezco siempre el amor. Es así como el hombre más noble, carismático, humilde, bondadoso y feliz del mundo queda vivo, alumbrando nuestras vidas (como el farolito) para la eternidad. Nuestra reliquia en los corazones de todos. Le pusieron muchísimos sobrenombres y los llevaba muy orgulloso, ¡qué bello mi papá! Aunque ya no me leas papito lindo: te amo con mi vida; siempre te lo dije y te lo hice saber, espero que haya sido suficientemente explícita, y que no te haya quedado la duda nunca de saber cuánto amor siento por ti. TE AMA ETERNAMENTE TU HIJA MENOR".

También les compartiré otros testimonios de personas que lograron sobrevivir al Covid y cuentan su travesía:

J. BALVIN *#REPOST* @JBALVIN

¿Sabían que soy un ser humano con los mismos errores, miedos, anhelos y presiones como ustedes? Esta foto la tomó uno de los médicos quienes estuvieron conmigo en el proceso del Covid-19, Carlos y Sergio. Ellos son quienes cuidaron profesionalmente de mí, son familia. Recuerdo esta foto, porque en ese preciso momento tenía todos los síntomas y perdí la esperanza, al nivel de que pensaron en hospitalizarme. He padecido la ansiedad y a raíz de este evento se potencializó, pero acepto y enfrento los aspectos que afectan mi cuerpo y mi mente, y reconozco que soy vulnerable y MUY frágil, ante esta y miles de situaciones más. Siento en el alma a quienes han perdido a sus familiares en esta difícil situación de pandemia, además, porque sé que no solo las familias están afectadas de salud y anímicamente, sino económicamente

y laboralmente. Hoy solo quiero ser una voz de esperanza, ¡esto pasará! Cuiden de ustedes y de sus familiares. De esa manera, cuidamos de todos. Los amo. José."

DWAYNE THE ROCK JOHNSON *#REPOST* @BBCNEWS

"Dwayne 'The Rock' Johnson says he and his family are recovering after contracting Covid-19. The world's highest-paid actor said testing positive was a 'a kick in the gut', despite being 'disciplined' about health protection. The former wrestler said: 'This has been one of the most challenging and difficult things we have ever had to endure as a family.' In an Instagram post he urged fans to be careful and 'wear your mask... it is the right thing to do'. Tap the link in our bio for more. #TheRock #DwayneJohnson #Covid19 #Coronavirus #bbcnews

DANNA GARCÍA *#REPOST* @DANNAGARCIAO

Me siento en la obligación de compartir esto con ustedes. Estoy casi recuperada del Covid-19, ha sido una lucha enorme. Estas imágenes tienen un par de semanas y fueron para mi familia. Creo que debemos estar tranquilos y muy positivos, pero tener muy claro que esto es algo serio. ¿POR QUÉ hay gente en las calles sin mascarillas y sin protección? POR FAVOR, quédense en la CASA. Cuiden de su salud y la de sus familias. Hoy sigo aislada, tengo daño en los pulmones, pero sanaré con el tiempo. GRACIAS a todas las ENFERMERAS y DOCTORES, personal sanitario que cuidó de mí y de miles de personas en el mundo. Dios los bendiga. ¡Estamos UNIDOS! Vamos a salir adelante. Con amor comparto esto, porque SU VIDA y salud están primero. Mucha luz #quedateencasa #graciasdoctoresytodosuequipo (3 de abril)".

GIO MIRANDA *#REPOST* @GIOGIO03

Mi experiencia con el COVID-19: empecé alrededor del día 23 de julio. El día 25 salgo positivo para el virus, tuve todos los síntomas: falta de aire, diarrea por varios días, pérdida total de olfato y gusto, dolor de cabeza constante y a diario, dolor de cuerpo, tos y opresión en el pecho, mucho cansancio y vértigo por varios días. A pesar de haber tomado las medidas correctas y necesarias de cuidado, aun así lo contraje; afortunadamente ninguno del personal de mi trabajo se contagió. A lo que voy es que si creemos que lo podemos tener por algunos síntomas, debemos tomar conciencia por los demás. Yo, sintiendo los síntomas, sin saber los resultados, ya me cuidaba el doble y no estaba cerca de nadie, es muy importante que conozcan los síntomas; entender que conocer sobre este virus puede ayudar a salvar otras vidas. Esto EXISTE, esto es algo que hizo estragos en mi cuerpo, y terminé en el hospital con inflamación pulmonar, de los riñones e hígado. Agradezco no haber sufrido daños colaterales. Hoy en día agradezco a Dios, a mi familia en Miami, mi familia en México y a los amigos que estuvieron pendiente de nosotros. GRACIAS, con orgullo podemos decir que salimos de la mano de Dios de esto, y que no bajaremos la guardia porque cuidaremos más de nosotros y nuestra familia. Ayudemos a que otros tomen conciencia, ya que en cada cuerpo la experiencia es diferente. Después de varias semanas, finalmente hoy podemos agradecer a Dios por los resultados negativos. Hoy me incorporo oficialmente a mis labores. Ah, no permitas que se acerquen a ti sin cubrebocas, es importante el uso correcto del cubrebocas, no usen cubrebocas que sean de tela delgada o casi transparentes, o fashionables que no sirven, porque es como no traer nada. Investiguen, y usen los correctos (agosto 14).

MARIELA SANDOVAL-DOKMAJI *#REPOST* @PEKAS007

Hoy este par pasa por acá para contarles un poco lo que han sido nuestros días recientemente. Ojalá tengas ganas de leer algo un poco largo. Algunos días atrás el #Covid19 entró a mi casa. Después de tantas precauciones y cuidados diarios, siempre presente el uso de la mascarilla, múltiples restricciones, extrema higiene, distanciamiento social, familiar, y un cambio total en las actividades cotidianas que hoy en día forman parte de una 'nueva normalidad', mi hijo de 2 años y su papá dieron #Positivo al Covid19, y yo, siendo la única en casa que di negativo, tomé la decisión de no apartarme de mi hijo en ningún momento, sin importar lo expuesta que pudiese estar, y sabiendo las posibles consecuencias de contagio jamás me aparté de mi hijo, por supuesto, 'tratando de cuidarme', pero siempre junto a él, ¡las madres me entenderán! Hoy solo quiero compartir una reflexión que seguramente ya hemos escuchado y/o leído muchas veces: ya llevamos más de 6 meses en esta pandemia y con esto quiero simplemente decir que entiendo que hay que seguir trabajando, porque no hay otra opción, ya que todos vivimos tiempos muy difíciles en todos los aspectos, pero la responsabilidad de los 'presintomáticos' y 'asintomáticos' es vital. En muchas ocasiones, estos casos ni saben que están contagiados, y aquí es donde debe estar presente el sentido común y la empatía para con el mundo, hay que tener claro el significado de una pandemia. Cuidarte y protegerte a ti mismo con el uso de la mascarilla protege a los demás. Cuando el Covid entra a casa, el temor y la angustia también entran. La pandemia emocional muchas veces es más ruda que el propio virus. Nosotros, gracias a Dios, estamos bien. Solo debo dar millones de gracias a mi señor Jesucristo y a mis ángeles por cuidar de nosotros en todo momento durante esta etapa. Gracias a los pocos miembros de mi familia que sabían, por todo el apoyo incondicional a distancia en estos días tan difíciles y extraños. Gracias, mi Dios, ya salimos 'negativos' todos en casa. P.D.: en todos los test yo siempre salí negativo. ¡Cuídense y cuiden a los demás! Stay safe and wear a mask #PekasWorld #JorgeOswaldo (28 de agosto).

ANA KARINA MANCO *#REPOST* @ANAKARINAMANCO

Mi familia y yo estuvimos todos enfermos, les cuento que hace unas semana atrás me empecé a sentir mal, fuimos al médico y nos diagnosticaron #coronavirus. Menos mal somos personas sanas y estamos bien. Es importante recordar que si eres diabético, asmático, obeso, si sufres del corazón, los pulmones; o si eres mayor, corres peligro, así que debes mantenerte más aislado que los otros. Aquí todos salimos positivo: mi esposo, mis hijos, la Sra. que trabaja en casa, y de inmediato seguimos tratamiento, y como ya terminó todo esto, se los cuento: nos dio totalmente distinto a Vicente y a mí. A él le pegó corporal, muchos dolores en el cuerpo tipo "flu"; a mí me pegó en los pulmones, pero me sentía bien, solo en las noches me ahogué un poco. ¡A mis hijos no les dio absolutamente nada! Es importante dentro de esta mala información que hay, o mucha info, que sepan que en el mundo hay muchos países que ya están recetando unas pastillas que se dan empezando la enfermedad; no sé por qué aquí en #usa no las recetan y hasta @realdonaldtrump lo nombró. Yo no las pude tomar porque me dio #neumonía y me mandaron #esteroides y antibiótico de inmediato, y no se podían combinar con la #hidroxicloroquina. Previo al tratamiento, las medicinas tenían que darse empezando la enfermedad y solas (búsquenlas e infórmense) que en tres días mejoran un montón. Les cuento mi tratamiento: zinc, magnesio, vitamina D, aspirina, antibiótico por tres días y esteroides por siete días escalonados, más la nebulización cada seis horas. Gracias a los pocos que lo sabían, y que fueron prudentes y respetuosos, aunque siempre estuvieron pendientes, y a las amigas que me enviaron postres divinos, desayunos, etc. (las amo), a la suegra que nos hizo llegar de inmediato eucalipto, jengibre y más... By the way, terminé gordita con tantas cositas ricas, pero estoy bien. Un fuerte abrazo a todos, y cuídense que es fácil caer en las garras del #covid, hay mucha gente asintomática. #covid19 #actriz #pandemia #hidroxicloroquina #salud #anakarinamanco (12 de agosto)".

CAMILA CANABAL *#REPOST* @CAMILACANABAL

¡Mi gente amada! Ayer nos hicimos el test del coronavirus porque estuvimos en contacto con alguien que resultó positivo. Aunque nos sentíamos perfectamente bien era el deber ser para descartar, y sobre todo para proteger a todos a nuestro alrededor. Anoche llegaron nuestros resultados y las tres estamos positivas, solo mi esposo quedó libre, pero las tres estamos bien, nos sentimos muy bien y en unos días estaremos sanas, Dios a cargo. Por ahora, y hasta nuevo aviso, dos, tres, cuatro

semanas, o las que toque, estaremos aislados en casa hasta que le ganemos la pelea a este virus y podamos volver a salir. ¡Mientras tanto, mente positiva, agua, buena alimentación y la mejor actitud! Nos vemos en mis stories, espero poder seguir trabajando desde casa como he hecho en estos últimos cuatro meses de mi vida. Los punticos serán INFINITOS......... #NoMeDenConElDeito. Gracias por acompañarme en el camino, y por los bonitos deseos que siempre nos han regalado. Dios al mando #amen (12 agosto)".

GREIDYS GIL *#REPOST* @GREIDYSGIL

El #coronavirus tocó a mi familia, y uno de los casos ha sido mi mamá. Luego de la angustia, la espera y la incertidumbre, gracias a Dios se recuperó y nos volvimos a reunir. El vídeo, como ven, no tiene la mejor calidad, pues la intención no era postearlo, pero, como sé que muchas familias están pasando por esta situación, lo subo; ante todo para decirles que se cuiden mucho y no se confíen que esto es una realidad. No lo tomen a la ligera, porque este virus no hace distinciones y, desafortunadamente, no todas las historias tienen un final feliz. Si tienen a alguien enfermo, denle ánimo y buena energía, no pierdan la fe, pidan mucho a Dios, pongan su mente en positivo y visualicen el momento en que puedan abrazar y disfrutar nuevamente a sus seres queridos. A ver si logro convencerla de hacer un video contando su experiencia, porque es medio alérgica a las cámaras. Dios los proteja a ustedes y a su familia. ¡Cuídense mucho! #graciasdios #covid19 #family #reunión (31 de agosto)".

Esto lo publicó la presentadora de televisión, Giuliana Rancic, justo el día que se llevarían a cabo los *#Emmy,* el 20 de septiembre de 2020, cosa que nos impactó y nos confirma que en estos momentos, cuando ya han pasado más de siete meses de esta historia del Covid-19, siguen apareciendo más personas contando su encuentro con el virus que nos persigue y no nos deja tregua:

GIULIANA RANCIC *#REPOST* @GIULIANARANCIC

Hi, friends. I shared this video on E! earlier today to explain why I was going to be missing our Emmy show. As I prepared to fly to LA to host E!s Emmy coverage, I discovered that I, along with my husband Bill and our son Duke, tested positive for Covid-19. As you may know, the health of those around me is always my first priority. We are all three doing well and are isolating at home and taking very good care of one another. We aren't the first to get this news and we certainly won't be the last so please continue to follow the safety guidelines to protect yourselves and those around you the best you can. We are all in this together. Thank you so much to those of you who have been wishing us well. Please know we are sending you all lots of love from the three of us. Take good care G, B & D

CONSUELO DUVAL *#REPOST* @CONSUELODUVAL

Hace una semana me entregaron el resultado de la prueba del Covid, y cuando leí positivo, mi mundo se desbarató. Nunca había sentido tanto miedo en mi vida. Fue una semana llena de ansiedad y pánico. Estaba como paralizada, dejaba la cama empapada de sudor rogándole a Dios con toda mi alma que no hubiera contagiado a mis hermanos, o a mis hijitos, y que nada se complicara en mi cuerpo. Dios me escuchó y el bicho ha sido bueno conmigo. No tuve nada más que ansiedad, falta de ganas y mucho cansancio. Hoy, la ansiedad ha sido reemplazada por GRATITUD, alegría y unas ganas de vivir encabronadas. Estoy a siete días de librar esta batalla y vivir lo que me reste de vida celebrando cada segundo que respire, echando una cantidad de desmadres, que Dios guarde la hora, y haciéndole saber a mis CHINGADERITAS que son lo más importante en mi vida, que nos vamos a reír a carcajadas, y que nos vamos a abrazar muy fuerte (21 septiembre).

DONALD J. TRUMP *#REPOST* @REALDONALDTRUMP

Tonight, @FLOTUS and I tested positive for Covid-19. We will begin our quarantine and recovery process immediately. We will get through this TOGETHER!

Btw! Miren la reacción del doctor Elmer Huerta, en serio tenía que compartirla:

ELMER HUERTA *#REPOST* @DRHUERTA

> *El hombre más poderoso del mundo está aislado en la casa más poderosa del mundo, con enfermedad que negó tercamente y de cuyas medidas preventivas se burló. Lo peor es que no hay medicina que darle. El hombre más poderoso del mundo está echado a su propia suerte. Ojalá mejore y aprenda...*

¿Cómo les parece? Gracias a Dios, para el momento de escribir este capítulo, sigo sana (25 de septiembre de 2020). Vale la pena dar un paseo por mi salud y los meses de pandemia, de hecho, no había vuelto a escribir, porque he estado documentando todo lo que leerán en mi segundo libro, si Dios quiere. Desde marzo de este 2020 "tan particular" a este mes de septiembre, he tomado todas las medidas necesarias para mantenerme sana, a pesar de todas las críticas que uno recibe por las medidas que decidimos ajustar a nuestra cotidianidad.

Las vitaminas se han hecho mis mejores amigas. Si antes las tomaba, ahora me encargo de vigilar que todos en casa tomemos todos los complejos vitamínicos habidos y por haber. En lo personal, he cuidado mi sistema inmunológico desde antes del Covid-19 y ahora con mayor atención. Dentro de lo que llamé "cuarentena obligatoria", estuve encerrada completamente hasta que fue necesario salir. Abrí mis puertas luego de que las cifras de contagio bajaron y, más sencillo que eso, empecé a entender que el virus se quedaría mucho tiempo más entre nosotros, tanto así que no existe una fecha probable de retomar aquella normalidad alejados de mascarillas y protocolos de distanciamiento. Nada es contundente, nada es preciso, lo único real es que el virus estará y debemos vivir a su lado sin que nos toque. Al parecer, este condenado virus es más inteligente que un Premio Nobel.

Esto es algo sin precedentes. Es más, mi gente, ahora mismo cuando septiembre se está acabando, hablan de repuntes en España, lugar donde viven unos primos, exactamente en Madrid, y donde, al igual que en otros lugares, la gente se hartó de la anormalidad y está haciendo su vida porque prefieren esto a los meses de encierro. Esta es una decisión personal y es el resultado de tantas cosas que han desestabilizado cada área de la vida de todos. Cada cual lo maneja como mejor le parece.

Ayer, hablando con un amigo, llegamos a la conclusión de que durante este tiempo quienes deben haber tenido MUCHO trabajo son los psiquiatras, pues todo esto, más que afectar el bolsillo y la economía mundial, afectó la psiquis. Muchas personas recurrieron a quitarse la vida, muchos perdieron sus negocios de toda la vida y otros decidieron vivir, más bien "vivir" con todo y Covid. A veces creo que hasta el 👑🦠 es una cuestión de actitud, ya que estar feliz, hacer ejercicio y dormir bien son, entre otros elementos, los que mantienen el sistema inmunológico arriba. Siento que este tema del Covid y su manejo, las reservas de cada persona, los cuidados y maneras de vivirlo son muy personales. Este es un tema que divide, como si de política o religión se tratase; también sé que ha sido una prueba de resistencia. El virus pone en el tapete qué tan preparado está cada quien para lo inesperado, para una contingencia así de grande. Dios nos ha permitido evaluarnos, ver el tamaño de nuestra fe y el amor que le tenemos al prójimo.

Sin duda, amores míos, no sé cómo han llevado esto, pero es una temporada de retos y de agradecer lo que somos, lo que tenemos y hasta lo que vivimos, porque después de esto somos más fuertes. Y aunque lamento en el alma todas las pérdidas de las miles y miles de personas que han perdido a un ser amado, también les digo, como hija de un hombre que murió inesperadamente, que esos golpes de la vida nos hacen entender de qué estamos hechos y de lo que somos capaces de sobrevivir.

Ustedes son resilientes, nunca lo olviden. Son personas con capacidad de adaptarse hasta al dolor tan terrible que el desapego produce. Ya a este punto no sé si sea verdad que este virus de porquería tocará cada puerta por ser exactamente un virus. Yo, por lo menos, seguiré combatiéndolo con mis tres elementos básicos para sobrevivir: lavarme las manos, jamás dejar de ponerme mi mascarilla y fortalecer mi sistema inmunológico. OBVIO, evitar el virus lo más que se pueda, mantenerlo alejado y darle al cuerpo armas para batallar con el 👑🦠, si fuera el caso.

Para mí, lo ideal es no contagiarme, pero si Dios quisiera que eso pasara prefiero que mi cuerpo esté fuerte y listo para cualquier desafío. *#CosasQueSienteCaro*

CAPÍTULO 20

ASÍ VIVIERON MI SALIDA

VENENOSA
Enero
febrero
marzo
abril
mayo
junio
julio
agosto
septiembre

ENTREVISTA A GUILLERMO POUS / ABOGADO / @GUILLERMOPOUS

"No es la apariencia, es la esencia.
No es el dinero, es la educación.
No es la ropa, es la clase".
Coco Chanel.

Guillermo Pous es abogado experto en propiedad intelectual y entretenimiento, y ahora fundador de Pous Agency, compañía especializada en representación de talento, relaciones públicas, producción de espectáculos y control de medios. Él nos explica desde su óptica que: "hoy por hoy, Carolina 'La Venenosa' Sandoval cuenta de manera independiente y completamente orgánica, con más de 10 millones de seguidores en sus redes sociales y plataformas digitales, reafirmando ser el ejemplo perfecto del *embodiment* de su marca, bajo los estándares más estrictos y puros de la mercadotecnia, compitiendo de uno a uno contra el *rating* de cualquier programa de televisión especializado en espectáculos".

Comenta también que siendo una de las *influencers* más renombradas en el medio, ha demostrado ser el empoderamiento de la mujer latina con un claro perfil empresarial, generando contenido original de manera *in-house*, que logra penetrar con enorme empatía en cada uno de sus seguidores y patrocinadores, incluso, esa empatía que se llega a tener con los denominados *haters:* "Carolina está más fuerte que nunca, sabiéndose dueña de sus decisiones para continuar e iniciar grandes proyectos en su vida personal y profesional. Con su afamado *#ElTrasnochoConCaro* y ahora *#ElAlmuerzoConCaro,* reafirma que su polémico nombre va a seguir implicando aparición en los principales titulares de los tabloides del entretenimiento en temas empresariales como creadora de contenidos y por la manera de impactar a su público de manera sensible y humanitaria".

Pous señala que su modelo de negocios es una magnífica alternativa, completamente redituable y, sobre todo, con resultados comprobables y comprobados. Con recursos propios, habituales a los que se acostumbran para tal manejo de comunicación de sus contenidos, produce una importante dinámica de comunicación con el público consumidor, lo que le ha permitido seguir generando especialización y experiencia determinante en modalidades y alternativas de negocios. Guionista, intérprete y escrupulosa productora, persona y personaje, entre otras, es la imagen perfecta del *all in one* que jamás será efímero. Su rebeldía espontánea le da la fuerza para provocar y penetrar en los mercados en que busca anclarse, así logra un alto grado de exposición para sus contenidos, influyendo determinantemente en la toma de decisiones de su público".

El experto concluyó, de manera contundente: "me atrevo a afirmarlo no como su amigo ni como su abogado, sino como profesional en esta materia, la venta o generación de experiencias, a través de personas con características tan únicas como las de Carolina logran hacer que la situación se vuelva única, determinante, con estándares para dejar una base en esta nueva época de evoluciones tecnológicas y culturales".

GIOVANNA MOLINA / FOTÓGRAFA / @GIO_COACH

Conocí a Carolina en 2017 por una amiga en común. Empecé a seguirla en redes sociales y a ver su contenido constantemente. Desde que la conocí, creamos empatía y me convertí en una persona cercana. Durante estos últimos tres años, he sido testigo de su crecimiento vertiginoso como persona pública en televisión, en redes sociales y también como empresaria.

Carolina tiene un don, la capacidad de crear contenido, de improvisar y generar soluciones en momentos críticos. Esto era evidente en el programa de TV donde estaba, y a pesar de tener segmentos muy bien establecidos, la forma de presentar el contenido dependía de la personalidad de cada uno de sus presentadores.

Quizás yo no fui una televidente fiel del programa, pero un día prendí la TV para verlo y, casualmente, ese día Carolina no pudo asistir, entonces me pareció aburrido y falto de chispa sin ella en el set. Para mí, ella era realmente el *rating* de ese show y se lo dije en varias oportunidades. Desde afuera y por lo que se veía en medios y redes, Carolina era una persona que pisaba fuerte dentro del canal, con un equipo de trabajo muy armónico y que la amaba profundamente. Tuve la oportunidad de verlos a todos ellos en reuniones en fechas especiales en la vida de Carolina.

Cuando empezó la pandemia vi cómo la situación de la televisión se volvía un reto para todos, incluyendo la producción del show, donde tuvieron que reinventarse para poder salir al aire, transmitir desde casa, etc., y vi a Carolina, a su familia e incluso su casa, adaptarse a los nuevos retos de trabajar remotamente. Pasados unos meses dentro de la pandemia, el canal abrió de nuevo sus puertas y empezaron a transmitir en vivo. Cuando esta transición empezó a suceder, Carolina siguió transmitiendo desde casa y algunos otros compañeros del programa transmitieron desde el estudio. En mi opinión, esta sería una situación insostenible a largo plazo, por los privilegios que, desde mi punto de vista, Carolina estaba teniendo por encima de sus otros compañeros; las otras personas del equipo estaban en riesgo trabajando desde el canal, mientras ella transmitía desde la seguridad de su casa.

Enterarme por redes sociales de que Carolina ya no era más *host* del programa fue una sorpresa enorme, pero para mí era lógico lo que la productora había decidido hacer. En mi opinión, esas diferencias no pueden suceder dentro de una organización y, por lo tanto, Carolina debía salir. Nunca cuestioné la decisión de prescindir de los servicios de Carolina, pues cada empresa realiza los movimientos internos que le resulten más convenientes, lo que sí me pareció absolutamente inconcebible fue la forma. Que un empleado de una empresa del calibre de ese canal se entere por redes sociales que ya no tiene más trabajo... es absolutamente inaceptable. Toda esta situación ha sido un show de desinformación y silencio en redes sociales, un circo que tiene a todo el mundo con la boca abierta. Estoy segura de que este silencio solo puede obedecer a una gran cantidad de secretos e intrigas internas dentro del canal que hace cuestionar las políticas y prácticas de esta empresa, afectando a la vez su imagen y la de Carolina.

Yo creo que las empresas se deben a su gente, y más aún si estas empresas son mediáticas. Hay mucha gente interesada en distorsionar la realidad y fue exactamente lo que sucedió en todo este proceso. No darle claridad a la audiencia fue la peor cosa que pudieron haber hecho, pues dejó la situación a múltiples interpretaciones. A todo el mundo le pregunto quién tiene claridad del porqué Carolina salió del programa y nadie tiene una respuesta clara, es todo especulación.

Independientemente de todo esto, veo a Carolina distinta, más consciente del poder que tiene y con los pies más puestos sobre la tierra. Ayer que hablé con ella, volví a ver a la mujer encantadora, simple y humana que conocí en 2017. Pude ver una mujer que no se deja; que el dolor, en vez de consumirla, le da la fuerza para reinventarse cada día, seguir creando y ser su mejor versión para todos sus seguidores.

Para mí, la salida de Carolina fue lo mejor que le pudo haber pasado, una absoluta bendición. En este momento, con el giro que ha tomado *#ElAlmuerzoConCaro,* ella tiene el control y la visibilidad que necesita, y está haciendo lo que mejor sabe hacer, crear contenido y relacionarse con la gente.

Como le dije mientras trabajaba en el programa: "tú necesitas un programa donde seas tú el centro, porque ahora, aunque te sientes a un lado, eres el centro".

ALEXANDER HERNÁNDEZ/ ESCRITOR Y AUTOR VENEZOLANO @ALEXESCRIBE

Los mejores comienzos tienen su origen en los finales más abruptos, nada sucede por casualidad. La salida de Carolina Sandoval del show televisivo, para mí solo es comparable al efecto *Big Bang,* ese mismo que según los físicos dio origen a nuestro universo. Ya esa "sopa" estaba como el planeta, envuelto en una pandemia, donde el foco de mayor contagio estaba representado, irónicamente, por el exceso de "mascarillas" en cada uno de sus miembros. Hasta un "padrino" que se pintaba como príncipe de las mil y una noches, resultó ser el malvado mago de *Aladdin,* Jafar, quien con su respectivo tapabocas esparcía "SOPID 19", haciendo de cada botana un foco de contagio y tristemente hacía que la curva de contagio se extendiera a todo el equipo. Cuando la botana pierde ese picor, se pierde esa complicidad entre el programa y su público, la audiencia se siente acéfala y muchas veces defraudada. La receta ya no es la misma. Si se pierde la primera fórmula, nadie queda contento y en el "jacal" los comensales prefieren dejar el plato, antes que tomarse una Maruchan instantánea, así como un caldo sin sal y aguado, sin los colores y sin la alegría de un gran fervor que antes se disfrutaba en familia.

Muchos, incluyéndome, pensamos que Carolina Sandoval reaccionaría como Thalía en *Marimar* cuando los villanos de la telenovela se dieron banquete con su gallina Macha. En su momento y por antojo del escritor, el personaje se refugió en el llanto y corrió a los brazos del padrecito Porres, pero nuestra "venenosa" es de la vida real y solo cree en el amor de su Nick, sus Amalias y su Bárbara. Este amor infinito la lleva cada día a luchar, a reinventarse y tal como sucede con la teoría del *Big Bang,* explota en la escena pública y desde cualquier plataforma crea su "galaxia vía *streaming*", sacudiendo espirales y transformándose en una vía láctea muy especial.

Ya cansados de una "comida aburrida", ahora nos llena los mediodías con los sabores de su almuerzo. En los primeros 20 minutos de *lunch* es la típica Thalía de los primeros capítulos, inocente y espontánea, come con las manos, toma de una pajuela, se harta de tortillas, hace hallacas y, sin guión prescrito, para el final de sus tertulias borda mensajes de princesa para sus invitados. No deja cabo suelto con ellos, es que nadie se resiste a su cazuela contundente, cargada de proteínas y buenos guisos sin "excesos de agua".

Los excesos de agua solo rebozan los calderos, y las verduras se pierden en el fondo de una olla casi sin contenido. Ella es un cometa y, en sus propias palabras, tengo la frase correcta para describir lo que sucedió "Dios escribe derecho en líneas torcidas". Ya su cola necesitaba abrirse hacia otras nebulosas y contar historias más profundas de la dimensión humana, acorde a los nuevos tiempos, pues el mundo ha cambiado. Sin desmerecer su anterior ejecución del trabajo periodístico, mi *TV host* preferida ahora tiene otra tribuna, la audiencia está más interesada en la esencia del entrevistado que en la trivialidad de un divorcio o en la banalidad de una alfombra roja.

Ahora es que conoceremos más de esta conductora de farándula, cada reproducción desde su canal de YouTube tiene un planeta propio, teoría de creación y génesis hecho con la costilla de mujer para dar cuerpo y escenario a su verbo, que es lo único que no se faja. Una mujer con temple, a la que le sobra tarima. Ella, de tanto resistir, siempre se nos presentará regia, dejando en nuestra retina esa imagen de triunfadora como la que nos dejó Thalía cuando se casó en la iglesia de San Patricio en Nueva York... es que la gente buena para sus finales y sus comienzos siempre tiene la bendición divina. Insisto con la cantante mexicana y ella porque me encanta la analogía. Carolina es tal cual como la canción *Brindis* de la intérprete azteca: "se abraza a su guitarra, canta fuerte su plegaria" y remata: "seguir creyendo que hay un Dios, que me endereza de un tirón la puntería".

Ella es como los sueños de Cuarón y de Iñárritu. Sin ser mexicana es un grito de ¡Viva México, carajo!; es el *Alma Llanera* de su Venezuela natal; es la Rosa de Guadalupe haciendo milagros con las necesidades de sus fans, pero sobre todas las cosas, es la voz de Latinoamérica, es la voz de todos los que tenemos un sueño; esa voz que una producción trató como una migrante sin papeles, pero nada la detiene, nadie, ni el muro que quisieron construirle desde el foro donde se emite el desabrido consomé. Su voz conciliadora es imparable, la aplaudo de pie porque ella es una ciudadana del mundo y en sus palabras me despido: 'AGRADÉCELO TODO Y VENCERÁS'.

KARLA NÁJERA / PUBLICISTA DE CAROLINA EN MÉXICO / @KARLANAJERA22

Ya son más de 20 años llenos de sorpresas, de gente nueva, de encuentros y desencuentros, de paradas en lugares inesperados, de emociones y grandes satisfacciones. Más de 20 años de transitar por la ruta de la industria del entretenimiento, en la que tuve el gran privilegio de conocer a personas que admiro mucho como Ismael Cala, Chris Gardner, León Krauze, Rigoberta Menchú, Arturo Pérez-Reverte entre otros.

He conocido otras personalidades admirables por su vida y obra, todos ellos, además de su talento, tienen una genuina grandeza que ha enriquecido mi quehacer periodístico con su gran talento y humanismo, dejándome invaluables vivencias que hoy son parte imprescindible de mi experiencia personal y profesional como comunicadora. Sin duda agradezco y agradeceré por siempre el estar en sintonía con el ansiado "sincrodestino".

Hace un par de años, aproximadamente, me di a la tarea de ver un programa que tomé como referencia del *show business*, por la necesidad de estar monitoreando estos medios de espectáculos dada la naturaleza de mi trabajo. Al ver a la conductora de ese programa me sorprendí; si bien es cierto, me llamó la atención en primera instancia por su protagonismo, la analicé objetivamente en el momento y vi que era un protagonismo natural y genuino. Esa chispa especial me atrapó.

Ahí estaba ella con su acento jacarandoso y diferentes cambios de pelucas a diario. Su personalidad camaleónica me hizo esperar cada día su nuevo *look* y antes de iniciar su programa pensaba "y el día de hoy ¿qué irá a sacar?". Me volví fan de su improvisación porque queda claro que se llevaba, en ese programa, una directriz que ella rompía, pues era atinada y segura en sus comentarios y punto de vista muy peculiar. Posteriormente, fue su chispa que me hizo buscarla en Instagram y vi que estaba con su familia viajando por las Islas Griegas, ¡guau, qué maravilloso! Me transporté con ella. Empecé a ver sus historias y lo primero que me llamó la atención fue que se encontró con unas fans que la reconocieron y, sin esperar, Carolina las empezó a grabar en lugar de que sucediera al revés como es común... la naturalidad y la sencillez de su forma de ser, a pesar de ser ya una persona muy conocida en el mundo del entretenimiento, captó mi atención y pregúntenme si he conocido celebridades...

En mi vida como Periodista y Relacionista Público me he llevado sorpresas con los grandes, en términos de calidad humana y sencillez, como una Celia Cruz, Gloria Estefan, Chayanne, Rocío Dúrcal y no es compararla con estos grandes cantantes, sino resaltar la calidad de ser humano como conductora de un programa reconocido en la unión americana. Me perdí algunos programas por los giros inesperados que la pandemia dio en la vida de toda la humanidad. Pero cuando por fin la volví a buscar, ¡oh, oh sorpresa! No la hallé, así que me asomé a chismear a su Instagram y me encontré con la polémica en redes sociales de que había borrado un video. ¡Dios mío, no lo vi y lo empecé a buscar! De que lo encuentro, lo encuentro porque... lo que sube a las redes... los fans y los *haters* se lo quedan... y lo vuelven a subir. Seguí su historia sin pensar que en un par de días estaríamos hablando por teléfono. Uno de mis actuales clientes me marcó y me dijo "¿conoces a 'La Venenosa'? ¿Te interesaría llevar las relaciones públicas de ella en México?", y sin dudarlo contesté que sí, a las pocas horas nos presentaron por correo y a los minutos ella me marcó... debo confesar que me puse nerviosa porque yo no la conocía, tenía una percepción del personaje que ella significaba para ese programa... he tenido que tratar con clientes de diferentes personalidades, como en todos lados, unos muy accesibles y otros no tanto... sin embargo, estaba hablando con la mismísima Carolina Sandoval a quien empecé a seguir en sus redes un par de años atrás... de nuevo lo llamé "sincrodestino".

Fue un acelere en mi vida personal, pues he estado acostumbrada a trabajar bajo presión y, sin duda, ya llevaba un ritmo de horarios preestablecidos y organizados. Cuando ella me comenta que ya quiere trabajar al día siguiente, mandé mi propuesta y a los dos días ya estábamos trabajando en conjunto a pasos agigantados, lamentablemente y por la pandemia a distancia.

A mi vida llegó el aceleramiento total, porque los primeros días y con el fin de conocer ambas nuestra forma de trabajar, empezamos a hablar muchas veces al día, me sentí en un momento agobiada, pensando "¿y así va a ser todos los días? ¡Dios mío!". Fue un proceso de adaptación, digamos, corto y ya al poco tiempo, con cierta comunicación, empecé a entender su activa forma de trabajar. Su posicionamiento en México no ha sido fácil, aunque es ya muy conocida en la unión americana, en el mercado mexicano no lo era tanto, sin embargo, su nueva temporada de *#ElAlmuerzoConCaro* nos metió en una actividad diaria impresionante con la prensa. A los días, ya algunos colegas me decían: "¡oye en tan poco tiempo la has posicionando para que la conozcamos en México, ya la sigo en Instagram!".

Nos da mucha satisfacción saber que sus entrevistas en *#ElAlmuerzoConCaro* las toman como referencia en los programas de entretenimiento en México. Eso es buena señal y no hay día que no salga una nota de Caro, tanto para criticarla como para hablar de las hazañas en sus redes, porque ella siempre, de manera natural, ya es noticia y no faltan los titulares con su nombre a diario en el mundo del entretenimiento latino. Si bien es cierto que cada día que trabajas con Caro es sumamente diferente, tal cual es su personalidad... tan diferente como sus pelucas, sus *looks*, sus trajes de baños, sus fajas y pantalones o sus pestañas... pero eso le da sabor a mis actividades diarias a nivel laboral.

LA TRANSICIÓN HACIA SU LIBERTAD DE EXPRESIÓN

En el día a día que empecé a trabajar con ella, comencé a conocer sus fortalezas y debilidades; pude ver su transición personal y laboral, y sin duda tuve la fortuna de verla renacer... bien dicen que los ciclos duran siete años, tiempo suficiente para emprender el vuelo... solo pensé "ya era tiempo de salir de ahí y si no se mueve, el universo la tenía que mover" y aunque no fue la mejor manera de salir de su anterior programa, empecé a ver su verdadera evolución personal.

Su vulnerabilidad se vio afectada por un sinfín de incongruencias con sus anteriores compañeros de trabajo. Finalmente, yo lo visualicé como "sálvense quien pueda" en el ámbito laboral y la arrastraron dañando lo más profundo de su ser. Pero esa vulnerabilidad la transformó, así como el dolor que sintió por la traición, que la levantó manteniéndose de pie y con la mente en alto, defendiendo a capa y espada a su familia que, como buena mujer latina, lo único que hizo fue protegerla a costa de todo. Su libertad de expresión fue evolucionando, ella dice lo que quiere en sus redes, lo que le viene en gana, sin directrices que seguir, sin guiones, sin un panel, solo una habitación de su casa y el apoyo incondicional de su familia y su gran creatividad.

DONDE ESTÁN TUS PRIORIDADES, ESTÁN TUS OPORTUNIDADES...

Descubrí a una mujer sin límites, sin complejos, loca como ella sola, pero humanamente vulnerable, susceptible y transparente con la gente que la conoce... irónicamente y por la pandemia no nos conocemos en persona, pero cada vez que la escucho por teléfono o notas de voz, voy descubriendo, en mi nueva clienta, una nueva amistad. Aunque la gente crea que Carolina necesita estar almorzando, como ella dice, para dejar hablar a sus invitados... es una mentira, ella sabe escuchar como la Periodista que es, su creatividad e inteligencia al elaborar sus preguntas habla mucho de ella, es analítica y yo como Periodista sigo aprendiendo.

Es perfeccionista en su trabajo, sabe lo que quiere y los resultados que va obtener, pero esto no la hace fría y calculadora, al contrario, a través de sus propias experiencias ha sabido valorar el esfuerzo de cada uno de los integrantes de su equipo actual y darle el valor que se merece a cada uno por sus funciones laborales. Lo que más me ha sorprendido de Caro es que su creatividad no tiene límites, no hay estrategia establecida, día a día se le van ocurriendo cosas, incluso en el mismo momento de trabajar; es una locura total a favor de todos y cada uno de sus proyectos, no necesita creativos en su equipo... ¡ella es la creatividad con pelucas! Solo necesita quien crea en esas ideas y alguien con ganas de trabajar.

Admiro cómo saca fuera los complejos, que nunca existirán en su vocabulario. Independientemente de mi trabajo personal, me sorprenden sus historias en Instagram, me divierten, me río a distancia con sus locuras y ocurrencias... que, sin duda, hacen conexión de manera orgánica con gente de verdad, sin caretas, auténtica como ella sola. Ella misma es un ejemplo de vida a seguir, en el que nos debería valer un reverendo pepino el qué dirán... su historia personal es para recordarnos que nuestro pasado no nos define y que tenemos la capacidad de trabajar nuestras heridas, salir adelante, reinventarnos y resurgir a la vida más empoderadas.

A tan solo unos meses de conocerla, siento como si la conociera de toda la vida, pues la veía a diario en el show de televisión y me divertía con sus ocurrencias. Desde antes, ya era parte de mi cotidianidad y la sentía parte de mi familia, aunque ella apenas me está conociendo y agradezco su confianza en mi trabajo.

Solo quiero expresar que me siento bendecida por cruzarnos en el camino... ¿sincrodestino? Tal vez, de lo que sí estoy segura es que hacemos química, me inyecta su hiperactividad, no me canso de verla moverse en sus redes todo el tiempo. "¿De dónde saca tanta energía?", me pregunto a diario ja ja ja, sin embargo, sé que pase lo que pase, la visualizo algún día en México, por supuesto, almorzando juntas, con unas exquisitas garnachas, un pozole o mole poblano y chismeando acerca de la vida...

IVÁN CARRILLO / DIGITAL MANAGER DE CAROLINA / @IVANCARRILLOTV

Mi nombre es Iván Carrillo y soy el *Digital Manager* de Carolina Sandoval. Conocí a Caro en 2014 cuando el canal de televisión me contrató como *Social Media Producer* para el programa. Carolina era uno de los talentos del show, al lado de otros panelistas. Parte de mi trabajo era crear contenido con los talentos del show para las plataformas de Facebook, Instagram y Twitter. Carolina siempre fue disciplinada, divertida, irreverente y creativa, cualidades fundamentales para destacarse en *social media.* Además se le notaba su gran interés y pasión por las redes sociales, tanto así que en algunas ocasiones tuvimos diferencias en la apreciación del tipo de contenido que debería subirse a las redes, conversaciones necesarias para explorar diferentes opciones de contenido.

El tiempo que trabajé en el show me permitió conectarme con ella mucho más allá del área profesional, tanto así que fue una de las pocas personas que invité a mi boda en la ciudad de Nueva York.

En el 2017, nos volvimos a conectar laboralmente, primero como asesor y luego como *Digital Manager*. Un trabajo que empezó durante mi estadía en Londres. Sin importar la distancia o diferencia horaria siempre hemos estado conectados compartiendo y desarrollando ideas para el mundo digital. Ella como experta en creación de contenido y yo como administrador y experto en monetización de las plataformas. Una rama de los tantos negocios de Carolina que le ha permitido tener estabilidad financiera.

Ahora que están al tanto de mi conexión con Carolina, les cuento que fui yo el que borró el "En Vivo" que hizo Carolina la tarde del miércoles, 22 de julio en Instagram. Un *Live* que generó gran controversia y cambios en la vida de Carolina y el programa de televisión en el que estaba. Carolina tiene la política de no borrar ningún contenido que se publique en cualquiera de sus plataformas, sin importar los comentarios y reacciones en contra que este pueda generar. Yo lo borré bajo mi propio criterio, pues sabía que, aunque fue una conversación sincera entre Carolina y sus seguidores, como las que ella suele tener a través de sus plataformas, creo que fue un "En Vivo" en el que Carolina estaba muy afectada por las recientes noticias que había recibido y se notaba la presión que estaba sintiendo. Destacando, primordialmente, el diagnóstico de Párkinson de su mamá, doña Amalia, algo que la afectó mucho y la puso aún más rigurosa con las medidas de bioseguridad para protegerse del Covid-19. Estas medidas no eran algo nuevo, recuerdo que ella dejó pasar varias oportunidades de negocio como la promoción de un crucero y la promoción de muchos otros productos que necesitaban su participación fuera de la casa.

Aunque su salida del programa fue repentina y sorpresiva, Carolina estaba preparada para que su familia no sintiera el impacto económico que puede dejar el perder un empleo, pues llevaba varios años potencializando su marca a nivel digital y creando una comunidad que, a la fecha, supera los 11,7 millones de seguidores combinando todas sus plataformas. Su contenido en Facebook se destaca por su alto *engagement,* pues sus videos llevan un mensaje poderoso de amor propio, sin importar cómo luzcas o cuánto tengas en el banco. Sus videos han conseguido, en el último año, más de 7.000 millones de vistas, generado grandes ingresos por monetización en Facebook, y en Instagram sus números de *views* y seguidores han incrementado notoriamente. En resumen, la pandemia y la salida del show le han permitido a Carolina conectarse más con sus seguidores, pues ha podido desarrollar mucho más contenido gracias a la adaptación de *#ElAlmuerzoConCaro,* donde tiene invitados que se destacan en el mundo del entretenimiento. Además, ha podido tocar temas más sensibles e importantes en *#ElTrasnochoConCaro* y dedicar más tiempo a la incorporación de nuevos productos a su página

CAROSANDOVAL.COM. Siempre he creído que el tiempo de Dios es perfecto y esto que pasó con Carolina y las grandes cosas que están pasando son otra muestra de ello.

ANDREA VIVAS ROSS / EDITORA Y CEO DE @PAQUIDERMOLIBROS

Cada cosa que pasa en la vida tiene un propósito, a veces no lo vemos o no entendemos cuál es, sin embargo, con el pasar del tiempo, somos capaces de apreciar con otros ojos aquello que considerábamos negativo para convertirlo en algo positivo.

Nadie quiere ser despedido o desprendido de algo que se hace con pasión. Son decisiones que, aunque no dependan de nosotros, pueden cambiar significativamente nuestro rumbo y hasta mejorarlo. Insisto, es probable que al principio no lo veamos así, pues una sacudida siempre es difícil de asimilar, pero luego te das cuenta de que era necesario y solo toca mirar hacia delante.

No soy quién para juzgar o hablar por otros. No me toca a mí determinar si hacía falta o no una sacudida en la vida de Carolina, porque es ella quien tiene la respuesta. Solo sé que desde afuera, las cosas se ven diferentes. Es decir, cuando estamos sumergidos en el meollo del asunto cuesta más ver las cosas con claridad, por eso alejarse un poco siempre ayuda. Yo, que lo veo desde afuera, desde mi irremediable optimismo, nunca sentí pena por ella, al contrario, lo primero que pensé cuando me enteré de su salida del show fue: "si hay alguien capaz de superar eso y sacarle provecho es ella". Carolina es una marca personal muy bien establecida, con un exitoso negocio familiar y diferentes productos; ella no necesita ya un horario televisivo para hacerse notar, sus redes sociales son su plataforma más grande y eso nadie lo puede negar.

Les confieso que me enteré por ella misma, antes de que las redes explotaran. Estaba segura de que esa noticia traería una fila enorme de curiosos y otros más chismosos, a los que les da mucho morbo este tipo de polémicas. Claro está, las redes se prestan para esto y el chisme es ya parte de su columna vertebral, sin embargo, nunca me identificaré con aquellos que disfrutan el "mal ajeno", y lo pongo entre comillas porque sigo convencida de que a todo lo que sucede se le puede encontrar un lado bueno. Y lejos de estar mal, siento que Carolina se ha permitido crecer, ahora es libre para hacerlo todo tal como ella lo sueña. Al final, solo busca conectar a través de las redes y ahora, con este segundo libro, nos vuelve a abrir las puertas de su casa en el momento más vulnerable de la humanidad. En medio de una pandemia que nos ha tocado sortear, y que con amor y apoyo familiar sabremos superar.

EPÍLOGO

Esto me llegó al chat de WhatsApp de mi familia y me pareció interesante compartirlo porque, sin duda, cuando ustedes lleguen a esta parte del libro seguro seguiremos en lo mismo que estamos con referencia al virus y en estos tiempos difíciles necesitamos este tipo de información más que otra cosa, así que copio textual:

DR. MIGUEL ÁNGEL CASTILLO / JEFE DE NEUROLOGÍA IGSS (EN GUATEMALA)

> AUNQUE TE QUEDES EN CASA no vas a evitar el Covid 19. Algún día vas a tener que salir y el virus seguirá por ahí como muchos otros virus, bacterias y parásitos. Pero un cuerpo sano, fuerte, emocionalmente estable y saludable es menos propenso a enfermarse y morir con el Covid 19. ¿Y qué crees? Vendrán otras pandemias, otros virus mutados u otras enfermedades letales, etc. Todos en este país necesitan empezar a entender que, o CUIDAS BIEN tu cuerpo, o el Covid u otro virus o cualquier otra enfermedad, tarde o temprano, te OBLIGARÁ a quedarte en

casa, y eso nadie lo está diciendo en las noticias. Solamente dicen: "No salgas, no veas a nadie y muere de miedo en el encierro".

LO QUE NO NOS ESTÁN DICIENDO ES que el mantenernos sanos, física y emocionalmente, nos puede colocar en el grupo de los asintomáticos o, por lo menos, en los contagiados con síntomas leves. TAMPOCO NOS ESTÁN DICIENDO cómo lograr una salud óptima. LO QUE SÍ ESTÁN DICIENDO es cómo frenar la propagación, pero NO el cómo enfrentar, resistir y superar esta, o posibles futuras pandemias. Así que si en los últimos meses o años has tenido un peso y una alimentación sana no te preocupes, estarás bien.

Si realmente queremos evitar vernos severamente afectados por el COVID-19, la pregunta que deberíamos estar haciéndonos en este tiempo es: ¿CÓMO FORTALEZCO MI SISTEMA INMUNOLÓGICO?

Aquí la respuesta, y es algo que todos sabemos, pero pocos lo hacemos:

• HACER EJERCICIO REGULARMENTE (eliminamos toxinas y ayudamos a la distribución completa de los nutrientes y defensas de nuestro cuerpo)

• DESCANSAR LO SUFICIENTE (solo cuando estamos dormidos, los órganos y químicos de nuestro organismo se restauran)

- NO FUMAR (TODAS las partículas de humo irritan y dañan los pulmones)

- TOMAR LA CORRECTA Y SUFICIENTE CANTIDAD DE AGUA (alcalina, purificada. NO embotellada en envases de plástico)

- EVITAR EL ESTRÉS (durante el estrés, el cuerpo libera sustancias altamente tóxicas)

- MANTENER PENSAMIENTOS, EMOCIONES, ACTIVIDADES Y COMPORTAMIENTOS POSITIVOS (TODAS las emociones negativas nos enferman, tú eliges)

- EVITAR EMPACHARTE CON EXCESO DE INFORMACIÓN DE LO QUE SUCEDE (el efecto psicológico y emocional que esto produce no es bueno)

- TOMAR SUFICIENTE SOL (cuando la piel se expone directamente al sol, de forma moderada, esta produce Vitamina D)

- MANTENER UN PESO SALUDABLE (de todos los contagiados, la mayoría son pacientes con obesidad, diabetes y problemas cardíacos)

- ALIMENTOS RICOS EN VITAMINA C (un cuerpo ácido se enferma fácilmente. Un cuerpo alcalino rara vez se enferma. La Vitamina C alcaliniza nuestro cuerpo)

• EVITA EL EXCESO DE CLORO (el cloro produce cáncer y también irrita e inflama los pulmones)

SI TENEMOS ALGUNA ENFERMEDAD DE BASE como la diabetes, la hipertensión, obesidad, enfermedad renal, pulmonar, cardíaca u otra, tenerla lo mejor controlada posible. Tengamos presente que se trata de un virus, y el mantenernos en casa, usar mascarillas, lavarnos las manos, solo hace que los hospitales no se saturen tan rápido. Pero la realidad es que, tarde o temprano, nos expondremos al COVID-19, por lo tanto, un organismo inmunológicamente SANO es más probable que se salve, a diferencia de uno que esté vulnerable y enfermizo. ESA ES LA DIFERENCIA ENTRE LOS CONTAGIADOS ASINTOMÁTICOS Y LOS CONTAGIADOS GRAVES.

Este escrito no es para que dejes de seguir las normas de salud e higiene que el gobierno de tu país te indique; es para que tomes responsabilidad de tu vida y te cuides HOY, MAÑANA Y SIEMPRE. Eleva tus defensas, eleva tu responsabilidad, eleva tu frecuencia, eleva tu inteligencia corporal... y mantente SANO. ¡Saludos!

(Texto extraído de la cuenta de Facebook del Dr. Miguel Ángel Castillo)

Esta información que me enviaron me pareció muy importante compartirla con ustedes y así cerrar este viaje juntos. Han sido meses de infinito aprendizaje y no puedo cerrar el libro sin decir, en dos líneas, que a final del día, con virus o sin virus, hay que aprender a vivir... "porque morir sabemos todos". Esa última es una frase que siempre le escuché a mi papá.

47 VELAS, MUCHA SALUD, UNA PORTADA EN *PEOPLE EN ESPAÑOL*, DESPIERTA AMÉRICA Y UNA GRAN SONRISA.

People en Español... quién diría que luego de soñar por tanto tiempo formar parte de las páginas digitales de esta revista —que he seguido desde que llegué a Estados Unidos hace 20 años— se haya hecho realidad y en plena pandemia. Ahora puedo decir que pude experimentar, primero que nada, la complicidad, amistad y cercanía con una publicación tan seria y llena de gente a la que he admirado y respetado durante muchos años.

El día 24 de noviembre, cuando celebré mis 47 velas, dejé de publicar en mis redes por casi más de 15 horas, y cuando salió la gran portada digital de *People en Español* en *@peopleenespanol,* con una caraqueña criada en Charallave, yo no lo podía creer. No les puedo negar mi emoción y mi gran agradecimiento, en especial, por la invitación de Armando Correa, quien me ha apoyado luego de que mi vida profesional tomara otro rumbo y me ha dado la oportunidad de seguir creciendo y de compartir con la gente lo que a ellos tanto les gusta: mis excentricidades, mi cotidianidad, mi exageración de alegría o como le quieran llamar. Esa portada digital, en donde le grito al mundo mi felicidad de estar viva en medio de una pandemia, y el tener a *People en Español* como amigos, como cuates y cómplices, ha sido algo increíble.

Esta frase que les voy a compartir me la dijo mi "amiga jefa", Luz María Doria —que se va a quedar por siempre con ese título en mi vida—: "de todo momento incómodo, sale un momento estelar", y creo que la guinda o cereza del pastel la puso la editoria digital de la revista cuando me dijo: "la gente de Univisión, de *Despierta América,* te quiere para hablar sobre la portada digital" y mi amiga jefa me dio casi seis minutos al aire en televisión nacional, a través de Univisión, canal que fue mi primera casa en donde yo cumplí mi sueño de adolescente colaborando con programas como *El Gordo y la Flaca,* cuando aún ni siquiera vivía en Estados Unidos.

Despierta América me puso en su horario *prime time* al día siguiente de mi cumpleaños, junto a un venezolano que admiro mucho, *@raultvgonzalez,* con quien conversé sobre lo que implicaba mi nueva manera de ver la vida luego del Covid-19. Y ojo, la pandemia no se ha terminado, pero hemos aprendido un montón de cosas y yo, en lo personal, he aprendido aun más a disfrutar cada milésima de segundo todos los días. Y no sé si vivamos otros tiempos difíciles como estos, pero lo que sí sé es que estamos preparados para esto y para mucho más.

Y para cerrar esta parte, les digo que la gente a veces, por ego, necesita ser reconocida y yo agradezco que todo esto me haya pasado al cumplir 47 años.

Gracias nuevamente a *People en Español,* a Armando Correa, Carole Joseph, Luz María Doria, Raúl González, *Despierta América* y Univisión, porque me la pasé muy bien hablando de lo mejor que me pudo haber pasado con esta portada que tanto soñé, una portada digital para mí que me siento la reina del digital.

ADIÓS 2020, ME ENSEÑASTE MUCHO...

Bueno mis amores, y lo más importante, dentro de todas las cosas que les he contado es que, a pesar de esta *#pandemia,* hemos seguido viviendo. Mi madre goza de gran salud, sin importar ese diagnóstico, ella sigue estando más activa que nunca. Ese Párkinson en fase 2 no nos va a ganar, porque le estamos ganando nosotras a él.

Durante todos estos tiempos difíciles, hemos sacado nuestra creatividad y hemos puesto a trabajar lo que mejor sabemos hacer: ser felices. Con respecto a esta servidora, mi motor es mi familia. Mi alegría eterna son mis maravillosas hijas, mi bendición es mi padre desde el cielo, mi esposo, mi madre, mi mánager, mi Dios y toda la gente que ha seguido caminando de la mano conmigo.

Celebro con ustedes que este año he logrado:

- Una nueva colección de fajas (la tercera)
- El estreno de mi *Call Center*
- El lanzamiento de dos libros, uno de ellos —el primero, en su nueva edición— colocado en *@booksandbooks,* que es la librería de mis sueños

- Mis pestañas marca Carolina Sandoval *#CaroLashes*
- Lanzamiento de pelucas rubias
- 8 millones de seguidores en mi cuenta de Facebook (lo que se traduce en 5 mil millones de minutos vistos)
- Casi 2 millones de seguidores en TikTok
- La portada digital de la revista *@peopleenespanol*
- Lo principal: vida, amor y salud

Y Dios sigue escribiendo cada día, paso a paso, lo que ocurre y ustedes a mi lado. Solo hacer este recuento me dan ganas de llorar, pero de felicidad y agradezco a cada uno de ustedes que me lee por aquí, que me sigue en mis redes y que me apoya incondicionalmente.

¡HAY CAROLINA PARA RATO, LOS QUIERO INMENSO!

#COSASQUESIENTECARO

CHRISTIAN DIOR

ÍNDICE EN TIEMPOS DE PANDEMIA

Al final tenemos que seguir viviendo con pandemia o sin pandemia, por eso, este libro se terminó de hacer en diciembre de 2020, un año inédito, pero de mucho aprendizaje.

(Post data: a vísperas del Día de la Virgen de Guadalupe (12 de diciembre), la FDA autoriza oficialmente la vacuna de Pfizer contra el Covid-19 en EEUU. Y hoy, 14 de diciembre de 2020, justo antes de cerrar y publicar este segundo libro, se comienza a distribuir por los primeros centros de salud. Amén que vengan tiempos mejores. Los abrazo y me despido).

Made in the USA
Las Vegas, NV
04 November 2026

57437923R00224